Wolfgang Münchau

Kaputt

Das Ende des deutschen Wirtschaftswunders

Für Susanne, Joshua und Elias

Wolfgang Münchau

Kaputt

Das Ende des deutschen Wirtschaftswunders

In der Übersetzung von Britta Fietzke

HERDER

FREIBURG · BASEL · WIEN

MIX
Papier | Fördert gute Waldnutzung
FSC® C014496

Verlag Herder GmbH, Freiburg im Breisgau 2025
Hermann-Herder-Str. 4, 79104 Freiburg

www.herder.de

Bei Fragen zur Produktsicherheit wenden Sie sich an
produktsicherheit@herder.de

Umschlaggestaltung: Jack Smyth und Medienhaus RETE OHG
Satz: ZeroSoft, Timişoara
Herstellung: GGP Media GmbH, Pößneck
Printed in Germany

ISBN (Print): 978-3-451-03625-5
ISBN (PDF): 978-3-451-83861-3
ISBN (EPUB): 978-3-451-83859-0

Inhalt

Danksagung

Dieses Buch wäre ohne die großzügige Hilfe Bill Bollingers unmöglich gewesen, denn er hat mich zum Schreiben ermutigt und auch die zugrunde liegende Recherche finanziert. Ich stehe zudem vor allem in Frederick Thelens Schuld, der mir einen Großteil der Recherche für dieses Buch zur Verfügung gestellt hat und dessen Arbeit mehrere der Schlüsselkapitel geprägt haben – zum Finanzwesen, über Russland und China, zur Technologie und Immigration.

Ich möchte weiterhin auch meinen (jetzigen und ehemaligen) Kollegen und Kolleginnen bei Eurointelligence danken, die an mehreren der Stränge unserer deutschen Geschichte gearbeitet haben. Eurointelligence war eine wichtige Quelle für mehrere Erzählstränge in diesem Buch. Und zum Schluss gilt auch noch ein anonymer Dank den unzähligen Kollegen, Gesprächspartnern und Lesern, die im Laufe der Jahre zu einem tieferen Verständnis der Probleme in diesem Buch beigetragen haben.

Vorwort

Die Stadt, in der ich aufwuchs, war nicht sonderlich groß, aber beheimatete große Unternehmen. Mülheim liegt im westlichen Ruhrgebiet und hat inzwischen ungefähr 170.000 Einwohner. Meine täglichen Fahrten mit der Straßenbahn zur Schule Richtung Innenstadt führten mich jedes Mal an zwei nebeneinanderstehenden Fabriken vorbei. Diese waren umgeben von großen grauen Mehrfamilienhäusern, so charakteristisch für Industriestädte in Deutschland und anderen Teilen Europas zu der Zeit. Die eine Fabrik stellte Pipelines her, die andere Kernkraftwerke. Die Eltern einiger meiner Freunde arbeiteten in diesen Fabriken, oft als Ingenieure oder Manager, einer sogar als Atomphysiker. Leitungen und Kernkraftwerke waren die Turbinen der deutschen Wirtschaft, die Lebenskraft des deutschen Industriemodells.

Das war in den 1970er-Jahren. Damals war Deutschland weltweit führend in der Produktion von Kernkraftwerken und entschied sich für die Atomkraft als Stromlieferant der Zukunft. Pipelines spielten eine ebenso große Rolle in der Energiepolitik, vor allem nach der ersten Ölkrise 1973. Es sollten dann auch genau diese Pipelines sein, die Deutschland später den Zugriff auf norwegisches Öl und russisches Gas ermöglichten.

Ein weiterer Aspekt des deutschen Wirtschaftswunders stach in den 1970er-Jahren heraus: der Selfmadeunternehmer. Diese Ära des Unternehmertums hatte in den späten 1940er- und frühen 1950er-Jahren begonnen und dauerte ungefähr bis zur Wiedervereinigung an. Von all den Unternehmern in Deutschland beheimatete Mülheim die erfolgreichsten – und geheimnisvollsten und zurückgezogendsten. Karl Albrecht war der ältere zweier Brüder, der 1946 das Lebensmittelgeschäft seiner Mutter in der Nachbarstadt Essen übernahm. Nach der Einführung der Deutschen Mark 1948 erfanden die zwei Brüder ein neues Verkaufskonzept: den Discounter mit seiner begrenzten Auswahl, aber den dafür sehr niedrigen Preisen. Sie nannten ihn Aldi, ein Akronym für Albrecht Discount. Bis 1955 hatte Aldi bereits einhundert Filialen in Nordrhein-Westfalen eröffnet. Jedoch gingen die Brüder 1961 dann getrennte Wege: Theo, der jüngere, zog in den Norden Essens, während Karl gen Westen, nach Mülheim, zog, von wo aus er Aldi Süd leitete.

Die Albrechts waren wie die Gespenster unserer Stadt – allgegenwärtig mit ihren Läden, manchmal auf der Straße erspäht, aber meist unsichtbar. Wir gingen davon aus, dass Karl in der Gegend wohnte, aber niemand konnte es mit Sicherheit sagen. Die Albrecht-Familie war aber nicht nur für uns unsichtbar, sondern auch für die Medien und die Politik. Eine Lokalzeitung ging sogar so weit, ein Flugzeug zu chartern, um die Wohngegend nach Karl Albrecht abzusuchen, in der sie ihn vermutete. Die Albrechts gaben nie Interviews. Als Karl schließlich – 2014 im Alter von 94 Jahren – starb, war er nicht nur der reichste Mann Deutschlands und der weltweit zwanzigreichste, sondern hatte auch keinen einzigen Kanzler oder die Kanzlerin persönlich kennengelernt. Er, wie so viele seiner Generation an Unternehmern, hatte seinen Erfolg nicht der Politik zu verdanken.

Die Aldi-Brüder und die Schwerindustrie, an der ich auf dem Weg zur Schule vorbeifuhr, hätten nicht unterschiedlicher sein können. Zusammen aber stellten sie die zwei Säulen des deutschen Wirtschaftswunders dar: die konzerngesteuert-industrielle und die unternehmerische. Aldi existiert immer noch, das Unternehmertum, das es verkörpert, jedoch nicht mehr.

Auch die beiden Fabriken existieren noch. Einige der bekanntesten Industrieunternehmen Deutschlands wurden im 19. und im frühen 20. Jahrhundert gegründet. Manche haben zu kämpfen. Die angestiegenen Strompreise haben ihnen die Wettbewerbsfähigkeit erschwert. Die alte Mannesmann-Pipelinefabrik gehört inzwischen Europipe und hat zwei der Ölpipelines, die Deutschland mit Norwegen verbinden, gebaut. Das andere Unternehmen hieß früher Kraftwerksunion, ein Joint Venture der zwei größten deutschen Elektronikunternehmen, AEG und Siemens. Heute wird die Fabrik von Siemens Energy betrieben. Das Unternehmen ging kurz durch die Presse, als Wladimir Putin die Gasmenge durch die Pipeline Nord Stream 1 im Sommer 2022, also wenige Monate nach der Invasion der Ukraine, reduzierte. Daraufhin stattete Kanzler Scholz der Mülheimer Fabrik einen Besuch ab, weil ihm viel daran lag, dass eine Gasturbine von dort nach Russland geliefert würde, um die Pipeline wieder zum Laufen zu bringen. Es liest sich wie eine Geschichte aus ferner Vergangenheit, aber Deutschland war im Sommer 2022 immer noch äußerst abhängig von russischem Gas. Der Gasfluss endete letztlich im September 2022 – mit der Explosion der Ostsee-Pipelines. Die letzten Atomkraftwerke Deutschlands wurden im April 2023 vom Netz genommen.

Der Wandel des Schicksals meiner Stadt war wie ein Mikrokosmos der Geschehnisse im gesamten Land. Deutschland war zwischendurch das industrielle Machtzentrum Europas und die weltweit größte Exportmacht. Jedoch führte seine Spezialisierung zu Schwachstellen und Abhängigkeiten, denn das Land machte sich abhängig von russischem Gas und chinesischen Exporten. Großbritannien war vor dem Brexit die größte Quelle des deutschen Leistungsbilanzüberschusses –, der die

Lücke zwischen Exporten, Importen und Investitionen misst. Dann kam der Bruch mit Russland. Die Beziehungen zu China, vor ein paar Jahren noch der größte Handelspartner, sind auch nicht mehr das, was sie mal während der Hochphase der Hyperglobalisierung gewesen waren. Der größte Schock von allen könnte aber in der Technologie passiert sein. Deutschland war der Weltmeister der analogen Ära, aber digitale Technologien schlichen und schleichen sich fortwährend in unsere Leben. Die Deutschen haben den Benzinmotor erfunden, das Elektronenmikroskop und den Bunsenbrenner, aber nicht den Computer, das Smartphone oder das elektrische Auto. Das ist im Laufe der Zeit zu einem Problem geworden.

Dieses Buch erzählt die Geschichte des Auf- und Abstiegs eines enorm erfolgreichen Industriegiganten. Es ist kein Buch wirtschaftspolitischer Rezepte. Ich erkläre nicht, wie man den industriellen Abstieg Deutschlands rückgängig machen könnte. Das würde eines gänzlich anderen und vor allem dickeren Buches bedürfen. Dies ist vielmehr die Geschichte des Wie und Warum. Auch ist es kein „Kranker Mann Europas"-Buch, denn diese Wandertrophäe europäischer Länder spiegelt wenig mehr als eine Momentaufnahme des Wirtschaftskreislaufs wider. Ich gehe davon aus, dass Deutschland zum Veröffentlichungszeitpunkt dieses Buches bereits wieder aus der Konjunkturschwäche herausgefunden hat, die mit der Pandemie 2020 begann, von der russischen Invasion der Ukraine im Februar 2022 befeuert wurde und bis mindestens zum Ende 2023 angedauert hat. Das darunterliegende Unbehagen wird jedoch fortbestehen – und genau darum dreht sich dieses Buch. Das deutsche Wirtschaftsmodell scheitert, und ein Wirtschaftsaufschwung allein wird da nicht helfen.

*

Das deutsche Modell der sozialen Marktwirtschaft hat viele Verehrer im Ausland, vor allem in Großbritannien. Ein solcher, seines Zeichens britischer Journalist und Freund von mir, hat mich vor dem Schreiben dieses Buches gewarnt. Die wichtigste Lektion seines Berufslebens sei gewesen, nie gegen die deutsche Wirtschaft zu wetten. Ich möchte hier versuchen, diesen Rat zwar zu ignorieren, gleichzeitig aber das zugrunde liegende Empfinden zu respektieren.

Deutschland musste schon eine ganze Menge Kritik über sich ergehen lassen, in der sich oft über den deutschen Industriefimmel sowie sein Versagen lustig gemacht wurde zu akzeptieren, dass die modernen westlichen Wirtschaftssysteme auf Dienstleistungen statt Produktionen aufbauen. Bis zu einem gewissen Grad sehe ich das auch so, denn die Deutschen haben einen viel zu engen Blick auf Dienstleistungen, in ihren Augen oftmals ein Anhängsel der Industrie. Jedoch habe ich gleichzeitig das Gefühl, dass die Anti-Industrie-Denkweise in manchen Teilen des Westens zu weit geht. Industrie erschafft mächtige Netzwerkeffekte, die nur allzu gern in Ländern wie Großbritannien oder den Vereinigten Staaten unterschätzt werden.

Deutschlands Geschichte ist voller Momente, in denen es sich, wenn man es am wenigsten erwartet hatte, nicht hat unterkriegen lassen. Die 1950er- und die frühen 1960er-Jahre waren starke Jahre, genauso wie die Zeit zwischen Mitte der 1980er- und 1990er-Jahre sowie dann erneut während der ersten Hälfte des letzten Jahrzehnts. Könnte die aktuelle Schwäche, die sich ab 2017 abzeichnete, einfach nur ein weiteres Intermezzo sein? Würde ich dann nicht demselben Irrtum erliegen wie so viele andere Kritiker des deutschen Modells, wenn ich jetzt zu früh den Abstieg Deutschlands verkünden würde, um dann zu einem späteren Zeitpunkt nur von der Erholung überrascht zu werden?

Ich glaube nicht. Denn Deutschlands aktuelle Finanzkrise unterscheidet sich in einem wichtigen Aspekt von den vorherigen. Wenn Unternehmen wettbewerbsunfähig werden, kann die Regierung die Steuern senken, Arbeitsreformen einführen oder den Wechselkurs beeinflussen. Wenn man jedoch auf die Produktion von Gasheizungen oder Dieselmotoren spezialisiert ist, dann sind nicht die Kosten das Problem, sondern die Produkte. Wenn die Menschen dazu gezwungen werden, Wärmepumpen statt Gasthermen einzubauen oder nach dem Verbrennerverbot 2035 Elektroautos zu kaufen, dann haben wir ein ganz anderes Problem. Auch wenn die deutschen Autohersteller in ihrer klassischen Produktpalette noch wettbewerbsfähig sind, so können sie doch nicht gegen die chinesischen E-Autos ankommen. Es geht nicht mehr darum, *wie* man es macht, sondern *was* man macht.

Ein weiterer wichtiger Unterschied ist ein neuer Konkurrent auf der Bildfläche. Deutschlands Abhängigkeit von Exporten aus der Verarbeitungsindustrie hat so gut funktioniert, weil es sonst niemanden gab. Einen Großteil der Hyperglobalisierung, also von 1990 bis ungefähr 2020, war Deutschland *der* unangefochtene Industrieproduzent. Die Vereinigten Staaten, Großbritannien und Frankreich hatten das Feld verlassen, China es noch nicht erreicht. Der Rest der Welt hat jedoch seit der Pandemie das Ingenieurwesen für sich wiederentdeckt und strömt seither auf dieses Feld, das zuvor fest in deutscher Hand schien. Der ehemalige US-amerikanische Präsident Biden brachte den Inflation Reduction Act ein, durch den Unternehmen aus Bereichen wie der grünen Technologie bei einem Umzug in die Vereinigten Staaten sofortige Subventionen erhalten. Auch China verlagerte sein Wachstumsmodell von der Subventionierung von Infrastrukturinvestitionen hin zur Subventionierung von Fertigungsexporten.

Die Welt wandelte sich, nur Deutschland nicht, und dies ist die Geschichte, wie Deutschland sein Industriekapital herunterwirtschaftete sowie Technologie und Geopolitik falsch einschätzte. Es ist zudem die Geschichte der nationalen Narrative, der Mythen, die wir uns gegenseitig erzählen und irgendwann glauben. Und wie so üblich bei Tragödien, setzt diese in der guten Zeit an.

Die Zeit nach der Wiedervereinigung war eine gute Zeit. Es gibt eine Geschichte von damals, die uns bereits einen Ausblick darauf gibt, was später schiefgehen würde. Anfang der 1990er-Jahre war die deutsche Telekommunikationsbranche noch zum Großteil unverändert. Die Deutsche Post war gleichzeitig auch die bundesweite Betreiberin von Telefonleitungen. Deutsche Telefone waren noch eine sehr analoge Sache. Die analoge Vermittlungsstelle brauchte ihre Zeit, um die Verbindung herzustellen, egal ob der Nutzer nun ein altertümliches Telefon mit Wählscheibe oder eines mit Tasten hatte. Abhängig von Ihrem Alter erinnern Sie sich vielleicht noch an das tickende Geräusch im Hörer – neun Klicks standen für die Zahl neun. Was auch der Grund ist, weshalb Kontinentaleuropa nicht 999 als Notruf hat, sondern die 112 – der Unterschied zwischen 27 Klicks und vier.

Zu diesem Zeitpunkt hatten die Vereinigten Staaten bereits die digitale Telefonzentrale eingeführt. Seither wurden Telefonate sofort verbunden. Mir fiel während einer USA-Reise in den 1980er-Jahren zu meiner naiven Überraschung auf, dass Ortsgespräche kostenfrei waren, während sie in Deutschland 23 Pfennig kosteten – und bundesweit noch deutlich mehr.

Als junger Auslandskorrespondent der *Financial Times* in Deutschland war ich Mitte der 1990er-Jahre mit Siemens unterwegs. Es war der Beginn der großen Liberalisierung der Telekommunikationsbereiche. Die Deutsche Telekom war von der Deutschen Post abgespalten und 1995 privatisiert worden. Gleichzeitig war dies auch der Beginn der kurzen Phase des deutschen Shareholder-Kapitalismus, der auf ähnliche Weise ein Jahrzehnt zuvor in Großbritannien abgelaufen war.

Ungefähr zu dieser Zeit vergrößerte sich rasch der Bedarf an mobilen Telefonservices und einer Telekommunikationsinfrastruktur, und Siemens war Deutschlands wichtigster Produzent von Telekommunikationsgeräten und -zubehör, inklusive der ersten Handygeneration. Die Telefone boten nur grundlegende Dienste an, wie den Versand von SMS, sie waren zudem deutlich größer und schwerer als moderne Smartphones. Während unserer Geschäftsreise fragte ich eine der Führungskräfte von Siemens, welche Pläne das Unternehmen denn bezüglich des Handygeschäfts habe. Der Mann antwortete herablassend: „Sie meinen diese kleinen Dinger, die die Menschen mit sich herumtragen?" Er ließ keinerlei Zweifel daran, dass dies kein Geschäftsmodell für Erwachsene wie ihn sei. Im weiteren Gesprächsverlauf erklärte er mir dann, dass das große Geld nicht auf der Verbraucherseite des Marktes zu finden sei, sondern in der Netzwerktechnologie. Siemens hatte gerade eine analoge Telefonvermittlung nach dem neuesten Stand der Technik hergestellt. Wie sich herausstellen sollte, war es das letzte seiner Art, ein weiteres Ausstellungsstück für die Museen. Er hatte nicht erkennen können, dass die digitalen die analogen Technologien besiegen würden und dass das große Geld tatsächlich in den Handys zu finden war.

Im Rückblick lässt sich leicht über den Mangel an digitaler Weitsicht in Deutschland spotten – aber es ist dennoch erstaunlich, wenn man sich die Geschichte anschaut. Deutschland war das Land, in dem die digitale Revolution im 20. Jahrhundert ihre Wurzeln hatte. Deutsche Physiker – Max Planck, Max Born, Erwin Schrödinger und Werner Heisenberg – gehörten zu den Entdeckern der Quantenmechanik, der Physik, die sowohl zur Entwicklung der Atombombe als auch des Halbleiters führte. In Christopher Nolans Film *Oppenheimer* findet sich eine Szene, in der der Held als junger Mann vom dänischen Physiker Niels Bohr den Rat bekommt, doch in Göttingen zu studieren, denn dies war zur damaligen Zeit Deutschlands berühmteste Universität und brachte 47 Nobelpreisträger hervor, u. a. die weltbekannten Physiker Born und Heisenberg. Göttingen war genauso wichtig für die Mathematik, denn hier forschten unter anderen Carl Friedrich Gauss, Bernhard Riemann, David Hilbert und Emmy Noether.

All das änderte sich jedoch mit dem Aufstieg der Nationalsozialisten. Viele Wissenschaftler flohen in die Vereinigten Staaten, die zu diesem Zeitpunkt in diesem Bereich nicht sonderlich gut ausgebildet waren. Während und nach dem Zweiten Weltkrieg wurden somit die Vereinigten Staaten die Wiege der Quantenphysik, die den Grundstein für die moderne digitale Technologie und digitale Kommunikationssysteme gelegt hat. Die weltweite Führung dabei ist bis heute unbestritten. Deutschland hatte eine ähnlich positive Dynamik mit dem Personenkraftwagen erlebt, nachdem Gottlieb Daimler im späten 19. Jahrhundert dieses bis ins 21. Jahrhundert so ergiebige Produkt erfunden hatte. Der große Unterschied liegt nur darin, dass sich die Ära des Verbrenners dem Ende entgegenneigt, aber die digitale Ära gerade erst begonnen hat.

Deutschland stand am Ende des Zweiten Weltkriegs nun mit großen Universitäten ohne Physiker und Mathematiker da, hielt aber noch an einigen wenigen Bereichen der technologischen Exzellenz fest, wie dem Maschinenbau, der Elektrotechnik und der Chemie. Das Land spielte in der frühen Phase der Computer- und Softwareentwicklung in den 1970er-Jahren immer noch eine große Rolle. (Eines der damals gegründeten

Unternehmen, SAP, ist nach wie vor ein Softwaregigant und der einzige bedeutsame deutsche Repräsentant in der weltweiten Techbranche. Von den weltweit wichtigsten 50 Techfirmen ist sie die einzige deutsche. Aus dem EU-Raum kommen drei – inklusive SAP.)

Die deutsche Regierung begriff auch zu ungefähr dieser Zeit, wie wichtig die digitale Technologie werden würde. Die von Willy Brandt eingesetzte Kommission für den Ausbau des technischen Kommunikationssystems (KtK) setzte Anfang der 1970er-Jahre einen Zeitplan auf für die Einführung der Lichtleiternetzwerke, der Glasfaser – um so für das kommende Computerzeitalter gewappnet zu sein. Ein seltener Fall, bei dem deutsche Politiker mal korrekt einen Megatrend identifiziert hatten und für die Zukunft dementsprechend planen wollten, und es dürfte wohl die beste Entscheidung gewesen sein, die die deutsche Regierung in der modernen Zeit in technologischer Hinsicht je getroffen hat. Wäre es bei dem vorgeschlagenen Zeitplan der Wissenschaftler geblieben, wäre das Land allen anderen im Westen mit der Verbreitung des schnellen digitalen Netzwerks um Jahre voraus gewesen. Und die deutsche Wirtschaft sähe heute ganz anders aus.

Ich kann mich noch gut daran erinnern, als die Firma meines Vaters sich Mitte der 1970er-Jahre einen Computer anschaffte – ein Monstrum von einem Gerät, das die Hälfte des Büros in Beschlag nahm. Der Computer war ein Olivetti, ein italienisches Produkt, und lief mit deutscher Software von SAP. Diese ermöglichte es den Unternehmen, ihre Rechnungsstellung, Gehaltsabrechnungen, Logistik und Buchhaltung zu optimieren. Der PC, also der Computer für den Heimgebrauch, sollte noch einige Jahre auf sich warten lassen, aber Deutschland und die anderen europäischen Länder gerieten dann im Laufe der 1980er-Jahre, nach der Einführung des PC von IBM und des Apple Macintosh, im Vergleich zu den USA unwiderbringlich ins Hintertreffen. Jedoch war nicht die Tatsache, dass Deutschland nicht den PC entwickelt hatte, das größte Problem, sondern dass es immer wieder die Wette gegen das digitale Universum einging.

Als Helmut Kohl 1982 Kanzler wurde, bevorzugte er während seiner Legislaturperioden die schnellen Erfolge. Er setzte sich zusammen mit dem französischen Präsidenten François Mitterrand für ein hochauflösendes Kabelfernsehen ein, eine analoge Technologie, mit der sie sich ein äußerst beliebtes Fernseherlebnis erhofften. Wie so oft bei Projekten dieses Ausmaßes brauchte die Umsetzung länger als gedacht und sah sich konfrontiert mit unvorhergesehenen technischen und behördlichen Schwierigkeiten. Während der Fußballweltmeisterschaft 1990 in Italien übertrug die italienische Rundfunkgesellschaft RAI die Spiele in HDTV, allerdings nur in acht Kinos im Land. Das gesamte Unterfangen war aus technischer Sicht immer schwieriger umzusetzen, und die analoge Ära des HDTV wurde 1993 offiziell für beendet erklärt.

Nicholas Negroponte, der damalige Leiter des MIT Media Lab, veröffentlichte 1995 ein hochgradig einflussreiches Buch in den Vereinigten Staaten, das im selben Jahr auch auf dem deutschen Markt erschien: *Total digital.* Negroponte erklärt darin, wie die digitalen Technologien in alle Aspekte des täglichen Lebens hineinwirken würden – und dabei gehe es nicht nur um die Desktop-Computer. Er führt auch aus, warum analoge Technologien wie HDTV oder Siemens' analoge Telefonanlagen dem Tode geweiht seien im Angesicht der schnell entstehenden digitalen Alternativen. Negropontes Buch spielte eine kaum zu unterschätzende Rolle dabei, die US-amerikanische Unternehmenswelt und die dortigen Universitäten auf die kommenden Möglichkeiten einzustimmen.

Es hatte einen deutlich geringeren Einfluss in Europa, außer in einer eher misslichen Hinsicht. Die digitale Revolution der 1990er-Jahre und die Marktliberalisierung der europäischen Telekommunikation führten zu einer kurzlebigen Spekulationsblase, der sogenannten Dotcom-Blase. Besonders hart traf es Deutschland, wo sich der Dotcom-Hype auf einen neu geschaffenen Kleinaktienmarkt, den Neuen Markt, konzentrierte. Am Neuen Markt wurden zahlreiche neue Techunternehmen gelistet, mit größtenteils zweifelhafter Herkunft, auf die aber viele einfache Sparer und Investoren große Summen setzten. Die Gewinnerwartungen wurden von Anlegerzeitschriften und selbst ernannten Börsengurus angefeuert, die ihr Geld mit fragwürdigen Aktientipps verdienten. Es fühlte sich an wie eine moderne Variante der Tulpenblase, ein berüchtigtes Beispiel aus den Niederlanden des 17. Jahrhunderts für den Inbegriff einer irrationalen Spekulationsblase.

Als Mitglied des Teams, das die *Financial Times Deutschland* 2000 gegründet hatte, lebte ich gerade in Hamburg und verfolgte die Geschichte mit wachsender Verzweiflung.

Ich erinnere mich noch gut an einen Abend, an dem ich mir am Hamburger Hauptbahnhof ein Taxi schnappte. Sobald der Fahrer erfahren hatte, dass ich Finanzjournalist sei, fragte er, ob ich besondere Kenntnisse über den aktuellen Börsengang eines bestimmten Unternehmens hätte, das kurz vor der Notierung am Neuen Markt stehe. Er war ziemlich geschockt, als ich erwiderte, dass ich das nicht wisse und es mich auch nicht interessiere, weil meine Ersparnisse in einem langweiligen Investmentfonds schlummerten. Dennoch öffnete es mir die Augen, dass mich – ausgerechnet in Deutschland – ein Taxifahrer über Unternehmensanteile ausfragte, das Ganze musste also schon zu weit gegangen sein. Der Markt brach nur wenig später immer weiter ein. Der Neue-Markt-Index erreichte im März 2000 seinen Höhepunkt mit 9666 Punkten und fiel auf 318 im Oktober 2002 ab – ein Verlust von 96 Prozent. Der Crash hatte die gleichen Ausmaße wie die Tulpenmanie – wenn nicht gar schlimmer als damals, denn die meisten der im Neuen Markt gelisteten Unternehmen waren nun wertlos, während den Unglücklichen in Amsterdam 1637 immerhin noch die Tulpen blieben.

Dies war die erste Begegnung der deutschen Öffentlichkeit mit der digitalen Welt. Es ließ das Land mit einer Stimmung des „nie wieder“ zurück, wie es eine Zeitung formulierte. Auch in den Vereinigten Staaten platzte die Dotcom-Blase, war jedoch nicht das Ende des Dotcom, sondern der Beginn einer neuen Phase des digitalen Zeitalters mit dem Aufstieg der großen (US-amerikanischen) digitalen Unternehmen wie Amazon, Apple, Google und Facebook.

Deutschland konnte nach wie vor die traditionellen Branchen vorweisen. Menschen machen das, worin sie gut sind, und bei Ländern ist es dementsprechend auch so. Die Vereinigten Staaten haben die Digitalbranche und Hollywood, Frankreich hat Essen und Mode, Großbritannien die Finanzwelt. Deutschland spezialisierte sich auf Autos sowie Maschinen- und Chemieingenieurwesen. Zur Zeit der Wiedervereinigung hatte Deutschland einige der wichtigsten Industriebetriebe der Welt, wie Siemens, Volkswagen, Mercedes-Benz, BMW, Continental, Hoechst, BASF, Bayer, Linde, Mannesmann und Bosch.

Jenseits dieser Megastars gab es Tausende mittelständische Unternehmen, zumeist familiengeführt, die oftmals in Nischenmärkten unterwegs waren. Viele dieser mittelständischen Unternehmen wurden als Hidden Champions der Wirtschaft gepriesen, denn sie waren nur allzu oft Marktführer in ihrem jeweiligen Segment. In England machte man sich gern über solcherlei Produkte wie Kugellager, hydraulische Geräte oder Präzisionswerkzeug lustig, sah sie als Spielereien an. Dennoch waren (und teilweise sind) dies immens erfolgreiche Unternehmen, waren Weltmeister des Ingenieurwesens und im Nachkriegsdeutschland erst so richtig aufgeblüht, in einer sowohl unternehmerischen als auch innovativen Zeit. Dieses Wirtschaftswunder gab es wirklich.

Letztlich war neue Technologie – von anderen erfunden und hergestellt – in den Markt eingedrungen. Der US-amerikanische Ökonom und Journalist Paul Krugman machte mal eine äußerst kluge makroökonomische Beobachtung: Der tatsächliche Vorteil durch Handel komme von den Importen, nicht den Exporten. Kein ökonomischer Kommentar könnte je noch gegenläufiger zum deutschen Denken über wirtschaftlichen Erfolg sein, denn die Deutschen definieren Erfolg über Exporte. Krugman wollte damit jedoch zum Ausdruck bringen, dass Importe es einem ermöglichen, Waren und Dienstleistungen zu konsumieren, die man entweder nicht selbst oder nicht mit Profit selbst herstellen kann. Diese Logik greift auch bei digitalen Technologien. Selbst wenn man sie nicht eigenhändig hergestellt hat, so kann man sie doch nutzen – oder sich einen Minderheitsanteil am herstellenden Unternehmen erwerben. Das war auch Negropontes Argument: Digitale Technologien wirken auf die analoge Welt ein. Deutsche Unternehmen und die aufeinanderfolgenden Regierungen erkannten das jedoch nicht. Und wenn sie es taten, dann zogen sie die falschen Schlüsse daraus und verdoppelten eher ihre Anstrengungen bei dem, was sie eh schon machten oder hatten.

Ein gutes Beispiel dieses digitalen Einwirkens ist das moderne Handy. Das Smartphone beinhaltet Funktionen, für die man früher mehrere mechanische, elektrische und andere physische Geräte – die Kamera, die Taschenlampe, den Kompass, die Landkarte, die Rolodex und, ja, auch das Telefon – brauchte. Dinge, von denen viele in Deutschland hergestellt wurden.

Smartwatches können bereits unseren Puls messen und ein Langzeit-EKG erstellen. Digitale Geräte können, wenn auch noch nicht ganz perfekt, unseren Schlaf überwachen. Wir sind nicht mehr weit davon entfernt, dass Smartwatches auch unseren Blutdruck messen können. Ein Smartphone beinhaltet Sensoren, aber keinerlei mechanische Bestandteile.

Die digitale Technologie übernimmt auch immer mehr Bereiche der Autoherstellung – der wichtigsten deutschen Industriebranche. Ein Auto wird immer Räder und Achsen brauchen, die sich drehen, aber ein modernes E-Auto ist nicht mehr ein grundsätzlich mechanisches Produkt: Ein Großteil seines Werts liegt in der Software und der Batterie.

Wenn Software immer mehr auf traditionelle Hardware einwirkt, bedeutet dies automatisch auch die Gründung neuer Unternehmen. Die heutigen digitalen Riesen sind noch gar nicht so alte Unternehmen. Es war nicht Smith Corona, der US-amerikanische Schreibmaschinenhersteller, der den PC erfand, sondern er integrierte den Computer in seine Schreibmaschinen, und das gar nicht mal so schlecht. Dennoch schaffte es das Unternehmen nicht, jenseits der Schreibmaschine zu denken. Seine Strategie ging zunächst recht gut auf, zumindest bis in die 1980er-Jahre – bis sie es eben nicht mehr tat.

Deutschland hat ein Smith-Corona-Problem. Es klammert sich schon zu lange an alte Technologien und Unternehmen fest. Innovation war untrennbar mit Bestandsunternehmen verbunden. Innovation wurde davon definiert, was VW, BMW und Mercedes als solche ansahen. Auch das funktionierte, bis es das eben nicht mehr tat.

Die digitale Welt ist aber im Gegensatz dazu eine Welt der Start-ups. Diese brauchen Hilfe – meist in Gestalt eines starken Kapitalmarkts – und müssen oftmals einfach in Ruhe gelassen werden, statt sie mit Bürokratie zu behindern. Deutschland hat ein großartiges Unterstützungsnetzwerk für bestehende Unternehmen, aber nicht für Start-ups. Es lässt modernes Risikokapital vermissen. Fördermittel sind auf große Unternehmen mit Rechtsabteilungen ausgerichtet, nicht auf Gründer, deren Gedanken sich einzig um ihre Gründungsidee drehen. Das Problem der Bürokratie: Große Unternehmen kommen irgendwie zurecht mit ihr – kleine aber nicht.

Seit den frühen Nullerjahren ist die digitale Lücke zwischen Deutschland und dem Rest der Welt noch größer geworden. Angela Merkel bezeichnete 2013 das Internet bekanntermaßen als Neuland – zu der Zeit war das iPhone bereits seit sechs Jahren auf dem Markt, und die Vereinigten Staaten brachten das Web3 auf den Weg. Die Big-Data-Revolution war in vollem Gange, aber Deutschland war schon in vielen Aspekten der digitalen Entwicklung zurückgefallen, von den Glasfasernetzwerken und der mobilen Kommunikation bis hin zur Verbreitung der digitalen Technologien in Schulen und der künstlichen Intelligenz. Das deutsche Gesundheitswesen und der Polizeidienst nutzen nach wie vor noch Faxgeräte.

Auf viele Arten ist diese Verweigerung gegenüber den modernen Technologien die eigentliche Erbsünde. Im Laufe der Zeit beharrten deutsche CEOs und Politiker auf schlechten technologischen, geopolitischen und wirtschaftlichen Wegen – und das in dem Glauben, dass die Wirtschaft im großen Ganzen mit der traditionellen Industrie gleichzusetzen sei. Das ist auch der Grund, weshalb das größte Konzept innerhalb der gesamtdeutschen Wirtschaftsdiskussion die Wettbewerbsfähigkeit ist, ein Aspekt, der für Unternehmen wirklich wichtig ist, aber selten für Länder. Davon hört man in Debatten über Wirtschaft in Großbritannien oder den Vereinigten Staaten fast nie etwas – in Deutschland aber von fast nichts anderem.

Ich stolperte die Tage über ein Buch von Hans-Olaf Henkel, einem ehemaligen Präsidenten des Bundesverbands der Deutschen Industrie, der später im Leben (2014) für die AfD ins Europäische Parlament einziehen sollte. Eine seiner großen Klagepunkte war die Tatsache, dass Deutschland seine Textilindustrie verloren habe; er lässt dabei aber unter den Tisch fallen, dass es allen anderen westlichen Ländern genauso erging. Wenn er David Ricardos Theorie des komparativen Kostenvorteils verstanden hätte, dann wüsste er, dass es völlig normal ist, dass hoch entwickelte Länder bestimmte Sektoren an Entwicklungsländer verlieren. Dennoch blieb Henkels Narrativ in Deutschland in den Köpfen hängen. Es ist der Kampf gegen Ricardo. Eine höhere Wettbewerbsfähigkeit wurde zur Antwort auf jede Wirtschaftskrise.

Dieser Fokus auf die Wettbewerbsfähigkeit schien von 2005 bis ungefähr 2015 zu funktionieren. Das ist die Geschichte des modernen deutschen Wirtschaftswunders – die Geschichte, die viele Menschen durcheinanderbrachte. Deutschland schaffte es, ein überholtes Industriemodell dank einiger Zufälle um ein paar Jahre zu verlängern. Wenn man weniger genau hinschaut, scheinen diese zehn Jahre ein Gegennarrativ zu meiner Geschichte hier darzustellen, die genauere Betrachtung beweist jedoch das Gegenteil. Diese Jahre sind weniger die Ausnahme, die die Regel bestätigen, als vielmehr das Fundament für die zukünftige Krise.

Der Wiederanstieg begann mit Kanzler Schröders Arbeitsmarktreformen 2003, zu deren Effekten für lange Zeit die Lohnmäßigung zählte. Die Babyboomer, damals zwischen 40 und 55 Jahre alt, waren noch fest im Arbeitsleben verwurzelt. Sie hatten einen passablen Lebensstandard, aber Angst vor der Arbeitslosigkeit, denn viele hätten in dem Alter Probleme gehabt, eine neue Stelle zu finden. Die wichtigste Reform war die Kürzung der Sozialleistungen für jene, die Jobangebote ablehnten. Die Reformen und die daraus resultierende Lohnbremse erklären in gewissem Maße, wie es deutschen Unternehmen in diesem Zeitraum gelang, ihre Wettbewerbsfähigkeit gegenüber dem Rest Europas und der Welt zu verbessern.

Gleichzeitig wurde der deutschen Industrie von günstigem russischen Gas, der Liberalisierung der Containerschifffahrt und -logistik sowie der Globalisierung geholfen, der es nach deutschen Fabriken und Maschinen verlangte. Deutsche Unternehmen waren die Hauptnutznießer der Revolution der weltweiten Lieferkette.

Der schnelle Aufstieg Chinas und anderer asiatischer Tigerstaaten erschuf eine starke Nachfrage vor allem nach Industrieanlagen und Maschinerien, also einer Technologie, auf die Deutschland spezialisiert war und die sonst niemand wirklich zu bieten hatte. China und Indien würden die Weltmärkte mit ihren Produkten überschwemmen. Deutschland würde China und Indien mit in Deutschland hergestellten Fertigungsanlagen überschwemmen. Das war eine Win-win-Situation, bis sie es eben nicht mehr war.

Die Eurokrise, die 2010 begann, brachte der deutschen Industrie auch einige unvorhergesehene Vorteile ein. Sie war von einer massiven Überschreitung des griechischen Haushaltsdefizits Ende 2010 losgetreten, wenn auch nicht verursacht worden. Die Krise breitete sich entlang der EU-Grenzen aus, an den Rändern der Eurozone, und bedrohte 2012 dann sogar deren Existenz. Mario Draghi, der damalige Präsident der Europäischen Zentralbank, griff ein und gab seine berühmte Erklärung ab, dass er alles Erdenkliche tun werde, um den Euro zu retten. Die Krise führte zu einer massiven Entwertung des Euro gegenüber dem Dollar, was die Wettbewerbsfähigkeit

Deutschlands wiederum noch weiter steigerte, weil die Exporte so noch günstiger waren.

Ich bezeichnete dies immer als Beggar-thy-Neighbour-Strategie: einer Währungsunion beitreten, um erst den Wechselkurs mit den Handelspartnern festzulegen, dann aber zur Verbesserung der eigenen Wettbewerbsfähigkeit die Löhne zu senken. Auch das hat wunderbar funktioniert – bis es das eben nicht mehr tat.

Eine Zeit lang aber hatte sich alles für Deutschland im Sinne der Industrie gewandelt – das Gas, der Wechselkurs, die Globalisierung und die Revolution der globalen Logistik. Die Fanboys in den nationalen und internationalen Medien feierten das neue Wirtschaftswunder. Die Trophäe des kranken Mannes vom Bosporus war schon lange an andere weitergereicht worden.

Jedoch wurden zu dieser Zeit, in den 2010er-Jahren, viele der schlechtesten Entscheidungen getroffen: Deutschland machte sich noch abhängiger vom russischen Gas; es investierte zu wenig in den Glasfaserausbau, die digitale Infrastruktur und Technologie; es steigerte seine Abhängigkeit von Exporten. In der zweiten Hälfte des Jahrzehnts verzeichnete Deutschland mehrere Jahre lang Leistungsbilanzüberschüsse von mehr als acht Prozent der Wirtschaftsleistung. Das ist für eine Wirtschaft der Größe Deutschlands wirklich unglaublich.

All das ist Teil des neomerkantilistischen Modells, wie ich es nenne. Neomerkantilismus ist keine Politik, sondern ein System. Und alle in Deutschland unterstützten es. Die Protagonisten waren die zwei größten Parteien: Merkels Christdemokraten und ihre bayerische Schwesterpartei CSU zusammen mit den Sozialdemokraten. Letztere waren, mit nur einer vierjährigen Pause, durchweg Teil der Regierung seit 1998. Auf einer Ebene ist das Ziel des Neomerkantilismus das Erreichen großer Exportüberschüsse, also die Fortsetzung der französischen Handelspolitik des 18. Jahrhunderts im 21. Jahrhundert mit Unternehmen aus dem 19. Jahrhundert, die die Technologien des 20. Jahrhunderts nutzen. Auch das funktionierte, bis es das eben nicht mehr tat.

Merkantilisten, alt wie neu, misstrauen disruptiven Technologien. Sie handeln gern mit physischen Waren. Das merkantilistische Mindset geht Hand in Hand mit der Technophobie. Man nehme die zwei zusammen, mische etwas finanz- und geldpolitischen Konservatismus sowie ein protektionistisches Finanzmodell hinzu, und voilà, fertig ist das deutsche Wirtschaftsmodell.

Die Unterstützung für das neomerkantilistische Modell geht über die Politik hinaus und spiegelt sich auch in der Berichterstattung der Medien über die Wirtschaft wider. Zeitungen schreiben über Überschüsse wie über Fußball. Mehrere Jahre lang erklärten die deutschen Medien Deutschland zum Exportweltmeister, ohne dass diese Kategorie irgendeine wirtschaftliche Bedeutung gehabt hätte. Damit feierte man ein wirtschaftliches Ungleichgewicht – sowie die politische und wirtschaftliche Abhängigkeit, die sich später als äußerst ungesund und teuer herausstellen sollte.

Korporatismus ist das innenpolitische Gegenstück zum Neomerkantilismus. Für eine merkantilistische Politik muss ein Land Hand in Hand mit dem Unternehmenssektor zusammenarbeiten, daher ordneten linke wie rechte Regierungen jahrzehntelang die nationale Politik den Interessen bestimmter Vorzeigeindustrien unter. Die Vorstände dieser ausgewählten Branchen hatten wiederum einen besonderen Zugang zur Regierung – im Gegensatz zu Karl Albrecht, dem unternehmerischen Antihelden aus meiner Heimatstadt. Manchmal bekam man glatt das Gefühl, dass die Chefs der

Autoindustrie ihre ganz eigenen Schlüssel zum Kanzleramt hätten.

Das ist auch der Grund, weshalb Fehleinschätzungen im Unternehmensbereich verstärkt werden. Alle hängen auf- und aneinander. Alle glauben an das alte Wirtschaftsmodell. Wenn man wie so viele Deutsche heutzutage glaubt, dass man eine Verbrennungsmotorindustrie für eine erfolgreiche Wirtschaft braucht, dann übersieht man vielleicht sogar das elektrische Auto, bevor es einen überfährt. Die (durchweg männlichen) Chefs der Autoindustrie betrachteten elektrische Autos ursprünglich eher als Mädchenspielzeug. Ferdinand Piëch, der damalige Vorsitzende bei VW, brachte den legendären Spruch, dass kein Platz in seiner Garage für elektrische Autos sei. Diese Ansicht ging mit der des Siemens-Managers einher, der das Handy als „kleines Gerät" abgetan hatte. Sie alle machten den Thomas-Watson-Fehler, wie ich es nenne: Watson war in den 1940er-Jahren der berüchtigte Vorsitzende bei IBM, der prognostizierte, dass es auf der Welt vielleicht einen Bedarf von fünf Computern geben werde.

Watsons Nachfolger sahen es anders und erfanden schließlich den Personal Computer, den PC. Das Problem hieran ist, dass in einer merkantilistischen Welt niemand da ist, der Fehleinschätzungen korrigieren könnte oder würde. Alle sitzen im selben Boot. Die deutsche Regierung sprach sich mit der Autoindustrie ab und half ihr sogar weiterhin, nachdem diese illegale Manipulationssoftware installiert hatte, um Abgastester zu täuschen. Statt also in Software oder elektrische Akkus (oder gar in Unternehmen, die solche herstellen) zu investieren, entschied sich die deutsche Autoindustrie lieber für den kriminellen Weg, um die alte Technologie noch ein wenig künstlich am Leben zu erhalten. Die Neomerkantilisten der deutschen Regierung verwandelten demnach eine schlechte Wette einer einzelnen Branche in die eines ganzen Landes. Hier ging es nicht nur um informelle Verhandlungen, sondern dies war ein ökonomisches Russisch Roulette.

Das soll in keinster Weise ein pauschales Argument gegen die Industriepolitik sein, denn diese kann erfolgreich sein – wie das US-amerikanische Setzen auf Halbleiter in den 1950er-Jahren oder die Gründung von Airbus 1970 in Europa. In Deutschland ging jedoch die Industriepolitik auf Kosten der wirtschaftlichen Diversifizierung. Deutschland bildete ein Klumpenrisiko, indem es eine Reihe zusammenhängender Wetten einging: auf die Kupferkabel, während die klugen Köpfe auf Glasfaser setzten; Kohl setzte auf HDTV; Schröders Regierung verkaufte Handylizenzen, um auf Kosten der Netzabdeckung die staatlichen Einnahmen zu maximieren – ein Problem, das sich bis in die heutige Zeit zieht; Merkel beschleunigte den Ausstieg aus der Kernenergie und setzte die Energiepolitik ihres Vorgängers fort; um die Fehler in der Politik von Olaf Scholz' Regierung aufzuführen, braucht es ein ganzes Kapitel, dazu also später mehr. Die Autobranche ist ein gutes Beispiel für ein Klumpenrisiko, denn wenn sie zusammenbricht, zieht sie eine ganze Reihe von Zulieferbranchen mit in den Abgrund. Anders ausgedrückt: Wenn es regnet, schüttet es, und wenn es aufhört zu regnen, sind wir immer noch klatschnass.

Daher sind die Wirtschaftsprobleme Deutschlands ein „struktureller Einbruch", wie es der US-amerikanische Ökonom Edmund Phelps nennt. Der strukturelle Teil dieser Krise bezieht sich auf das Wirtschaftsmodell, an das sich Deutschland schon viel zu lange klammert. Gute und schlechte Zeiten werden sich nach wie vor abwechseln, aber die strukturelle Krise wird bestehen bleiben – außer wir ändern das Modell. Und diese Veränderung müsste mit einem anderen Wirtschaftsnarrativ beginnen, das nicht auf die Wettbewerbsfähigkeit setzt.

Dieses Buch erzählt die Geschichte des Falls des Neomerkantilismus. Und da beginnt man am besten beim Geld. Das deutsche Bankensystem ist die Quintessenz des wirtschaftlichen Exzeptionalismus in Deutschland. Es ist in manchen Dingen der außergewöhnlichste und überraschendste Teil dieser Geschichte. Vieles danach war einfach eine logische Folge davon.

1. Der Kanarienvogel

Der Neomerkantilismus dreht sich um Exportüberschüsse physischer Produkte, und das Gegenstück ist ein Finanzsektor, der dies erst ermöglicht: Finanzen und Fabriken sind gegenseitige Spiegelbilder. Der Aufstieg und Fall des deutschen korporatistischen Finanzsektors – die ultimative Macht hinter dem neomerkantilistischen System – ließ die Krise erahnen, die später die deutsche Wirtschaft im weiteren Sinne heimsuchen sollte.

Das deutsche Bankensystem besteht aus drei Säulen ungefähr gleicher Stärke: den Privat-, Staats- und Genossenschaftsbanken. Diese dreisäulige Struktur ist älter als die Bundesrepublik. Die ersten Sparkassen wurden im 18. Jahrhundert gegründet; Aktienbanken und Kreditgenossenschaften lassen sich bis ungefähr 1850 zurückverfolgen; die modernen Landesbanken (Staatsbanken) entwickelten sich aus den Girozentralen, also Banken, die Bezahlungen zwischen den Sparkassen ausführten und Anfang des 20. Jahrhunderts gegründet wurden.

Das staatseigene Bankensystem besteht aus der KfW – der alten Bank für den Nachkriegswiederaufbau –, den Landesbanken und den Sparkassen. Ein anderer Faktor des deutschen Systems sind die unterentwickelten Kapitalmärkte in Kombination mit einem überentwickelten Staatsbankensektor. Das ist kein Zufall. Dies war lange Zeit in der ersten und zweiten Phase der industriellen Revolution unwichtig, denn das Bankensystem war auf eine große und stabile Unternehmenslandschaft ausgerichtet und erfüllte viele der Funktionen eines effizienten Kapitalmarkts. Banken sind keine Institutionen, die Wetten auf Einhörner abschließen, wie man erfolgreiche Start-ups gern nennt. Das soll keine Kritik an den Banken sein, denn das war schließlich nicht ihre Aufgabe. Jedoch führt ein ungleichgewichtiger Finanzsektor zu einem ungleichgewichtigen Industriesektor.

Die großen Privatbanken – Deutsche Bank, Dresdner Bank und Commerzbank – wurden nach dem Zweiten Weltkrieg in regionale Gruppen aufgebrochen, durften sich aber 1957 wieder konsolidieren. Und diese Konsolidierung wurde noch weitergeführt mit der Übernahme der Dresdner Bank durch die Commerzbank.

Die Privat- und die Landesbanken waren große Rivalen. Erstere beschwerten sich immer darüber, dass Letztere ihre Profitmarge untergraben, ihr Wachstum begrenzen und sie daran hindern würden, in der ersten Liga des globalen Bankensystems mitzuspielen. Das politische Establishment unterstützte jedoch in allen Bereichen die Landesbanken vor allen anderen, weil sie letztlich für sie verantwortlich waren.

In den frühen 1970er-Jahren entdeckte der damalige Wirtschaftsminister Karl Schiller eine neue Funktion des öffentlichen Bankenwesens: die makroökonomische Politik der Regierung wie die Konjunkturpolitik zu unterstützen, indem es die Kreditvergabe antizyklisch erhöhen oder senken würde. Niemand würde heute versuchen, eine solche Kontrolle über Banken auszuüben – nicht weil Politiker den Gedanken schlecht fänden, sondern weil sie nicht mehr so viel Macht haben. Es hat aber kurzfristig in den 1970er-Jahren funktioniert. Von den Landesbanken wurde die WestLB zum wichtigsten Teil der regierungsseitigen Makrokonjunkturbemühungen.

Deutschlands Finanzsektor ist dem Chinas nicht unähnlich. Es ist kein Zufall, dass die beiden Länder eine fast identische neomerkantilistische Politik verfolgen, mit dem großen Unterschied, dass die Zentralregierung in China eine weitaus größere Rolle spielt, während das deutsche System eher dezentral aufgebaut ist. Wenn man verstehen möchte, wo die Macht in Deutschland wirklich liegt, dann darf man das Augenmerk nicht auf Berlin legen: Viele der wichtigsten Machthaber sitzen in Städten wie Hannover, Düsseldorf und München. Das deutsche System ist dezentralisiert geplant. (Teilweise gilt dies auch für China, wo die Parteichefs in den Provinzen weiterhin mächtige Positionen in der regionalen Wirtschaft innehaben, sie sind jedoch nicht so unabhängig wie die hiesigen Landesregierungen.)

Ein weiterer Aspekt des deutschen Systems ist die Tatsache, dass die Landesbanken öffentlich-rechtliche Institutionen waren und somit gänzlich vor Insolvenz geschützt. Das führte zu Wettbewerbsverzerrungen, denn diese Gewährträgerhaftung verschaffte ihnen eine bessere Bonitätseinstufung, sodass sie niedriger verzinste Kredite vergeben konnten. Erst 2001 gab die Bundesregierung der Anforderung der Europäischen Kommission nach, diese Gewährträgerhaftung für alle öffentlich-rechtlichen Kreditinstitutionen zurückzunehmen. Für manche war das der Anfang vom Ende. Die Haftung förderte die Risikobereitschaft – für die falsche Art Risiko.

Das System wurde von Bankern betrieben, aber es hätten genauso gut Politiker sein können. Ein Vorstand einer örtlichen Sparkasse bestand zumeist aus Mitgliedern des Orts- oder Bezirksrats. Ein Anwalt der Monopolkommission nannte das Beispiel eines Maschinenbauunternehmens im nordrhein-westfälischen Bielefeld, das in Schwierigkeiten geriet und sofort von der WestLB gerettet wurde. Diese sprang auch bei einem privaten Fernsehsender in Not ein und propagierte Köln als zentralen Medienstandort. Als das bayerische Stahlunternehmen Maxhütte in Schwierigkeiten geriet, wurde eine Reihe von öffentlichen Banken zur Rettung hinzugezogen. Deutschland hielt sich zwar bei staatlichen Beihilfen an die Wettbewerbsgesetze, aber der Großteil der tatsächlichen Hilfe wurde über nicht wettbewerbsorientierte Kreditvergabepraktiken gewährt.

In manchen Fällen nutzte man die Banken sogar für Wahlkämpfe – so überzeugte Gerhard Schröder während des niedersächsischen Wahlkampfs 1998 die Norddeutsche Landesbank davon, das Stahlunternehmen Salzgitter zu retten. Diese Intervention bereitete ihm den Weg zur Kanzlerschaft im selben Jahr und somit auch zu seinem Sieg über Helmut Kohl. Die Landesbanken sind ernst zu nehmende politische Akteure in Deutschland. Politiker konnten mithilfe der Landesbanken die üblichen bürokratischen Kontrollen für öffentliche Investitionsprojekte umgehen, denn ihre Kreditvergaben unterlagen keiner parlamentarischen Kontrolle. In anderen Ländern konnte man von solchen Finanzierungsquellen nur träumen. Durch Industriebeteiligungen, Unternehmenskredite, Wohnungsbau und zahlreiche Investitionen in die regionale Infrastruktur waren sie die Großfabriken der Schmiergelder.

*

In Nordrhein-Westfalen war die große Macht hinter dem Thron die WestLB, die damals größte der Landesbanken. Sie arrangierte in den 1990er-Jahren in der Stahlindustrie eine feindliche Übernahme. Krupp, mit Sitz in Essen, wollte die Firma Hoesch aus Dortmund übernehmen. Dafür hatte Krupp 1991 heimlich vor der Übernahme die eigenen Anteile an der Hoesch-Aktie erhöht. Es gab viele Überschneidungen in ihren Geschäftsbereichen. Friedel Neuber – ein Sozialdemokrat, der als „Roter Pate“ bekannt war – war der Vorstandsvorsitzende der WestLB und somit die einflussreichste Figur der korporatistischen Welt Nordrhein-Westfalens, des Mekkas der deutschen Schwerindustrie. Neuber handelte für Krupp. Unter seiner Führung kaufte die WestLB heimlich Anteile an Hoesch, um die Übernahme durch Krupp zu unterstützen. Zudem stellte die Bank sicher, dass Krupp die Arbeitsbeziehung zu allen anderen Banken abbrach – die WestLB war nun die Hausbank der Firma Krupp.

All dies geschah in Absprache mit der SPD-geführten Regierung unter Johannes Rau, dem nordrhein-westfälischen Ministerpräsidenten. Dieser hatte zu diesem Zeitpunkt das Amt seit dreizehn Jahren inne – und würde es noch sieben weitere Jahre halten. Ein weiteres Jahr danach würde er zum Bundespräsidenten aufsteigen. Rau war Vorstandsmitglied der Krupp-Stiftung, der Krupp gehört, und hat abgestritten, dass seine Regierung eine Rolle bei der Übernahme gespielt oder jegliche Entscheidungsgewalt gehabt habe. Auch das ist ein völlig normaler Teil des neomerkantilistischen Systems. Fehlende Transparenz und Rechenschaft sind kein Bug, sondern ein Feature. Transparenz hätte es zerstört.

Ein Aspekt des deutschen korporatistischen Systems, wie wir schon bei Krupp gesehen haben, sind die Absprachen zwischen Politikern, Bänkern und Industriellen. Die Landesbanken verliehen nicht nur Geld, sondern hielten strategische Beteiligungen an Unternehmen und waren, neben unterstützenden Politikern, häufig in deren Vorständen vertreten. Die nordrhein-westfälische Version des Neomerkantilismus war besonders unerschütterlich. Manche nannten es das Rhein-Ruhr-Kartell.

Während man in Nordrhein-Westfalen alles auf Stahl setzte, stürzten sich die Norddeutschen in den Schiffsbau. Auch das sollte sich als äußerst schlechte Idee herausstellen, weil die Branche aufgrund des globalen Überangebots eine heftige Krise erleben sollte. Zwischen 2002 und 2013 wurden sowohl die Bremer Landesbank als auch die HSH Nordbank zu den größten Investoren in der Schiffsindustrie. Das Kreditportfolio der Bremer Landesbank bestand 2013 zu 20 Prozent aus Schiffsanteilen. Als dann die Branche in Notlage geriet, mussten die zwei Landesbanken zur NordLB vereinigt werden. Zu diesem Zeitpunkt war der Niedergang der Landesbanken schon in vollem Gange.

In Nordrhein-Westfalen, der Jauchegruppe des deutschen Korporatismus, spielte die WestLB eine wichtige Rolle bei der Unterstützung der landeseigenen Cluster der Schwerindustrie. Auf diese Weise geriet das Bundesland in eine gefährliche Abhängigkeit von Steinkohle, Stahl und Strom. Wenn wir also über die übermäßige Abhängigkeit Deutschlands von bestimmten Industriebereichen sprechen, dann kann die Rolle der WestLB darin gar nicht genug betont werden.

Jedoch, wie so typisch für viele Handlungsträger der deutschen korporatistischen Welt, waren auch sie blind gegenüber den globalen makroökonomischen und geopolitischen Risiken. Die WestLB erlitt 1973 massive Verluste mit US-amerikanischen Devisengeschäften. Im selben Jahr brach das Bretton-Woods-System der Nachkriegszeit mit seinen halbfesten Wechselkursen zusammen – deren Volatilität wurde nach über zwanzig stabilen Jahren plötzlich zum Thema. Hans Wertz, der damalige SPD-Finanzminister, verteidigte diese Verluste als Notwendigkeit, um die starke Exportorientierung der Wirtschaft von NRW zu sichern.

Die in München sitzende BayernLB handelte anders. Sie expandierte unter dem Einfluss der CSU auf internationaler Ebene und investierte in die Modernisierung des Bundesstaats. Das war auf lange Sicht eine erfolgreichere Strategie und ermöglichte München den Aufstieg zu Deutschlands Hightechstandort. Die BayernLB war eine der wenigen Landesbanken, die es schaffte, wenigstens einige Siegtreffer zu landen, unter anderem in neuen innovativen Branchen wie den Medien, der Chemie, der Energieversorgung und der Elektronik. In NRW jedoch bestand das Ziel weiterhin darin, bestehende industrielle Infrastruktur zu erhalten. Gemein hatten beide zudem den starken Einfluss der Politik auf die Kreditinstitute. Denn die Vorstände der BayernLB waren hochrangige CSU-Funktionäre, zumeist ehemalige Ministerpräsidenten.

Die WestLB war der Inbegriff einer sozialdemokratischen Landesbank – und drei Männer führten dieses System an: Neuber, Rau und der Finanzminister Heinz Schleußer. Sie alle waren Sozialdemokraten. Rau war der oberste Chef, aber Neuber der Geschäftsführer des Ganzen. Wie *Der Spiegel* berichtet: „In der Wirtschaft Nordrhein-Westfalens lief ohne den mächtigen WestLB-Chef nichts. Von der Fusion der Mischkonzerne Thyssen und Krupp, über Metro, Gildemeister, Babcock Borsig bis zur LTU – Neuber mischte mit und praktizierte Industriepolitik. Seine ehrgeizigen Tourismuspläne, über die frühere Preussag (heute TUI) einen Tourismuskonzern zu schmieden, scheiterten 1997 nur am Widerstand der Kartellbehörde. Neuber stand an der Spitze zahlreicher Aufsichtsräte unter anderem bei TUI, RWE und Babcock Borsig."

Die Landesbanken begannen in den 2000er-Jahren mit der internationalen Expansion. Neuber, als Chef der WestLB von 1981 bis 2001, rechtfertigte diese damit, dass die mittelständischen Klienten der Bank inzwischen auf internationalem Parkett aktiv seien. Jedoch war das Angebot eines internationalen Bankings für Bestandskunden nicht der Hauptgrund für die internationalen Aktivitäten der WestLB. Sie investierte stark in damals scheinbar lukrative Geschäfte: in den US-amerikanischen Subprime-Markt. Es gibt keine Medaille dafür, wenn man richtig errät, wie das wohl ausgegangen sein dürfte. Im Film *The Big Short* findet sich eine prominente Szene, in der jemand auf die „stupid bankers“, die dummen Banker, in Düsseldorf verweist. Das waren diese Typen.

Diese waghalsigen Investitionen wirkten in der Bilanz im ersten Moment gut – bis sie es eben nicht mehr taten. Die Weltwirtschaftskrise löste starke Verluste bei den Landesbanken aus, die letztlich die WestLB zerstören sollten, sodass diese 2012 aufgespalten wurde. Ohne Gewährträgerhaftung hatte die Bank die Verluste nicht auffangen können. Der Tod der WestLB war zwar der Tod einer Säule, aber nicht des gesamten korporatistischen Bankenwesens in Deutschland.

Das ursprüngliche Ziel der Landesbanken hatte gelautet, wohlfahrtsorientierte Finanzdienstleistungen anzubieten und Marktversagen zu beheben. Es hatte sich jedoch eine Ausweitung der Mission eingeschlichen, und so gaben sie ihre öffentlichen Aufgaben im Namen der Globalisierung und Finanzialisierung auf. Sie kannten ihr altes Geschäftsmodell sehr gut – jedoch alles andere nicht wirklich. Wie es früher so schön über das Haus Bourbon geheißen hatte: Sie lernten und vergaßen nichts. Deutschland besaß nun ein toxisches Bankenwesen.

Das nordrhein-westfälische Finanzministerium schätzte die vollständigen Kosten des Zusammenbruchs der WestLB bis 2027 auf 18 Milliarden Euro: drei Milliarden Euro zuungunsten des Bundeshaushalts, neun Milliarden zuungunsten des Bundeslandes und sechs Milliarden zuungunsten der Landesbanken. Selbst für ein so großes Bundesland wie Nordrhein-Westfalen war das ein herber Schlag.

Rainer Kambeck, Experte für öffentliche Finanzen am RWI – Rheinisch-Westfälischen Institut für Wirtschaftsforschung, erklärte, dass die Abschaffung der Gewährträgerhaftung 2005 der Todesstoß gewesen sei: „Die Landesbanken waren nie in einer Situation, dass sie sehr hohe Renditen haben erwirtschaften müssen, weil sie eben im Hintergrund immer das Land hatten. Und die Abschaffung der Gewährträgerhaftung hat eben dann dazu geführt, dass der Wettbewerb doch für die Landesbanken etwas heftiger wurde. Und einige Landesbanken haben fatalerweise darauf so reagiert, dass sie eben in sehr risikoreiche Geschäfte gegangen sind."

Die Landesbanken wurden von den falschen Menschen geleitet. Die roten Barone der nordrhein-westfälischen Finanzwelt waren perfekt für die heimlichen Absprachen in der Stahlindustrie geeignet, verstanden aber die Abläufe des modernen Finanzmarkts nicht, vor allem nicht die modernen Verbriefungsstrukturen, die in Deutschland nicht mal existierten. Niemand verstand, was passierte – nicht in den Handelsbörsen, nicht in den Vorstandsetagen und erst recht nicht in den Aufsichtsräten, die gespickt waren mit Politikern und Gewerkschaftlern. Es war auch niemand in der Lage, die sachdienlichen Fragen zu stellen, die man in einem Aufsichtsrat eigentlich stellen sollte. Es herrschte reine Inkompetenz.

Ein Grund dafür findet sich im Einstellungsverfahren staatlicher Banken – es hing nicht davon ab, was man *wusste*, sondern wen man *kannte*. Ausbildungsplätze in den örtlichen Sparkassen waren in den 1970er-Jahren heiß begehrt. Viele Schulabgänger schlugen lieber diesen Weg als den zur Universität ein, weil es einem die Tür zum staatlichen Bankenwesen öffnete. Dort zählte der Universitätsabschluss lange nicht so viel wie im privaten Sektor. Ich persönlich weiß von einem Fall, in dem der einzige Ausbildungsplatz bei der Bank in meiner Stadt an die Tochter des Vorstands der örtlichen Sparkasse ging. Sparkassen waren ein wichtiger Bestandteil der kommunalen Infrastruktur deutscher Städte, und somit betrat man den Weg in die Lokalpolitik, wenn man sich der Sparkasse anschloss. Wenn also nun der Nachwuchs des örtlichen Sparkassenvorstands den einzigen Platz bekommt, weiß man also gleich, wie der Hase läuft.

Das deutsche Bankenwesen ist voller krummer Praktiken. So erschütterte ein gänzlich anderer Finanzskandal in Hamburg die ganze Republik. Die dortige Warburg Bank richtete das sogenannte Cum-Ex-System ein, das eine steuertechnische Lücke ausnutzte. Sie konnten mit dem An- und Verkauf großer Aktienmengen vor und nach dem Dividendenstichtag hohe automatische Rückzahlungen an Kapitalertragssteuern erwirken. Der Schaden für die Landes- und Bundesregierungen belief sich auf über hundert Millionen Euro. Es wurde initial als Praxis bezeichnet, aber der Bundesgerichtshof stufte es später als Verbrechen ein.

Auch staatliche Banken waren an diesen Cum-Ex-Transaktionen beteiligt – was wirklich erstaunlich ist, wenn man bedenkt, dass sie letztlich ihre Besitzer geprellt haben. Die HSH Nordbank führte von 2008 bis 2011 Cum-Ex-Transaktionen durch, was die Hamburger Staatskasse um 112 Millionen Euro an Steuereinnahmen brachte.

Die Bank zahlte den Betrag zuzüglich Zinsen 2013 zurück und entging so einem Gerichtsverfahren in Hamburg, trotz der erdrückenden Beweislast für einen Fall gravierender Steuerhinterziehung, die in einem detaillierten Bericht den Behörden vorgelegt wurde. Der damalige Oberbürgermeister von Hamburg war Olaf Scholz. Es bestehen nach wie vor offene Fragen zu seiner Beteiligung an dem Skandal und dem Umgang, den er damals pflegte. Einige der beteiligten Banker gehörten zu den wichtigsten finanziellen Unterstützern der Hamburger SPD. Hätten alle in der Staatsanwaltschaft und der Hamburger Bürgerschaft damals ihren Job richtig gemacht, wäre es niemals dazu gekommen. Die HSH Nordbank wurde im November 2018 für rund eine Milliarde Euro an eine Investorengruppe rund um den US-amerikanischen Hedgefonds Cerberus verkauft.

Zwischen 2000 und 2012 reduzierte sich die Anzahl der Landesbanken von elf auf sechs; nach dem Fiasko um die HSH Nordbank war diese weiter auf fünf abgesunken. Die BayernLB gibt es nach wie vor. Jedoch sind sie ohne die Gewährträgerhaftung nur noch ein Schatten ihrer selbst.

Entscheidend ist, dass ihr Niedergang den öffentlichen Anteil am deutschen Bankensystem nicht etwa reduzierte: Sparkassen und Genossenschaftsbanken gewannen den Marktanteil, den die Landesbanken verloren hatten. Das System ist heute weniger anfällig, weil die Sparkassen nicht auf zweifelhafte Finanzierungen in fernen Ländern setzen, von denen sie wenig verstehen. Das grundlegende Problem des deutschen Bankenwesens wurde jedoch nach wie vor nicht angegangen: Die deutsche Wirtschaft zögert weiterhin bei der Diversifizierung in neue Sektoren, sie ist daher weiterhin von Branchen abhängig, die ihre Blütezeit längst hinter sich haben.

In Deutschland befinden sich 24 Prozent der EU-Bevölkerung und 34 Prozent der Banken der EU. Das liegt aber nicht daran, dass der Rest der EU ein besonders schlankes Bankensystem hätte, sondern einfach an der deutschen Übermacht an Banken. Und selbst Deutschland besaß 2021 23 Prozent weniger Banken als noch zehn Jahre zuvor. Deutschland konsolidiert sich – nur langsamer als andere. Die elende WestLB ist verschwunden, und andere haben fusioniert. Das Geschäftsmodell besteht jedoch weiterhin, wenn auch mit deutlich weniger korrupter Energie.

Der deutsche Finanzsektor steckt in Schwierigkeiten. Diese Tatsache hebt ein erstaunlicher Bericht hervor, den Jan Schildbach, ein Analyst der Deutschen Bank, 2021 herausbrachte und sich somit den ultimativen Fauxpas des deutschen Bankenwesens erlaubte: Er sagte den Mächtigen die Wahrheit ins Gesicht. Sein Bericht hatte etwas Whistleblowerisches an sich, etwas extrem Seltenes in der deutschen Privatwirtschaft, erst recht in der Finanzwelt.

Schildbach konstatierte darin ganz unverblümt, dass der deutsche Finanzsektor gerade vor die Hunde gehe. In seinem Bericht kritisierte er die BaFin, die Bundesanstalt für Finanzdienstleistungsaufsicht, für eine ganze Reihe grober Versäumnisse, von denen das eklatanteste der Wirecard-Skandal war. Schildbach kritisierte außerdem die Drei-Säulen-Struktur des deutschen Bankenwesens, das seiner Meinung nach nicht mehr zeitgemäß sei und die Konsolidierung verhindere. Er kritisierte auch die 30 Prozent Körperschaftssteuer, vor allem im Vergleich zum weltweiten Schnitt von 22 Prozent. Sein wohl am wenigsten kontroverses Statement lautete, dass der Brexit zu einer weiteren Fragmentierung des europäischen Finanzmarkts geführt habe. Er kritisierte weiterhin auch Deutschlands erfolglose Versuche, eine kapitalgedeckte Altersvorsorge einzuführen. Die Bank jedoch distanzierte sich von einem der ehrlichsten Berichte, den ihre Analysten je herausgebracht hatten. Christian Sewing, Vorstandsvorsitzender der Deutschen Bank, war so peinlich berührt, dass er sich zu einer Entschuldigung genötigt sah. In Deutschland handeln selbst die Vorstandsvorsitzenden privater Banken wie politische Akteure.

Die Studie wurde später offiziell zurückgenommen und lässt sich nicht einmal mehr im Internet finden. Den Mächtigen einen Spiegel vorzuhalten, wird in Deutschland nicht gern gesehen.

Seit der Weltwirtschaftskrise geht es stetig bergab. Die Profitabilität deutscher Banken hat sich im Laufe des letzten Jahrzehnts (um immerhin 30 Prozent) drastisch verringert – und bleibt hinter dem europäischen Durchschnitt zurück.

Deutsche Banken machten 2005 11,2 Prozent der kumulierten Marktkapitalisierung aller Unternehmen im Deutschen Aktienindex (DAX) aus – fünfzehn Jahre später lag dieser Anteil nur noch bei 1,4 Prozent. Deutsche Banken erzielten im selben Zeitraum eine Gesamtaktionärsrendite von minus 10 Prozent, während die Gesamtrendite des gesamten DAX bei plus 7,3 Prozent lag.

Die Deutsche Bank hatte im Laufe der Jahre sehr ehrgeizige Pläne und einige risikoaffine Führungskräfte im Höhenflug, darunter Josef Ackermann und Anshu Jain. Dennoch haben die Skandale und schlechten Ergebnisse der Anlagebankgeschäfte ihre Spuren hinterlassen. Seit den späten 2010er-Jahren wurden diese Geschäfte, die früher als das Business der Zukunft gehandelt wurden, deutlich reduziert. Die Deutsche Bank konzentriert sich nun also wieder darauf, was sie vor Jahrzehnten schon gemacht hat: Kreditfinanzierungen des deutschen Marktes.

Die staatlichen Banken spielten eine immense Rolle in der langfristigen Finanzierung des deutschen Industriestandorts – für Unternehmen, die eher selten welche von der Privatwirtschaft erhalten hätten. Jedoch lief das nur in der idealisierten Fantasie so ab, nicht aber in der Praxis: Stattdessen agierten die Staatsbanken als Verbindungen, mithilfe derer Bundes- und Landesregierungen Gelder in die Privatwirtschaft lenken konnten. Einem Bericht zufolge ermöglichte es der Besitz von Banken der Regierung, Ersparnisse zu sammeln und sie in bevorzugte Projekte zu lenken: ein Schmiergeldfonds, mit dem man die Steuerzahler umging. Die großen staatlichen Banken fungierten als Finanzarme der Regierung, verdrängten privates Kapital und verhinderten die Schaffung effizienter Kapitalmärkte. Einzig positiv daran war, dass sie einigen kleinen und mittelständischen Unternehmen Zugang zu Kapital verschafften, das diese sonst nicht erhalten hätten.

Genau diese Rechtfertigung akzeptierten viele Menschen früher – mich eingeschlossen. Industrien haben viel längere Zeithorizonte als Finanzinvestoren. Die Kapitalmärkte waren nie dafür ausgelegt, langfristige Industrieinvestitionen zu tätigen, von der man erst nach mehreren Jahrzehnten etwas hätte.

Ich glaube jedoch nicht länger daran, weil die Industrien selbst zu kurzfristig orientierten Affären geworden sind. Die Autoindustrie beispielsweise verpasste es, frühzeitig in elektrische Autos zu investieren, auch wenn die Umstände den langfristigen Investitionen zuträglich gewesen wären. Der Abgasskandal ist das beste Beispiel für diese Kurzfristorientierung. Ich würde aber weiterhin den industriellen Mittelstand mit seinen hochgradig spezialisierten Unternehmen als langzeitorientiert definieren. Sie sind in der Regel krisenfester und können Verluste abfedern, weil ihre Eigentümer Aktionären oder insbesondere Finanzinvestoren keine Rechenschaft schuldig sind. Deutschland verdankt dem staatlichen Bankensektor viel, aber das war vor allem vor der übermäßigen Risikofreude der Landesbanken.

Ein weiteres Argument für ein staatliches Bankensystem ist die Tatsache, dass kleinere Unternehmen nicht direkt auf den Kapitalmarkt zugreifen können oder möglicherweise in Bereichen operieren, die wenig Interesse bei Venture-Capitalists auslösen. So haben sich die Sparkassen auf die Finanzierung von Einkaufszentren oder Gewerbegebieten spezialisiert. Es gibt jedoch keinen guten Grund für den staatlichen Sektor zur Finanzierung solcher gewöhnlichen kommerziellen Aktivitäten: Es ist schließlich nicht so, als würden Sparkassen Unternehmen zinsgünstige Finanzierungen anbieten.

Das größte Problem ist meiner Ansicht nach die politische Selektionsverzerrung. Staatsbanken waren letztlich rückwärtsgewandt und nicht auf Unternehmensgründungen ausgerichtet. Deutschland hatte lange Zeit keine Risikokapitalbranche. Auch wenn sich das inzwischen geändert hat, ist die Branche doch im Vergleich zu der in den Vereinigten Staaten klein. Dieser Mangel an Finanzmitteln ist auch einer der Gründe, warum Deutschland kein beliebter Standort von Hightechunternehmen ist: Das Land hat eigentlich mehr als genug talentierte Forscher, aber diese bekommen vom Finanzsystem nicht genug Unterstützung.

Selbst die deutschen Venture-Capitalists spielen nicht immer in derselben Liga wie ihre US-amerikanischen Pendants. Zudem konzentrieren sie sich gern auf klassische Geschäftszahlen statt auf Marktpotenziale. Und wenn das der Fokus der Gespräche zwischen Entrepreneuren und den Leitern der örtlichen Sparkassen ist, dann dürfte es nicht verwundern, dass den potenziellen Start-ups die Finanzierung verwehrt bleibt. Die Staatsbanken stellten nur manchen Unternehmen eine nachhaltige Finanzierung zur Verfügung, während andere keinen einzigen Cent erhielten.

Wie so oft im Leben versagte das System rund um die Landesbanken nicht auf theoretischer, sondern auf praktischer Ebene. Dessen Verteidiger argumentierten, dass der Staat als Absicherung gegen übermäßige Risikobereitschaft privater Banken diene, jedoch gingen vor allem die Landesbanken letztlich die größten Risiken ein. Es ist strittig, ob dies unvermeidlich war. Es ist jedoch passiert. Auf diese Weise scheitern alle Monopole.

Der Niedergang und Fall der Landesbanken ließen den Niedergang und Fall des deutschen Neomerkantilismus erahnen. Vor zwanzig Jahren waren von den zwanzig gewichtigsten Banken der Welt noch vier aus Deutschland, wenn man es am Vermögenswert, und eine (die Deutsche Bank), wenn man es an der Marktkapitalisierung festmachte. Heutzutage finden sie sich gar nicht mehr in den weltweiten Rankings wieder.

Die Deutsche Bank befand sich im November 2023 auf dem 729. Platz, die Commerzbank auf dem 1132.

Die deutsche Industrie und der staatliche Finanzsektor sind Zwillinge des neomerkantilistischen Systems. Die Schwierigkeiten der deutschen Banken ließen bereits ein Jahrzehnt im Voraus die Schwierigkeiten der deutschen Industrie erahnen. In Anbetracht seiner Wurzeln im Ruhrgebiet kann man wohl die WestLB treffend als Kanarienvogel der Zeche bezeichnen.

2. Neuland

Das Merkwürdigste an unserer Geschichte ist Deutschlands Wechsel vom innovativsten Land der Welt zu einem Nachzügler. Alles begann mit Johannes Gutenbergs Druckerpresse, der wohl folgenreichsten technologischen Innovation aller Zeiten – direkt gefolgt vom Kraftfahrzeug.

Der Zweite Weltkrieg führte ohne Zweifel zu einem entscheidenden Bruch in den wissenschaftlichen und technischen Fähigkeiten Deutschlands. Viele der besten Wissenschaftler, wie Albert Einstein, verließen das Land. Und jene, die zurückblieben, wurden in die Kriegsmaschinerie gesaugt. Manche, wie der Mathematiker Felix Hausdorff, nahmen sich das Leben. Die eine Fähigkeit, die noch am unversehrtesten den Krieg überstand, war das Ingenieurwesen. Dieses baut generell auf Naturwissenschaften auf, und zwar gezielt auf den Wissenschaften, die die Deutschen noch kannten: klassische Mechanik und Chemie. Die Vereinigten Staaten brachen in eine neue technologische Ära mit den zivilen Folgen der Erfindung der Atombombe auf: mit den Erfindungen des Transistors 1947, des integrierten Schaltkreises 1959 und des ersten Tischrechners 1967. Den Rest der Geschichte kennt man nur allzu gut. Die Vereinigten Staaten – und vermehrt auch China – leiten nun die digitale Welt an.

Und dennoch war Deutschland erfolgreich, erst während der Wirtschaftswunderjahre in den 1950er- und 1960er-Jahren, dann zwischen 2005 und 2017. Wie passen also diese zwei Geschichten – von Deutschlands Verlust des wissenschaftlichen Vorsprungs und von Deutschlands zeitweisem Wirtschaftserfolg – zusammen?

Angela Merkel hat bekanntermaßen einen Doktor der Physik – jedoch nicht der Art Physik, die es für die digitale Welt braucht. Deutschland ist vielleicht das westliche Land mit der größten Entfremdung von allem Digitalen. Dabei geht es nicht mal nur um schlechten Handyempfang, denn diese Entfremdung durchdringt alle Aspekte der Gesellschaft. Der Deutsche an sich ist kein Technophob, schließlich hat Deutschland reichlich viele digitale Unternehmen, aber dort liegt nicht das Geld – zumindest nicht in Deutschland.

Ein häufiger Gast in deutschen Talkshows ist der Neurowissenschaftler und Psychiater Prof. Manfred Spitzer. Er hat Bücher verfasst, in denen er behauptet, dass Schulen keinerlei digitalen Content behandeln sollten. Eines seiner Bücher trägt den Titel *Digitale Demenz*, ein anderes heißt *Cyberkrank!*. Seiner These zufolge schädigt die Digitalisierung die Gesundheit junger Leute – in manchen Fällen sogar bis hin zum Tod. Er ging sogar schon so weit, dass er die Nutzung digitalen Contents mit dem Konsum von Drogen und Alkohol verglich. Wenn er dazu befragt wird, ob Kindern nicht der Umgang mit modernen Medien beigebracht werden sollte, dann antwortet er: „Der Umgang mit Medien? Wir bringen unseren Kindern doch auch keinen Umgang mit Alkohol bei.“

Es finden sich auch in den Vereinigten Staaten und Großbritannien Menschen mit ähnlichen Meinungen. Mir fällt jedoch niemand dort ein, der oder die ebenso viel Sendezeit bekommen hat wie Spitzer in Deutschland. Seine Bücher verkaufen sich hunderttausendfach. Sein Mangel an Differenziertheit ist erstaunlich. Dabei geht es nicht darum, ob Kinder die Handynutzung erlaubt sein sollte, denn hier gibt es legitime Argumente für die Einschränkung mancher Geräte und manchen Contents. Vielmehr setzt sich Spitzer für eine großflächige kulturelle Abkehr von allem Digitalen ein. Das ist die deutsche Version der Angst, wie wir sie in Großbritannien vor allem vor dem Brexit erlebten. Es riegelt die Menschen von den potenziellen Chancen der Digitalisierung ab.

Spitzer ist damit nicht allein. Der deutsche Lehrerverband warnte ebenfalls vor der „totalen Zwangsdigitalisierung". Dessen Präsident, Josef Kraus, sagte 2015, dass es keinerlei Evidenz gebe, dass Kinder mit einem Computer in der Schule besser abschlössen als jene ohne. Er führte weiterhin aus, dass digitale Geräte den Kindern die Konzentration und das Durchhaltevermögen rauben würden. Er ist nicht ganz so dogmatisch wie Spitzer, aber lehnt dennoch den Gedanken ab, dass die digitale Revolution sich irgendwie in der Bildung niederschlagen sollte. Währenddessen haben Schulen in anderen Ländern bereits Wege gefunden, um digitale Technologien zu ihrem Vorteil zu nutzen. Als 2020 die Pandemie über die Welt hereinbrach, hatten die wenigsten deutschen Schüler und Schülerinnen einen Umgang mit digitalem Lernen bereits beigebracht bekommen, und die wenigsten Schulen konnten eine dezentrale digitale Infrastruktur vorweisen. Der folgende Kommentar Kraus' ist symptomatisch für die Digitalisierungsdebatte in Deutschland: „Wer sich in einer Bibliothek nicht auskennt, wer sich in einem Lexikon nicht auskennt, nämlich Wichtiges von Unwichtigem zu unterscheiden, der wird sich auch im Internet nicht auskennen."

Dieses Statement ist mehr als nur ein Zeichen des digitalen Analphabetismus. Denn man kann sich im Internet auf eine Art bewegen, wie man es in der physischen Welt nicht kann. Kinder müssen in der Tat den Unterschied zwischen Wichtigem und Unwichtigem lernen, aber das Wissen um ein Nachfolgeprodukt aus der Welt eines Gutenberg ist weder nötig noch ausreichend, um in unserer modernen Welt erfolgreich zu sein. Denn es ist nun einmal so, dass Wikipedia die bei Weitem bessere Enzyklopädie gegenüber jeder Printversion darstellt, die im Bücherregal Staub ansammelt. Und da die meisten Familien sich weder eine *Encyclopædia Britannica* noch einen *Brockhaus* leisten können, geht die Technophobie Hand in Hand mit dem Elitedenken. Die Menschen haben heutzutage Zugriff auf weitaus mehr Informationen als jemals zuvor.

Die Zeit berichtete 2021, dass das Geld, das für die Digitalisierung in Schulen gedacht gewesen war, noch nicht ausgegeben worden sei. Die Bundesregierung und die Landesregierungen hatten 2019 entschieden, 5,5 Milliarden Euro in Schulcomputer zu investieren. Jedoch mussten die Schulen für dieses Geld einen komplizierten bürokratischen Prozess durchlaufen. Das größte Problem lag darin, dass viele Schulen noch gar keine Internetverbindung hatten, somit das meiste Geld erst einmal darein investiert wurde. Das war 2019 und 2020. Der kleine Stadtstaat Bremen, der innerhalb Deutschlands gern als Bildungsrücklicht verspottet wird, war das einzige Land, das alle Schüler und Lehrer mit Tablets ausstattete. Bremen war das einzige Bundesland, das vorbereitet war, als der Lockdown begann.

Aus globaler Sicht hinkt Deutschland in allen Bereichen der Digitalisierung hinterher, aber vor allem im schulischen. Im Vergleich zu anderen OECD-Ländern befindet es sich im unteren Drittel. Nur 33 Prozent der deutschen Schülerinnen und Schüler hatten 2020 Zugriff auf eine digitale Lernplattform – der OECD-Durchschnitt liegt bei 54 Prozent.

Diese Zahlen erzählen aber nicht die ganze Geschichte, weil der Zugriff auf digitale Geräte noch keine effiziente – oder irgendeine – Nutzung impliziert. Nehmen wir mal die Smartboards als Beispiel, die an deutschen Schulen eingesetzt werden: Die meisten Lehrer und Lehrerinnen benutzen sie wie digitale Wandtafeln. Der Medienforscher Ralf Biermann untersuchte die Geisteshaltung der deutschen Lehrerschaft gegenüber der Digitalisierung und fand dabei heraus, dass Lehrer als Berufszweig zu den Ersten zählen, die vor den negativen Konsequenzen der Digitalisierung warnen. Ich wäre nicht überrascht, wenn viele von ihnen Spitzer gelesen hätten.

Ich möchte hier nicht leugnen, dass digitale Technologien negative Konsequenzen für Kinder haben können. Jedoch ist der öffentliche Diskurs in Deutschland einzig auf ihre Gefahren konzentriert, aber kein bisschen auf die Chancen. Wie wir in diesem Kapitel noch sehen werden, findet sich hier ein Muster wieder.

Der Antitechtrend ist genauso sichtbar an deutschen Universitäten. Vor dreißig Jahren hatte Deutschland noch deutlich mehr Studierende in (ingenieur-)wissenschaftlichen Fächern oder Mathematik, also den sogenannten MINT-Fächern, als Großbritannien. Inzwischen hat der Anteil an MINT-Studierenden dort die hiesigen überholt. Das ist für ein Land, das so sehr auf Industrie setzt wie Deutschland, eine alarmierende Entwicklung. Deutsche Schulen schnitten früher beim PISA-Test (den internationalen Schulleistungsuntersuchungen) der OECD im europäischen Schnitt gut ab, vor allem in Mathematik und den Naturwissenschaften. Der jüngste Test aber hat Deutschland auf einen schlechten 25. Platz fallen lassen, hinter dreizehn EU-Ländern und hinter Großbritannien. Während sich also Deutschland an den OECD- und EU-Durchschnitt angleicht, kämpft es auch mit dem Arbeitsmarkt, der so sehr von gut ausgebildeten Studierenden aus genau diesen Bereichen abhängig ist. Menschen mit sozialwissenschaftlichen Abschlüssen besetzen eher weniger die Ingenieursstellen.

Deutschland war in den 1970er-Jahren noch recht technikaffin. Wie wir bereits gesehen haben, gab es Pläne, alle Haushalte bis 2015 durch schnelle Glasfaserkabel zu verbinden. Die Regierung hatte natürlich nicht das Internet vorhergesehen, aber es war schon damals klar, dass die Welt gerade das Informationszeitalter betrat, Daten mussten daher mit hoher Geschwindigkeit übertragen werden. Hätte man diesen Plan in die Tat umgesetzt, hätte Deutschland heute die modernste Infrastruktur aller entwickelten Länder – statt eine der schlechtesten.

Der große Bremser dieser Entwicklung war Helmut Kohl, der 1982 zum Kanzler gewählt wurde. Kohl bevorzugte die konkurrierende Technologie der analogen Kabelfernsehinfrastruktur für sein HDTV-Luftschloss, die Deutschland sodann in den 1980er- und 1990er-Jahren ausbaute. Selbst in den 1990ern, den frühen Jahren des Internets, beharrte die Regierung auf Kupfer- und Koaxialkabeln, die bei großen Datenmengen über lange Strecken deutlich langsamer sind als Glasfaser. Sieben von zehn Haushalten waren 2021 weiterhin mit Kupferkabel verbunden, die nur nervig langsame Internetverbindungen herstellen.

Merkel versprach 2009 Internetverbindungen in Hochgeschwindigkeit für Millionen Menschen. Sie proklamierte, das Internet sei so wichtig wie Strom und Wasser. Sie versprach ganz konkret eine Hochgeschwindigkeitsverbindung für 75 Prozent der Haushalte bis 2014. Jedoch konnten bis 2020 nur 51 Prozent der Haushalte eine Internetgeschwindigkeit von 50 Megabytes pro Sekunde vorweisen, was Merkel als Hochgeschwindigkeit definiert hatte. Das ist allerdings nicht mehr der Maßstab, wenn den Kunden inzwischen 500 MB/s und 1000 MB/s zur Verfügung stehen. Deutschland hinkt noch immer hinterher. Die zuletzt vorliegenden Daten legen nahe, dass Glasfaserkabel nur zehn Prozent der Internetverbindungen ausmachen. Der OECD-Durchschnitt liegt bei 35,5. Frankreich kann 51,4 und Spanien atemberaubende 81,2 Prozent vorweisen.

Nach den Bundestagswahlen 2021 einigten sich die drei Koalitionspartner auf Investitionen in die digitale Infrastruktur. Volker Wissing, der diese diese Pläne in seiner Funktion als Bundesminister für Digitales und Verkehr umsetzen sollte, setzte der Regierung ein Ziel von 50 Prozent an Glasfaserabdeckung. Jedoch priorisierte die Ampelkoalition andere politische Bereiche: Geld wurde für einen höheren Verteidigungsetat zur Seite gelegt, für klimaneutralere Energielösungen und für die Einführung eines Grundeinkommens.

Wenn es jedoch eine Sache gibt, die noch schlechter dasteht als die Glasfaserabdeckung, dann ist es die Mobilfunkabdeckung. Peter Altmaier, der ehemalige CDU-Wirtschaftsminister, ging sogar so weit, dass er keine Anrufe an sich durchstellen ließ, wenn er im Auto saß, weil ihm die vielen Funklöcher peinlich waren. Wenn ich mit meiner Familie in Deutschland zu Besuch bin, beschwert sich immer irgendwann irgendjemand, dass das eigene Handy kaputt sei, obwohl es doch leider nur am fehlenden Empfang liegt. Als Deutschland Anfang der Nullerjahre anfing, Mobilfunklizenzen zu verkaufen, priorisierte man nicht etwa eine maximale Abdeckung, sondern maximale Einnahmen. Deutsche Politiker verteidigen diese Entscheidung gern mit dem Argument, dass man nicht jede Hundehütte verbinden müsse. Das hört man bis zum Erbrechen in Diskussionen, zeugt aber auch von einem Unverständnis bezüglich der Natur der digitalen Infrastruktur des 21. Jahrhunderts. Wenn sich kein Glasfaserkabel zu einer abgelegenen Hütte legen lässt, muss man es unbedingt drahtlos verbinden, denn ein Handynetz, das nur in Städten funktioniert, ist absolut untauglich für eine dezentralisierte Wirtschaft.

Mangelnde Investitionen im öffentlichen und im privaten Sektor gehen meist Hand in Hand. Wie wir bereits gesehen haben, setzte Siemens noch auf analoge Elektronik, als die digitale Revolution in den Staaten bereits voll im Gange war. Und die Deutsche Telekom, Deutschlands wichtigstes Telekommunikationsunternehmen, verringerte seine Investitionen in die Netzwerkinfrastruktur von 2004 bis 2014 um jährlich zwei Prozent.

Dieses Defizit an industriellen Investitionen hat große Auswirkungen. Das *Manager Magazin* berichtete 2014, dass ein Start-up mit sechzehn Mitarbeitenden in Berlin Büroräume habe mieten wollen, aber aufgrund des Internets mit sechswöchiger Verzögerung planen musste. Alle Mobilfunkanbieter hätten nur langsame Verbindungen und Übergangslösungen anbieten können. Ähnliche Geschichten hört man vielfach im ganzen Land – ein Ergebnis chronischer Unterinvestitionen.

Eine schlechte digitale Infrastruktur zieht alle möglichen negativen Folgen nach sich. Einer der Gründe dafür, dass die deutsche Industrie keine hochmodernen E-Autos entwickeln konnte, lag an den fehlenden Möglichkeiten, Konnektivitäts-Apps wie die der 3D-Navigation auf deutschen Straßen zu testen – die Funklöcher verhinderten dies. Selbst manche Industrieunternehmen können keine Glasfaserabdeckung bekommen, wenn sie zu weit weg von der bestehenden Infrastruktur sind. Ich kenne Unternehmen und sogar Privathaushalte, die sich zusammengeschlossen haben, um aus eigener Tasche Glasfaserkabel für sich zu finanzieren.

Meine liebste Geschichte über das langsame deutsche Internet kommt aus dem tiefsten Sauerland, inmitten der Hügel und dichten Wälder. Ein Fotograf musste eine große Fotosammlung an eine Druckerei senden, die zehn Kilometer entfernt war. Das Gesamtdatenvolumen betrug 4,5 GB, also ungefähr so viel wie ein durchschnittlicher Film. Er veranstaltete dafür ein Rennen – zwischen einem Upload übers Internet und seinem Pferd. Er brannte die Fotos auf eine DVD und gab seinem Computer 20 Minuten Vorsprung, weil er das Pferd erst noch satteln musste. Das Pferd gewann das Rennen nicht nur knapp. Er stellte nach dem Heimritt und der anschließenden Fütterung zu Hause fest, dass der Upload immer noch lief.

Warum hinkt Deutschland also so hinterher? Jenseits des digitalen Analphabetismus besteht noch das große Problem der Koordination zwischen Bund und Ländern. Leider führt der Föderalismus hierzulande nicht gerade zu klar definierten Kompetenzbereichen, sondern zu einer Gemengelage aus sich überschneidenden Bereichen, in die beide Seiten involviert sind. Das wurde gefährlich offensichtlich sowohl während der Pandemie als auch während der Flutkatastrophe im Ahrtal 2022. Diese sich überlappenden Kompetenzbereiche sind auch der behindernde Faktor bei der flächendeckenden Bereitstellung digitaler Infrastruktur.

Die Digitalisierung steht schon lange auf der Liste der erstrebenswerten Regierungsabsichten, war aber noch nie Priorität. Eine Regierung nach der anderen versprach Großes, lieferte aber wenig. So versprach die Bundesregierung 2018, dass Deutschland führend sein würde bei der künstlichen Intelligenz. Das ist nicht nur nicht eingetreten, sondern es wird nicht einmal mehr der Versuch unternommen, dies Wirklichkeit werden zu lassen. Der Privatsektor, vor allem die kleinen und mittelständischen Unternehmen, ist ebenfalls unterdigitalisiert.

Das große Problem in der Herstellung ist die Entwicklung der Mobilfunkkommunikation. Während sich Deutschland und der Rest von Europa noch damit abmüht, die 5G-Mobilfunkinfrastruktur bereitzustellen, plant China bereits den Übergang auf 6G, womit 2025 begonnen werden und das bis

2030 auch auf kommerzieller Ebene bereitstehen soll. Die Nutzung von 6G wird direkte Auswirkungen auf die Industrie haben, da sie neue Produktionsmethoden wie die intelligente Fertigung ermöglicht, einen technologiegetriebenen Ansatz, bei dem mit dem Internet verbundene Maschinen zur Produktionsüberwachung eingesetzt werden.

Diese vorhersehbare Entwicklung wird eindeutig nicht in Deutschland oder irgendwo sonst in Europa gespiegelt werden. Das wirft die Frage auf: Wann wird die Technophobie einen Einfluss auf die makroökonomischen Leistungen haben? Vielleicht ist das bereits ein Faktor in der durchgängig enttäuschenden Wirtschaftsleistung der EU. Wie lange kann eine moderne Wirtschaft mit einer solch schlechten digitalen Infrastruktur funktionieren? Werden Nischenstrategien in nichtdigitalen Technologien weiterhin Profit abwerfen? Es werden weiterhin Präzisionswerkzeugmaschinen gebraucht, aber selbst in den Bereichen, wo das der Fall ist, wie in der Robotik, kommt die Wertschöpfung durch digitale Technologien zustande, vor allem durch künstliche Intelligenz. Aus wirtschaftlicher Sicht werden die Nischen also immer nischiger.

Kleine Länder haben oftmals Industrien, die alles dominieren. Große Länder sind da breiter aufgestellt. Die Vereinigten Staaten haben einen sehr starken Hightechsektor, aber dieser macht weniger als zehn Prozent der gesamten Wirtschaft aus. Es lässt sich schwer einschätzen, wie viel die Autoindustrie tatsächlich zum deutschen Bruttosozialprodukt beiträgt. Wir wissen jedoch, dass Autos und Autoteile gut 16 Prozent der Exporte ausmachen, 2019 waren es sogar 19 Prozent. Meine liebste Maßeinheit ist die Wertschöpfung – weil sie die komplexen Lieferketten entwirrt und nur jenen Anteil der Herstellung innerhalb des Landes herauskristallisiert. Laut dem Statistischen Bundesamt bildet die Autoindustrie fast 20 Prozent der Wertschöpfung im gesamten Industriesektor – das ist kolossal viel für eine einzige Branche.

Da fällt einem prompt das denkwürdige Zitat Charles Wilsons (Eisenhowers Verteidigungsminister) ein: „Was gut für GM ist, ist auch gut für Amerika." Das sagte er in den 1950er-Jahren. Niemand in den Staaten würde das heutzutage sagen, nicht einmal über Google oder Apple. Dennoch sagt man etwas Ähnliches hierzulande. Die deutsche Version hat viele Namen: Da gibt es Volkswagen, Mercedes-Benz und BMW. Auch ausländische Autohersteller haben Produktionsstätten in Deutschland: Ford, Opel und inzwischen sogar Tesla.

Von den vierzig Unternehmen, die momentan im Deutschen Aktienindex, also im DAX, gelistet sind, kommen sieben aus der Autoindustrie, die ca. 786.000 Menschen direkt beschäftigt. Deren Zukunft sieht nicht allzu rosig aus. Viele von ihnen werden ihre Jobs verlieren, vor allem im Zuliefererbereich. Das große Problem liegt darin, dass die Automechaniker und -ingenieure für diese neue Welt ausgebildet wurden. Ein kraftstoffbetriebenes Auto ist ein mechanisches Produkt, aber ein Elektrofahrzeug ist im Kern ein digitales. Dessen Motor hat nur noch einen Bruchteil der Teile eines Kraftstoffmotors – und es sind andere Teile.

Die Geschichte dahinter, wie die deutsche Autoindustrie zurückgefallen ist, lässt sich in die Nullerjahre zurückverfolgen: Die Bundesregierung legte 2009 eine relativ kleine Summe Geld – 500 Millionen Euro – zur Seite für die Entwicklung der nächsten Generation an E-Autos. Dies ist aber nicht primär ein Regierungsversagen, schließlich hätte die Autoindustrie genügend Ressourcen für die nötigen Investitionen gehabt. Sie fingen an, E-Autos zu bauen, aber behandelten diese Produktlinie wie einen Nebenschauplatz. Kurt Sigl, der Präsident des Bundesverbands E-Mobilität, sagte der *Augsburger Allgemei-*

nen, dass das Problem nicht „die Verkaufspreise sind, sondern die Verkäufer. Gehen Sie einfach einmal in ein BMW-Autohaus oder eines von VW und fragen explizit nach einem Elektroauto. Die Antwort wird sein: ‚Tun Sie sich das nicht an. Wir haben hier stattdessen das Tageszulassungsangebot eines Verbrenners mit extrem hohen Rabatten.' Dieses Verhalten der Verkäufer ist keine Erfindung von mir. Wir haben das mehrfach getestet. [...] Die deutschen Hersteller haben zuerst einen Trend über mehrere Jahre verschlafen. Als sie dann gemerkt haben, wie sehr die Sache verschlafen wurde, hat man zusätzlich auf die Bremse gedrückt, um die Entwicklung zu verzögern und Zeit zu gewinnen."

Anstatt in die Technologie zu investieren, betrog VW Kunden und Abgastester, indem es Software-Betrugsvorrichtungen in ihre Motoren einbaute. Die Software erkannte, wenn ein Auto einem Abgastest unterzogen wurde, und der Motor reduzierte dann automatisch die Leistung sowie, damit einhergehend, auch die Abgase. Statt also das Problem der übermäßigen Abhängigkeit von einer Technologie ohne Zukunft zu lösen, bissen sie sich lieber darin fest. Dieses Verhalten zieht sich wie ein roter Faden durch unsere Geschichte.

Die tatsächliche Ironie daran versteckt sich aber in der Tatsache, dass die deutschen Autohersteller perfekt für die neuen Trends aufgestellt gewesen wären. In den späten 1990er-Jahren hatte Daimler-Benz einen Kleinwagen der A-Klasse entwickelt, mit dem Potenzial zum E-Auto – weil Kalifornien mit einer Quote für elektrische Autos gedroht hatte. Als der amerikanische Bundesstaat die Drohung zurücknahm, stoppte Mercedes die weitere Entwicklung. Die A-Klasse hatte bereits Sicherheitskomponenten, die später von Tesla genutzt wurden. Ein anderer roter Faden, der sich durch unsere Geschichte zieht. Die technologische Schwäche Deutschlands wurde von schlechten

Managemententscheidungen und einem übermäßigen Gefühl der Überlegenheit der Branche verursacht. Deutsche Automobilunternehmen wollten keine Elektroautos entwickeln, weil sie diese als Angriff auf ihr eigenes Bild eines Autos empfanden.

Ein weiteres Problem lag darin begründet, dass die Autoindustrie immer kurzfristiger dachte. Martin Winterkorn, Vorstandsvorsitzender bei VW, sagte 2013, dass Volkswagen die Autos bauen würde, die die Kunden haben wollten: SUVs. Er sagte weiterhin, dass E-Autos mit ihrer Reichweite von 150 Kilometern nicht geeignet seien für Langstreckenreisen. Das war tatsächlich ein kleines Problem, das aber sicherlich irgendwann gelöst werden könnte – mithilfe besserer Akkus und einer besseren Infrastruktur an Ladestationen. Die Industrie sah entweder die Dynamik nicht oder wollte sie nicht sehen. Winterkorn wiederum schlussfolgerte damals daraus, dass die E-Mobilität ihre Grenzen haben würde.

Die Bundesregierung folgte tragischerweise der vorgegebenen Richtung der Autoindustrie. Nach dem Dieselskandal 2015 verkündete Verkehrsminister Alexander Dobrindt, dass er keine Konfrontation mit den Autoherstellern suchen würde, sondern lieber mit ihnen kooperieren wolle. Christian Lindner, ehemaliger Finanzminister und FDP-Vorsitzender, ist ein enger Freund Oliver Blumes, des Chefs von Porsche und VW. Die FDP schaffte es fast, den EU-Deal zum Verbrenner-Aus 2035 platzen zu lassen, weil Linder auf einer Ausnahmeregelung für Porsche bestand. Der Gedanke war, dass Porsche die Erlaubnis bekommen sollte, E-Fuel-betriebene Autos herstellen zu dürfen. Blume gab später damit an, dass Porsche einen enormen Einfluss auf den Koalitionsvertrag gehabt habe. Und dass Lindner ihn während der Verhandlungen in Brüssel fast stündlich mit Updates versorgt habe. Als diese Story ans Licht kam, leugnete Porsche erst, dass Blume dies gesagt hatte; als später dann zugestanden wurde, dass er es doch gesagt hatte, wurde behauptet, es sei einfach eine ironische Übertreibung seinerseits gewesen. Das ist die Kunst des halbherzigen Abstreitens. Was es uns aber verrät: VW und Porsche haben die Regierung in der Tasche – und das schon seit Gerhard Schröders Amtsantritt 1998.

Schröder war in den Medien als „Autokanzler“ bekannt. Und es war der ehemalige VW-Personalvorstand Peter Hartz, der Schröders Arbeitsmarktreform 2003 ausgefertigt hat. Ich gehe hier also nicht mit einer Verschwörungstheorie hausieren, wenn ich behaupte, dass die Autoindustrie Deutschland führt. Es gibt viele Probleme mit korporatistischen Strukturen. Das größte dürfte sein, dass das ganze Land schwächeln wird, wenn es die Industrie tut.

Diese ganze korporatistische Welt lebte in der Illusion der Kontrolle – sie glaubten, sie hätten das Heft in der Hand und würden es für immer behalten. Die Realität aber hat gezeigt, dass, während sie alle in Berlin, Wolfsburg, Stuttgart und München am Steuer schliefen, China eine ganze Industrie von Grund auf aus dem Boden stampfte. Die Chinesen schafften es, aus dem Nichts zum größten Autoexporteur der Welt zu werden, und das in nur wenigen Jahren. Wie haben sie das geschafft?

Staatszuschüsse spielten dabei eine große Rolle. Das alles hätte nicht allein von der Privatwirtschaft finanziert werden können. Was diese Entwicklung jedoch auch möglich machte, war die Tatsache, dass das E-Auto nicht einfach nur auf einer anderen Technologie aufbaut, sondern ein gänzlich anderes Produkt darstellt. Die Deutschen stellten Fahrmotoren her, in die sie Software integrieren konnten, und das mit unterschiedlichem Erfolg. Die Bordcomputer deutscher Autos haben umfassende Menüs mit vielen Untermenüs. Ich konnte die Zeit in meinem deutschen Auto erst umstellen, nachdem ich ein dickes Benutzerhandbuch konsultiert hatte, in dem ich erfuhr, dass ich diese Funktion in einem Untermenü der dritten Ebene im Abschnitt iDrive finden würde. Die Deutschen waren geschockt von einem Interview mit einem chinesischen Autohersteller im *Auslandsjournal* Anfang 2023, der nur von künstlicher Intelligenz, autonomem Fahren und dem Entertainmentsystem im Auto sprach statt über all die Eigenschaften, für die man deutsche Autos sonst immer rühmte, wie etwa Höchstgeschwindigkeit und Beschleunigung. Ein Tesla ist ein iPad auf Rädern – tatsächlich ist das Auto sogar einfacher zu bedienen als das Tablet. Man braucht für gar nichts darin eine Anleitung.

Jedoch ist diese scheinbare Einfachheit der Interaktion zwischen Mensch und Maschine trügerisch. Denn es gibt nichts Komplizierteres, als eine solche Einfachheit zu erschaffen, und dahinter steckt viel Experimentiererei – und Softwareentwicklung. Hier läuft nicht nur eine technische Evolution ab. E-Autos funktionieren ganz anders und werden von anderen Menschen hergestellt. Erinnern Sie sich noch an die Schreibmaschine? Wir wissen, wie diese Geschichte ausgegangen ist. Bürorechner und Laptops sowie die Verfügbarkeit billiger Qualitätsdrucker erledigten die Schreibmaschinenindustrie innerhalb weniger Jahre. Handys mit ihrer ausgefeilten KI-betriebenen Fotosoftware machten den Markt der Verbraucherkamera dem Erdboden gleich – zusammen mit den Navigationsgeräten, Armbanduhren, Kompassen und vielen anderen Utensilien, die man früher so mit sich herumschleppte. Wenn so etwas passiert, verändert das nicht nur das Produkt, sondern auch den Hersteller. Die deutschen Autohersteller sind die Schreibmaschinenchampions unserer Zeit.

Wie man so schön in den 1970er-Jahre gesagt hat: Die Welt wird immer Schreibmaschinen brauchen. Bis vor Kurzem glaubten viele, dass die Welt auch immer deutsche Autos kaufen würde.

Die Autoindustrie stützt eine vernetzte Lieferkette, bestehend aus ineinander verflochtenen Branchen. Einer der großen Teilelieferanten ist Continental, ein Unternehmen, das wie so viele andere schon länger unter dem Rückgang der Verkäufe von benzinbetriebenen Autos leidet. Es hat 50 Prozent seines Achsengeschäfts verkauft und plant nun die Streichung Tausender Stellen. Verkauft werden weiterhin Bremssysteme, Airbag-Regler und Displays, jedoch mit einer insgesamt negativen Bilanz.

Deutschland hat jene, die nach Veränderungen strebten, nicht belohnt. Herbert Diess, der ehemalige CEO von Volkswagen, wurde 2022 entlassen, nachdem der Aufsichtsrat seine Modernisierungsvorschläge abgelehnt hatte. Er hatte 30.000 Stellen in der herkömmlichen Autoherstellung streichen und die Produktivität in der E-Auto-Produktion steigern wollen. Er gab zudem etwas zu, was zumeist als absolutes Tabu in der deutschen Autobranche angesehen wird: dass Tesla den Deutschen aus technologischer Sicht in der Integration von Elektronik weit voraus sei. Bei VW und anderen großen Autoherstellern halten Gewerkschaftsvertreter rund die Hälfte der Sitze im Aufsichtsrat. Sie griffen Diess für seine „unberechenbaren Ausbrüche" an und forderten seinen Rücktritt. Das *Handelsblatt* bezeichnete VW als den wandelresistentesten deutschen Autokonzern – er ist sicherlich der politischste. Zudem ist das Unternehmen wie eine große Behörde aufgestellt. Im Laufe desselben Jahres, in dem Diess seinen Posten verlassen musste, strich VW tatsächlich Stellen, weil die Herstellung von E-Autos vergleichsweise einfach ist und weniger menschliche Arbeitskraft benötigt. Jedoch floppten die E-Autos von VW in China, wo die inländischen Automarken wie BYD, MG und Nio den

Markt beherrschen. Tesla verkauft weiterhin seine E-Autos im oberen Preissegment, wo es auch Marktführer ist. Die Chinesen hatten ihren Marktanteil in Europa von null auf acht Prozent im Jahr 2023 ansteigen lassen. Die Europäische Kommission errechnete, dass dieser Anteil bis 2025 auf 15 Prozent weiter ansteigen würde, und hat daher Ausgleichszölle von bis zu 38,1 Prozent auf importierte chinesische E-Autos ab Juli 2024 angekündigt.

Das folgt dem Manuskript einer Industrie auf dem absteigenden Ast. Nachdem die Verantwortlichen sich selbst in eine Ecke manövriert haben, um dann nach Subventionen und Handelsbarrieren zu rufen. In der Konsequenz zahlen EU-Konsumenten mehr für das gleiche Produkt, als es chinesische Autokäufer tun. Die geschützten europäischen Unternehmen fallen im Wettbewerb der Technologien noch weiter zurück, und insgesamt wird weniger Geld für jedweden Konsum zur Verfügung stehen.

Die Chinesen hatten den Vorteil, dass sie ihre Industrie von Grund auf gezielt aufbauen konnten. Sie machten aber noch mehr, um eine kritische Masse für den Skaleneffekt zu erreichen: Sie investierten in die gesamte Lieferkette – von den seltenen Erden und Magneten, dem Versuch, den Lithiummarkt zu beherrschen, bis hin zum Auto selbst. Genau das hatten die Deutschen mit dem Verbrenner so gut gemacht. Sie hatten eine äußerst effiziente Kette etabliert, in die die Zulieferer, die Universitäten und das Netzwerk der inländischen Forschungsinstitute für Ingenieurwesen integriert wurden.

Als sich die deutschen Autokonzerne dem E-Auto zuwandten, stolperten sie über völlig unerwartete Probleme. Das größte: Niemand will diese Autos momentan kaufen, weil die deutschen E-Autos nicht das gleiche Fahrerlebnis bieten wie Tesla und weil die Regierungen kein Geld in die Infrastruktur der Ladesäulen investiert haben. Meine Kontakte in die Branche meinten, dass sie nicht davon ausgingen, dass Deutschland ausreichend Ladestationen haben würde bis zum Herstellungsstopp der Verbrenner. Enttäuschende Verkaufszahlen haben bei VW dazu geführt, dass in Emden jetzt weniger der sich nicht verkaufenden E-Autos hergestellt werden, weil das Personal längere Urlaube machen muss und Zeitarbeitsverträge nicht verlängert werden.

Auch Ford hat seine Produktion in Deutschland immer mehr auf E-Autos ausgerichtet, was hier ebenfalls mit Stellenstreichungen einherging. Man geht davon aus, dass mehrere tausend Stellen in den Kölner Werken gestrichen werden, wo das kleine Aushängeschild von Ford hergestellt wird, aber demnächst auslaufen muss: der Fiesta. Wie *Automotive News* berichtet: „Ford hat zurzeit 6250 Angestellte in der Produktentwicklung in Europa. Die nächste Generation an E-Autos, ab 2030 nötig, wird mit einer neuen, Software-basierten Architektur auf den Markt kommen, die in den USA entwickelt wird, was weniger Arbeit für deutsche Ingenieure bedeutet."

Ford denkt zudem über den Verkauf einer seiner Fabriken im Saarland nach. Schätzungen zufolge würden von den 4500 Stellen nur 500 bis 700 übrig bleiben.

Ich will damit nicht sagen, dass die deutsche Autoindustrie sich von hundert auf null innerhalb von fünf Jahren entwickeln wird, denn Deutschland wird weiterhin Autos herstellen. Jedoch wird die Branche deutlich weniger Stellen besetzen können. Und was noch wichtiger ist, die deutschen Unternehmen werden nicht mehr länger die Industrie dominieren. Tesla und die Chinesen sind die Marktführer weltweit. Sie sind auch die technologischen Marktführer. In China kontrollieren sie 96,5 Prozent des E-Auto-Markts. Dort werden die E-Autos aus Europa nicht nur als zu teuer angesehen, sondern auch als zu antiquiert. Die Software lässt schlicht zu wünschen übrig. Das kommt davon, wenn sich hochrangige Führungskräfte auf den Betrug von Abgastestern konzentrieren.

Gleichzeitig geht ein großer Teil der deutschen Autoexporte nach China – aber das sind meist Verbrennerfahrzeuge: 38 Prozent der VW-Verkäufe, bei Mercedes und BMW sind es ein Drittel der Autos. Der gemeinsame Marktanteil in China ist dennoch von 25 Prozent (2017) auf 17 Prozent (2022) gesunken. Kein einziges der deutschen Autos befindet sich noch in den chinesischen Top 10.

Es gibt einen ökonomischen Ausdruck für die Art Position, in die sich die deutschen Unternehmen in China manövriert haben: Klumpenrisiko. Die Autohersteller sind stark abhängig von diesem einen Land – das den viel wichtigeren Markt für sie darstellt als Deutschland selbst. Dennoch verlieren sie im am schnellsten wachsenden Marktsegment. Es gibt weiterhin eine solide Nachfrage nach teuren in Deutschland hergestellten Kraftstofffahrzeugen, vor allem im Luxussegment, das dürfte also weiterhin gut laufen. Es wird jedoch nicht reichen, um die Autoindustrie in ihrer jetzigen Größe am Leben zu erhalten.

Das erinnert mich ein wenig an die Situation der Branche mechanischer Uhren nach der Erfindung der Digitaluhren und Smartwatches. Rolex macht weiterhin guten Umsatz, weil das Produkt nicht einfach nur eine Uhr ist, sondern Schmuck. Die als Statussymbol gekauften Autos dürften also die größte Nische in Deutschland sein, aber eben auch die profitabelste. Sie ist nur sehr klein.

Eine der seltsamsten Entwicklungen in der Autobranche (und anderen Branchen) ist die, dass Unternehmen ihren langfristigen Fokus verloren haben. Der Dieselskandal war eine kurzfristig gedachte Panikreaktion. Ich erinnere mich noch gut daran, mit wie viel Verachtung deutsche Manager in meiner

Zeit als junger Branchenjournalist in den 1990er-Jahren auf den Finanzkapitalismus und die Obsession mit Quartalszahlen im englischsprachigen Raum herabgeschaut haben. Das dürfte die größte Veränderung in der deutschen Industrie sein – sie ist jetzt genauso kurzsichtig wie alle anderen.

Warum also haben sie nicht schon zehn Jahre früher in E-Autos investiert? Oder in digitale Technologien? Oder in Halbleiter? Wäre das nicht angemessen weitsichtig gewesen?

Als die deutsche Regierung begriff, dass sich die Hauptindustrie des Landes auf einen großen Autounfall zubewegte, brach Panik aus. Reflexhaft wurde sich auf das konzentriert, was sie als die Schwachstelle der Lieferkette ansahen: Akkus. Peter Altmaier, Wirtschaftsminister unter Merkel, und sein französischer Amtskollege Bruno Le Maire unterschrieben 2019 eine Erklärung zum gemeinsamen Bau einer Produktionsanlage für Batteriezellen. Zwei Begebenheiten unterbanden diesen großen Plan: der Anstieg der Stromkosten 2022 und der Inflation Reduction Act der US-amerikanischen Regierung. VW warnte davor, dass es unmöglich sein würde, Batteriezellen herzustellen ohne Subventionen auf Stromkosten vonseiten der Regierung.

Kurz nach seinem Amtsantritt lud Scholz 2021 die Privatwirtschaft zu einer Diskussion über die Zukunft der Mobilität ein. Geladen waren jedoch nur Repräsentanten der Autoindustrie. Der Grund dafür dürfte die (meiner Meinung nach falsche) Annahme sein, dass die nächste Generation Autos eine Weiterführung der vorherigen sein würde. Ich glaube nicht, dass die Zukunft der Mobilität so aussehen wird, nicht einmal im autogeilen Deutschland. E-Autos sind weitaus flexibler. Die Menschen können sie wie normale Autos benutzen, aber sobald die selbstfahrenden Autos Realität werden (vielleicht in den 2030er-Jahren), können sie als Taxen und

Ergänzung des öffentlichen Nahverkehrs genutzt werden. Im Zeitalter des digitalen Autos wird Mobilität etwas gänzlich anderes meinen als in der Vergangenheit. Der öffentliche Nahverkehr kam in Scholz' Diskussion gar nicht vor, nicht mal im Nachgang.

Die Pandemie traf die Autoindustrie besonders hart, weil ein weltweiter Mangel an Halbleitern herrschte. Die Bundesregierung einigte sich im Juni 2023 daher auf eine massive Subventionierung einer neuen Chipfabrik von Intel in Magdeburg – zehn Milliarden Euro, ein Drittel der Kosten des gesamten Projekts und somit die größte in der Geschichte des Landes. Das sollte die Chipversorgung und die Lieferkette der Halbleiter für die Autoindustrie sicherstellen. Es drehte sich wie immer alles um die Autoindustrie.

Die Entscheidung zog immense Kritik von Ökonomen auf sich und eben auch von jenen Industrien, die aus dieser Freigiebigkeit keinen Vorteil würden ziehen können. Ökonomen haben aufgezeigt, dass sich eine Investition dieses Ausmaßes in Bildung, Forschung und Entwicklung weitaus mehr auszahlen würde als die in eine Chipfabrik in einem umkämpften Markt. Es steht zudem gar nicht fest, dass die Fabrik wirklich die Liefersicherheit steigern würde. Wäre Intel als US-amerikanisches Unternehmen nicht eher seinem Heimatland verpflichtet? Würde es im Notfall nicht dennoch „America First" heißen? Wäre Deutschland in der Lage, für sich selbst einzustehen, wenn es doch so abhängig von den Vereinigten Staaten bezüglich der eigenen Sicherheit ist?

Intel ist nur eine von mehreren Chipfabriken, die von der Regierung subventioniert werden. Infineon investiert demnächst fünf Milliarden Euro und bekommt dafür eine Milliarde Euro an Subventionen. TSCM aus Taiwan, der größte Chiphersteller der Welt, denkt über eine Investition über zehn Milliarden Euro nach, von denen die deutsche Regierung die Hälfte drauflegen würde.

Die Invasion Russlands in der Ukraine und die Anschläge auf die Ostsee-Pipelines führten zu einem explosionsartigen Anstieg der Gas- und Strompreise im Sommer und Herbst 2022. Die Strompreise sind seither wieder gesunken, aber dennoch sind die Gesamtkosten viel höher als früher. Ohne russisches Gas ergibt es aus wirtschaftlicher Sicht wenig Sinn, stromintensive Industrien in Deutschland anzusiedeln. Die Bundesregierung bezahlt so hohe Subventionen, weil die Chipherstellung sonst im europäischen Raum gar nicht tragbar wäre; sie muss aber eventuell noch mehr zahlen, um sie am Leben zu erhalten. Das birgt nicht nur ein Kostenrisiko in sich, sondern auch ein viel weitreichenderes Risiko von Kapital, das in wettbewerbsunfähigen Branchen gebunden ist. So wie sie alles auf den Verbrenner gesetzt hatten, setzen sie jetzt alles auf Chips für in Deutschland produzierte Autos. Die deutsche Regierung beharrt auf einem autoexportorientierten Wachstumsmodell. Hingegen wäre es eine viel bessere Reaktion auf einen strukturellen Strompreisschock gewesen, der Wirtschaft die Möglichkeit zur Diversifizierung in andere Bereiche zu geben und die Subventionsgelder für diesen Übergang zu nutzen.

Wenn ich in Deutschland meine Kritik über den Investitionsmangel bei modernen Technologien anspreche, werde ich meist völlig fassungslos angeschaut. Deutschland wird gerne als eines der innovativsten Länder der Welt angesehen. Die Deutschen glauben das selbst auch. Immerhin führte das Land den Global Competitiveness Index des Weltwirtschaftsforums 2018 an, also das Ranking der innovativsten Länder der Welt. Wie kann das sein? Stimmt meine Geschichte vielleicht vorn und hinten nicht?

Dafür lohnt sich ein genauerer Blick auf die Wettbewerbsfähigkeitsindizes. Eine wichtige Kategorie für die Entscheidung über den Rang in einer Liste sind Patente. Im Falle Deutschlands sind das zumeist alte Industriepatente. Die Anzahl der Patente zu zählen und das Ergebnis international zu vergleichen, ist eine ganz schlechte Idee, weil man hier Äpfel mit Birnen vergleicht.

Ich möchte hier nicht die technologischen Errungenschaften der Deutschen herunterspielen. Die meisten Innovationen und Patente kommen aus dem Industriebereich, genauer der Automobil- und Chemieindustrie. Trotz ihrer Vorteile haben die Innovationen der großen Industrieunternehmen einen geringeren Grenznutzen als beispielsweise KI-gesteuerte Technologien von Google oder Microsoft. Innovationen im Fintech-Bereich und anderen zukunftsweisenden Bereichen, die sich stark auf die Wettbewerbsfähigkeit der deutschen Industrie auswirken könnten, finden hingegen nicht statt. Deutschland gibt die Handlungsmacht im globalen Technologiewettlauf auf, um sich stattdessen auf den kontrollierten Niedergang des deutschen Modells zu konzentrieren.

Die deutsche Unternehmensberatung Roland Berger veröffentlichte einen Innovationsindikator, der etwas realistischer ausfiel, aber aufgrund des Fokus auf die Großindustrie immer noch nicht ganz erfasste, was tatsächlich unter der Motorhaube vor sich ging. Der Innovationsindikator 2023 von Roland Berger sieht Deutschland weltweit auf dem zehnten Platz – noch vor den Vereinigten Staaten. Das sollte man sich mal auf der Zunge zergehen lassen. Die Vereinigten Staaten sind die weltweit führende Digitalwirtschaft mit den größten Techunternehmen. Das Land ist bei künstlicher Intelligenz führend wie auch bei Robotik und Quantentechnologien. Zudem hat es einen blühenden Venture-Capital-Markt, der Tech-Start-ups mit Geld versorgt.

Dies ist so typisch für die Verachtung der Deutschen für alles Digitale, dass Innovationen in den Vereinigten Staaten von Roland Berger als zu konzentriert auf einige wenige Bereiche angesehen werden. Das lässt die Tatsache außen vor, dass diese Bereiche die klassischen Industrien bezüglich Größe, Profitabilität und Wachstum hinter sich gelassen haben. Die US-Amerikaner profitieren zudem vom Prinzip des „The winner takes it all", von dem bis dato die deutsche Industrie profitiert hatte. Als Branchenmarktführer erzielt man den größten Mehrwert in einer globalen Lieferkette. Deutschland schneidet nicht in allen Hightechbereichen schlecht ab – es ist immer noch führend in der Produktionstechnologie und den Energiesystemen. Dennoch ist es nun mal ein globaler Nachzügler in allem Digitalen.

Zu einer ganz anderen Einschätzung kam die Unternehmensberatung EY in einer Studie, die zeigte, dass deutsche Unternehmen in Innovationen und Investments zurückfielen. Das große Problem ist weniger die Wettbewerbsfähigkeit, sondern es sind vielmehr die Technologieschocks. VW ist im Grunde ein Autohersteller, der gelernt hat, Software zu integrieren. Tesla begann als Softwareunternehmen und hat gelernt, wie man Reifen an einen Computer baut. Vieles, was sich früher um die Mechanik drehte, gehört heute in den Softwarebereich. Dafür muss man sich nur ein modernes Telefon anschauen. Darin befinden sich diverse Sensoren, aber die wertschöpfenden Hightechteile bestehen aus Software. Der Punkt hier ist nicht, dass die Digitalwirtschaft schneller wächst, sondern dass sie einige der alten, analogen Technologien für sich vereinnahmt. Es wird weiterhin einen Bedarf für in Deutschland hergestellte Präzisionswerkzeuge und Produktionsanlagen geben. Die deutschen Ingenieure wissen, wie man Atomkraftwerke baut, auch wenn sie dieses Wissen zu Hause nicht länger nutzen dürfen. Ich rede hier auch nicht von einem binären Wandel. Jedoch werden die Wachstumsraten sinken – und somit auch die Gewinnspannen und Löhne. Die Netzwerkeffekte werden nicht mehr dieselben sein.

Das Eigenartige an Deutschlands relativem Absturz in allem Digitalen ist jedoch, dass die Universitäten des Landes nach wie vor ganz oben mitspielen, vor allem dank der von der EU geförderten Programme wie *Horizon Europe*. Das Problem ist eher die kommerzielle Realisierung der Ideen aus der Wissenschaft. In der alten Welt der Maschinenindustrie funktionierte die Verknüpfung zwischen den deutschen Universitäten und der Industrie gut, aber das konnte bislang für die modernen Industrie nicht wieder aufgenommen werden.

Paul Krugmans Argument – in meinem Vorwort erwähnt –, dass die Vorteile des Handels von den Importen statt den Exporten stammen, kann auch auf die digitalen Technologien erweitert werden. Es gibt nichts, was die aktuellen oder letzten Generationen der Deutschen hätten tun können, um die Vormachtstellung der Vereinigten Staaten im Techbereich anzugreifen. Die US-amerikanische Stellung in der Industrie hängt eng mit der Geschichte des 20. Jahrhunderts und Deutschlands Verlust als Vorreiter der Quantenphysik während des Nationalsozialismus zusammen. Die Vereinigten Staaten hatten nach dem Krieg die einzigartige Möglichkeit, die kommerziellen Früchte dieser zuerst für den militärischen Nutzen angedachten Technologie zu ernten. Das führte zu einem technologischen Superkreislauf, der bis heute kein Ende findet. Die Vereinigten Staaten profitieren nach wie vor von der Erfindung des Transistors 1947, und sie haben diesen Vorsprung seither beibehalten, bis hin zu den neuesten experimentellen Quantencomputern. Gleichermaßen garantierte die Erfindung des motorbetriebenen Autos Deutschland über ein Jahrhundert lang dicke Profite. Der deutsche Superkreislauf befindet sich im Endstadium, der der Vereinigten Staaten läuft noch kräftig weiter.

Aus praktischer Sicht bedeutet dies, dass es nicht so schlimm sein muss, wie es klingt. Selbst wenn man nicht der Protagonist eines neuen Zeitalters ist, kann man sich auf eine gute zweitbeste Strategie berufen: Nutze die angehäuften Überschüsse der guten Jahre für Investitionen in digitale Technologie, und nutze wiederum die digitale Technologie, um die Wirtschaftsproduktivität zu verbessern. Darin sind vor allem die nordischen Länder besonders gut.

Deutschland hat leider beides nicht gemacht, sondern stattdessen die Überschüsse in die gleichen alten Technologien gesteckt und die Digitalisierung schleifen lassen. Das stimmt vor allem beim Mittelstand, bei den familiengeführten Unternehmen. Zudem gibt auch die Regierung keinerlei Anreize für Investitionen ins Digitale. Die Telekommunikationsinfrastruktur entspricht oft nicht den Ansprüchen, es gibt aber auch nicht genug privatwirtschaftliches Kapital für digitale Projekte. Die deutschen Risikokapitalgeber sind im Gegensatz zu ihren US-amerikanischen Pendants nicht sonderlich auf der Höhe der technologischen Entwicklungen.

Meine Standpunkte zu Deutschlands hinterherhinkender Innovationsfähigkeit finden sich auch in der industriellen Elite wieder. Die weiß natürlich, was gerade passiert. Roland Busch, seines Zeichens Chef von Siemens, erzählte dem *Handelsblatt*, dass er eine akute Gefahr für eine Deindustrialisierung in energielastigen Bereichen wie der Chemieindustrie auf uns zukommen sehe. Er sagte weiterhin, dass der regulatorische Ansatz für Spitzentechnologien viel zu restriktiv sei und dass Deutschland den Kampf um künstliche Intelligenz im Wesentlichen bereits gegen die Vereinigten Staaten und China verloren habe. Zudem hätten sein und andere große Unternehmen große Schwierigkeiten aufgrund des Fachkräftemangels. Siemens hat jedoch *einen* Vorteil gegenüber vielen anderen deutschen Industrieunternehmen: Die Abhängigkeit von China ist deutlich geringer, denn dort wird nur 13 Prozent des Umsatzes generiert.

Sitzen da vielleicht neue Champions in den Startlöchern? Wahrscheinlich. Deutschland hat eindeutig die digitale Revolution verpasst, sowohl als Zulieferer als auch als Konsument, aber dennoch besitzt das Land viel technologische Expertise, und das nicht nur bei Autos und Chemikalien. Die Deutschen sind Spitzeningenieure. Unsere Geschichte ist nicht eine des unumgänglichen Niedergangs. Es gibt eine Branche, in der Deutschland eigentlich führend sein sollte: die Welt der grünen Technologien, weil dort die deutsche Expertise in Chemie, Biologie und Elektronik sowie die Maschinenindustrie zusammenkommen. Das Land ist anderen im Übergang zu erneuerbaren Energien voraus. Könnte das eine potenzielle Nische sein? Die Antwort darauf lautet in der Theorie eindeutig Ja, aber die Realität ist komplizierter, wie die nachfolgenden Beispiele beweisen.

Bei der vertikalen Landwirtschaft werden Nutzpflanzen in vertikal aufeinandergestapelten Lagen angebaut – das landwirtschaftliche Äquivalent zu urbanen Hochhäusern, bei dem die Bauern im Vergleich zur traditionellen Herangehensweise mehr Essen auf derselben Größe Land anbauen können. Man sollte in Anbetracht des Green Deal der EU mit seinem Schwerpunkt auf Renaturierung eigentlich meinen, dass die vertikale Landwirtschaft eine besonders begehrte Technologie sein sollte – das war jedoch nicht die Erfahrung, die zwei niederländische Bauern machen mussten, als sie auf die unerschütterliche deutsche Bürokratie stießen. Die Landwirte wollten 2015 in Nordrhein-Westfalen mit der Gründung einer Tochtergesellschaft für vertikale Landwirtschaft loslegen, aber stießen dabei auf den Widerstand der örtlichen Behörden. Zuerst gab es Widerstand bezüglich der Anzahl der Lkw, die permanent pendeln würden. Dann fand man heraus, dass der Hof, den sie kaufen wollten, unterirdische Strukturen aufwies, die geschützt gehörten. Dann gab es noch Probleme bei der Entnahme des Grundwassers – und schon gingen die Investoren lieber nach Bayern. Dort wiederum lief es zunächst gut mit dem Plan eines solchen Bauernhofs, stieß dann aber auch auf Proteste der örtlichen Gemüsebauern. Letztlich fanden die Landwirte einen Ort, an dem die Lokal-, Regional- und Bundesregierungen die vertikale Landwirtschaft unterstützen würden: in Brandenburg. Alles schien perfekt: Es gab genug Platz, und der Ort hatte eine gute Straßen- und Strominfrastruktur. Dann jedoch funkte die deutsche Bürokratie wieder verstärkt dazwischen. Mittlerweile war es bereits 2020 und somit fünf Jahre her, seitdem die beiden entschieden hatten, ihre Unternehmungen auf Deutschland auszuweiten.

Die erste Schwierigkeit war der bürokratische Prozess, um herauszufinden, ob das Unternehmen nun landwirtschaftlich oder industriell war. Das Unternehmen wurde als landwirtschaftlich eingestuft, was bedeutete, dass ein neuer Landnutzungsplan erstellt werden musste. Dafür wurde eine Anhörung anberaumt, bei der 42 Organisationen vorsprechen würden. Landwirtschaftliche Subventionen sind auf zwei Millionen Euro begrenzt, während industrielle Unternehmen bis zu 30 Prozent ihrer eigenen Investitionen als Subventionen erhalten können. Bei Herstellern von Halbleitern sind es sogar 50 Prozent – eine Ausnahme dank des europäischen Chipgesetzes. Jedoch erhielten die niederländischen Landwirte deutlich weniger als die möglichen zwei Millionen. Das größere Problem war aber, dass dieser Prozess das Projekt noch weiter verzögerte. Diese Verzögerungen kosteten die Investoren sowohl Zeit als auch Geld – in verlorenem Umsatz und verlorenen Subventionen. Sie hatten das Grundstück schon gekauft und dabei über drei Millionen Euro für 36 Hektar bezahlt. Zudem hatten sie ein Energiekonzept erstellt, um den immensen Verbrauch mit Solar- und Windenergie zu decken. Alles ging nur sehr langsam vonstatten. Jedoch hatten sie nicht mit dem Amt für Denkmalschutz gerechnet, das Grabstätten aus der Bronzezeit auf diesem Gelände vermutete. Das führte dann zu weiteren Verzögerungen, und sie durften an manchen Stellen nicht tiefer als 90 Zentimeter in die Erde graben. Darauf folgte ein weiteres Problem. Das Gebiet, das die Naturschutzbehörde ihnen für Kräne zugestanden hatte, befand sich neben einem Windpark. Dessen Betreiber legte Widerspruch ein und Beweise einer anderen Naturschutzbehörde vor.

Inzwischen waren acht Jahre vergangen, und der Markt für die vertikale Landwirtschaft hatte sich leider aufgrund der sich wandelnden Energieausgaben verändert, was den Investitionshorizont verschob. Während ich dieses Manuskript hier verfasse, steht noch immer nicht fest, ob die niederländische Firma doch die Erlaubnis bekommen oder das Land verkaufen und frustriert verlassen wird. Der Strompreisanstieg wäre so oder so gekommen, aber sie hätten eigentlich vorher acht Jahre lang Zeit gehabt, um aus ihrer vertikalen Landwirtschaft ein rentables Unternehmen zu machen. Jedoch war 2023 kein gutes Jahr für irgendeine Form von energieintensiver Unternehmung, auch nicht für grüne Technologien. Die Strompreise sanken zwar im Laufe des Jahres wieder, aber im Frühling 2024 waren sie immer noch ziemlich hoch im Vergleich zur Zeit vor der russischen Invasion der Ukraine.

Die bürokratischen Hürden, denen sich die niederländischen Investoren gegenübersahen, waren keine Ausnahme, sondern Teil des Systems. Wie ein frustrierter Gründer dem *Manager Magazin* erzählte: „Alle handeln nach ihren Regeln. Alle haben gute Absichten, aber betrachten nur den eigenen

Bereich. Und wir scheinen durch alle Finanzierungsraster zu fallen." Das ist eine gute Beschreibung der aktuellen Abläufe.

Somit ist die grüne Technologie eine weitere wohl verschenkte Chance. Und das wurde mit dem US Inflation Reduction Act nur noch schlimmer, der ja genau auf diesen Sektor abzielt. Im Gegensatz zu den EU-Subventionen, wo Phantomversprechen auf kafkaeske bürokratische Ablaufe treffen, geben die Vereinigten Staaten den Unternehmen tatsächlich Geld. Und das sofort und oftmals im Voraus. Viele europäische Unternehmen haben dieses Angebot angenommen und sind gegangen.

Das wohl bitterste Beispiel dürfte hier Marvel Fusion sein – ein Unternehmen, das bei der Erforschung von Kernfusionstechnologien an vorderster Front steht. Dieses in München angesiedelte Start-up war eine der großen deutschen Hoffnungen der grünen Technologie. Jedoch entschied es sich im August 2023 zu einem Umzug in die Vereinigten Staaten – um dort eine neue Testanlage zu bauen. Marvel Fusion bekam kein einziges Investitionsangebot aus Deutschland oder einem anderen EU-Land. Das Geld der US-amerikanischen Regierung war somit natürlich einer der Gründe für ihren Umzug, aber eben nicht der einzige. Der Gründer erzählte dem *Handelsblatt*, dass ein weiterer die Zusammenarbeit mit der University of Colorado gewesen sei. Etwas Ähnliches wäre in Deutschland unmöglich gewesen, da die US-amerikanischen Universitäten viel unternehmerischer denken und Partnerschaften zwischen öffentlichen Institutionen und Deeptech-Unternehmen besser bewerkstelligt würden.

Vor nicht allzu langer Zeit sah es noch (auch für mich) so aus, als könnte die grüne Technologie der nächste Bereich für Wachstum sein. Das Gleiche galt vor vielen Jahren auch für die künstliche Intelligenz. Wir sehen KI immer noch als etwas recht Neues an, aber die Erforschung intelligenter System läuft schon seit Jahrzehnten. Algorithmen wurden von Mathematikern und Computerwissenschaftlern bereits entwickelt, als es noch gar keine PCs und Handys gab. Jürgen Schmidhuber, Computerwissenschaftler an der TU München, und sein Student Sepp Hochreiter lösten 1991 ein großes Problem der maschinell lernenden Algorithmen: das sogenannte Problem des Gradientenabstiegs. Ihr Durchbruch führte zu einem speziellen neuronalen Netz, dem sogenannten Long short-term memory model (LSTM; zu Deutsch: dem Modell des langen Kurzzeitgedächtnisses). Genau diese Technologie steckt hinter ChatGPT. Man sollte meinen, dass Schmidhuber und Hochreiter fortan die Stars der deutschen Hightechszene wären, aber es dürfte nicht schwer zu erraten sein – zumindest an diesem Punkt unserer Geschichte –, was dann passierte. Schmidhuber zog weg – nicht in die Staaten, sondern in die Schweiz, ein Land, das im Gegensatz zu Deutschland den Tech-Start-ups gegenüber sehr offen ist. Er gründete in Lugano ein Unternehmen, um an kommerziellen Nutzungen von KI zu arbeiten. Er ist zudem der wissenschaftliche Direktor des Dalle-Molle-Forschungsinstituts für künstliche Intelligenz (IDSIA) in derselben Stadt.

Die Bundesregierung veröffentlichte 2018 endlich ihr Strategiepapier zu KI. Wie fast alle Initiativen der Merkel-Regierung war auch diese voller aufgeblähter Behauptungen, aber schlecht ausgeführt. Die Regierung wollte drei Milliarden Euro für die Forschung zur Seite legen, die auf verschiedene Ministerien verteilt werden sollten. Ein Großteil der Strategie drehte sich um die Rolle der Betriebsräte, was uns schon viel über die zugrunde liegende Herangehensweise sagt: Bestehende Unternehmen und Interessengruppen würden die Technologie vorantreiben, nicht aber Menschen wie Schmidhuber. Zudem konzentrierte sich das Papier mehr auf die Beschränkungen als die Möglichkeiten der KI – was auch inzwischen typisch für die Herangehensweise der EU ist.

Es überrascht nicht, dass diese Initiative zu nichts führte. Wenn kein Ministerium das Heft in die Hand nimmt, passiert gar nichts. In der mittelfristigen Finanzplanung bis 2023 wurde nur eine von den drei versprochenen Milliarden Euro tatsächlich auf die verschiedenen Ministerien verteilt. Das war jedoch noch nicht mal das Schlimmste. Der KI-Plan sah sich den gleichen Problemen gegenüber wie Kohls hochauflösendes Fernsehen: Man hatte auf die falsche Technologie gesetzt. Die KI-Vorstellungen der Bundesregierung bauten auf einer überholten Technologie auf, wie die Expertensysteme, die in den 1980er- und 90er-Jahren vorherrschten. Die Machine-Learning- und Deep-Learning-Revolution der letzten zwanzig Jahre hatte jedoch die Forschungsrichtung zu KI gänzlich verändert. Es ist so ironisch, dass ein deutscher Computerwissenschaftler Anfang der 1990er-Jahre der innovativste war, aber die Bundesregierung sich dreißig Jahre später auf Technologien konzentriert, die zu seiner Zeit schon zum Scheitern verurteilt waren. Sie holten sich die falschen Berater an Bord, die nach wie vor in diesen Bereichen forschen.

Expertensysteme arbeiten mit einem klassischen Top-down-Ansatz. Wissen wird in solchen Systemen nicht gelernt, sondern von Expertenansichten gesammelt und in großen Datenbanken gespeichert. Dahinter steckt die Idee, dass man Tonnen an Informationen in ein System füttert, um dann hoffentlich etwas Nützliches herausziehen zu können. Moderne neuronale Netze funktionieren völlig anders. Sie basieren auf dem menschlichen Gehirn – hochgradig vernetzt, interaktiv und sich kontinuierlich weiterentwickelnd. Das ist die Technologie hinter der KI in Handys, selbstfahrenden Autos und großen Sprachmodellen wie ChatGPT. Es überrascht nicht, dass Expertensysteme nicht wirklich viele kommerzielle Anwendungen hervorgebracht haben.

Das Problem, dass die Regierung aufs falsche Pferd gesetz hatte, wurde 2019 von Florian Gallwitz aufgeworfen, Professor für Medieninformatik an der TU Nürnberg. Helge Braun, Merkels Stabschef, verteidigte die Regierungsstrategie gegen die Kritik damit, dass ein zu starker Fokus auf moderne Herangehensweisen zu sehr einschränken würde – auch in Bezug auf kommerzielle Chancen. Das war eine weitere riesige kommerzielle Fehleinschätzung, aber sehr typisch für die Entscheidungsfindung in Deutschland seit den 1980er-Jahren.

Drei Jahre später hinkten Deutschland und Europa bezüglich KI hoffnungslos hinter den Vereinigten Staaten hinterher. Deutschland liegt in der Rangliste für KI-Start-ups weit hinten: Die Vereinigten Staaten haben 5,22 Start-ups auf 100.000 Einwohner, Großbritannien 4,9, Frankreich 2,04 und Deutschland 1,9.

Das *Handelsblatt* hat festgehalten, dass kein einziges der zehn besten KI-Start-ups in Deutschland ansässig ist. Einer der Gründe dafür ist, dass die speziell dafür vorgesehenen Start-up-Zentren, wie in Berlin zum Beispiel, die KI-Branche nicht interessieren, weil diese eine Nähe zu den besten Universitäten bevorzugt. Dazu gehört innerhalb Deutschlands die Ludwig-Maximilians-Universität München (LMU), aber auch sie hinkt hinter den großen im Rest Europas hinterher: Oxford, Cambridge, Imperial College London und Paris. US-amerikanische Tech-Start-ups profitieren von einem Multiplikatoreffekt der Gemeinschaft, da sie dort ansässig sind, wo talentierte Menschen arbeiten möchten. Hinzu kommen hoch entwickelte Risikokapitalmärkte und Spitzenuniversitäten, die sich auf KI spezialisiert haben, wie Stanford, MIT und CalTech.

Die Europäische Kommission führte als Erste KI-Regularien ein, aber die EU irrt, wenn sie denkt, dass sie in einem Bereich, von dem sie keine Ahnung hat, als weltweite Regulierungsbehörde fungieren könne. Sie hat sich in anderen Sektoren in der Vergangenheit durchgesetzt, weil es eine starke Präsenz europäischer Unternehmen gab. Wenn man keine Präsenz in dem Sektor hat, werden die Regulierungsstandards von jenen gesetzt, bei denen es anders ist: in diesem Fall den Vereinigten Staaten. So wie Europa und Deutschland die ersten Schritte der digitalen Revolution – vom Halbleiter zum Internet – verpasst haben, verpassen sie jetzt die großen Schritte der künstlichen Intelligenz.

Es ist spannend, dass selbst heute nahezu niemand im deutschen politischen Establishment (in keiner der Parteien) mit diesen Problemen vertraut ist. Die Liberalen schienen noch am nächsten dran zu sein, als sie 2021 ihren Wahlkampf mit dem Thema der Modernisierung inklusive digitalen Investitionen betrieben. Als sie dann jedoch an der Macht waren, gaben sie ihr politisches Kapital für die Haushaltskonsolidierung aus – wie immer auf Kosten der Investitionen im öffentlichen Sektor.

Deutsche Unternehmen machen es im Großen und Ganzen besser als die Politik. Manche bauen sogar ihre eigenen KI-basierten Nischenprodukte. Das läuft jedoch maximal auf einen gemanagten Niedergang hinaus, weil auch dies eng mit dem alten Industriemodell zusammenhängt. Die mittelständischen Industrieunternehmen dürften die meisten Probleme haben, sich an KI anzupassen, weil sie schlicht keinen ähnlich großen Talentpool, nicht das gleiche Kapital und die Größe haben wie die Großen. Zudem steht momentan kein einziges deutsches Unternehmen an der Front der KI-Entwicklung.

Die große Ironie dahinter ist, dass es viele Menschen in Deutschland gibt, die in diesem Bereich arbeiten. Die Anzahl der KI-Experten – im Verhältnis zur Gesamtbevölkerung – ist in Europa höher als in den Vereinigten Staaten und dreimal so hoch wie in China. Der europäische Thinktank Interface hat dazu eine Studie unter deutschen Doktoranden im Bereich KI durchgeführt, von denen 40 Prozent Deutschland verlassen würden, meist in Richtung Vereinigte Staaten, Schweiz oder Großbritannien. Von jenen, die in Deutschland bleiben würden, geht ein kleinerer Teil als vergleichsweise in den Vereinigten Staaten oder Großbritannien in die Privatwirtschaft. Das zugrunde liegende Problem ist weder die Ausbildung noch das Training der KI-Experten – Deutschland steht zwar nicht an der Spitze, aber schlägt sich auch nicht schlecht. Das Problem ist eher das Versäumnis, eine KI-Industrie aufzubauen. Der Grund dafür ist die enge Sicht auf wirtschaftliche Entwicklungen in bereits bestehenden Sektoren im neomerkantilistischen Deutschland.

Die scheidende Regierung Merkels realisierte 2020 langsam, dass die aktuelle Herangehensweise an die Hightechindustrie einen Neuanfang braucht. Daher erschufen sie die neue Bundesagentur für Sprunginnovationen: SPRIND. Auf mich wirkt das eher wie ein Oxymoron – so wie Bürgerkrieg und deutsche Diplomatie. Eine deutsche Bürokratie, die Disruption managt – wenn das mal kein Anblick für die Götter ist. Ihre Struktur ist der der US-amerikanischen DARPA (Defense Advanced Research Projects Agency) nachempfunden, die hinter vielen der wissenschaftlichen Durchbrüche steht wie den Halbleitern und dem GPS. Sie steht noch am Anfang. Momentan ist diese kleine, frischgebackene Agentur mit ihrem Jahresbudget von gerade einmal 180 Millionen Euro der einzige Teil der Bundesregierung mit einer Nähe zur Welt der Hightech-Start-ups.

Im öffentlichen Diskurs spielen Tech-Start-ups jedoch nur eine kleine oder gar keine Rolle. Es geht immer nur um die traditionellen Unternehmen. Deutschlands Industrieriesen waren viele Jahrzehnte lang sehr erfolgreich, aber sie verdanken ihren Erfolg den Erfindungen alter Tage. Dennoch brauchen wir auch in unserer digitalen Welt weiterhin klassisches Ingenieurwesen: für Busse, Gabelstapler, Kräne und schweres Gerät. Das Gehirn eines Roboters ist die Software, aber seine Arme und Beine sind mechanische Gerätschaften. In unserer heutigen Welt erzeugt das alte Ingenieurwesen nicht mehr genug Geld, um ein Trickle-down-Wirtschaftsmodell am Leben zu erhalten. Die großen Profite kommen von Technologien, bei denen Deutschland keine Spezialisierung vorweisen kann.

Es heißt, Leugnen sei der erste Schritt der Trauerarbeit. Diese Phase haben wir noch nicht hinter uns. Ich kann nicht vorhersagen, wo das alles enden wird, aber ich weiß mit Sicherheit, dass der aktuelle Weg nicht nachhaltig ist. Man kann keine wirtschaftliche Führungsposition beibehalten, indem man sich auf Wirtschaftsaktivitäten mit sinkenden Gewinnmargen konzentriert. Irgendetwas muss sich ändern.

Vielleicht passt sich Deutschland irgendwann an. Oder die deutsche Gesellschaft wird den Niedergang akzeptieren. Das wäre ein Abstieg von ganz schön weit oben. Deutschland hat noch nicht verstanden, dass es sich entscheiden muss.

3. Energieknappheit

Die wesentliche Figur des modernen deutschen Neomerkantilismus ist Gerhard Schröder. Die wesentliche politische Partei des Neomerkantilismus ist Schröders SPD. Die wesentliche Industrie des deutschen Neomerkantilismus ist der Energiesektor. Und es war niemand anderes als Wladimir Putin, der all diese Punkte zusammenbrachte.

Zur Zeit der Wiedervereinigung wurde Schröder zum Oppositionsführer der niedersächsischen Landesregierung. Danach gewann er die Wahl gegen Ernst Albrecht, einen Freund Helmut Kohls und Vater Ursula von der Leyens, die später bekanntermaßen zur deutschen Verteidigungsministerin sowie zur Präsidentin der Europäischen Kommission aufsteigen sollte.

Eine der ersten Amtshandlungen Schröders bestand darin, Carl Hahns Nachfolger auf dem Vorstandsposten bei Volkswagen, das teilweise dem Bundesland gehörte, sicherzustellen. Schröder beförderte letztlich Ferdinand Piëch zum neuen Chef bei VW – ein Mitglied der Porschefamilie und jemand, wie sich herausstellen sollte, mit dem Schröder Geschäfte machen konnte. Schröder half Piëch durch einen üblen Rechtsstreit mit General Motors, nachdem VW einen hochrangingen Manager von Opel eingestellt hatte, dem eine Verletzung der Geschäftsgeheimnisse vorgeworfen worden war. Piëch und VW standen fortan für immer in Schröders Schuld.

Während seiner Zeit in Hannover umgab sich Schröder mit einer Gruppe politischer Freunde und Branchenführer, die ihn später entscheidend bei seinem Kurs einer bestimmten Wirtschaftspolitik auf Bundesebene unterstützen würden. Schröders wichtigster Verbündeter war Frank-Walter Steinmeier, der momentan noch Bundespräsident ist. Andere namhafte Politiker in dieser Riege waren Brigitte Zypries, Justizministerin und später Wirtschaftsministerin, und Sigmar Gabriel, der später Vorsitzender der SPD-Fraktion sowie Wirtschafts- und auch Außenminister werden würde. Ein weiteres Mitglied des Teams war der junge Lars Klingbeil, heute Parteivorsitzender der SPD, Vizekanzler und Bundesfinanzminister. In Deutschland haben solche politischen Netzwerke eine immense Tragweite – gern auch lebenslang. Olaf Scholz arbeitete als Schröders Generalsekretär, war also quasi Vizevorsitzender der Partei, aber nie Teil des inneren Kreises von Schröder.

Die „Frogs" (Friends of Gerd), wie die Truppe hierzulande informell genannt wurde, hatte viele assoziierte Mitglieder auch außerhalb der Politik, wie etwa Carsten Maschmeyer, den Milliardär mit der Firma desselben Namens. Oder auch Utz Claasen, den ehemaligen Chef der EnBW, und Peter Hartz, ein ehemaliges Vorstandsmitglied von VW, der später einer der führenden Köpfe des Reformkonzepts der Sozialgesetze werden sollte. Zu den Frogs gehörten auch noch andere Chefs von Energieunternehmen wie Michael Frenzel, Chef der Preussag, und Günter Papenburg, dem eine große Bau- und Abfallentsorgungsfirma gehört. All diese Figuren spielen in unserer Geschichte eine wichtige Rolle. Papenburg reiste viel mit dem damaligen Ministerpräsidenten Schröder nach Russland, um sich lukrative Geschäfte zu sichern, lange bevor Putin die politische Bühne in Moskau betreten sollte. Diese Art von Beziehung wurde zu einem Muster. Das war mehr als nur beruflich. Sie alle trafen sich in einer reservierten Loge in Hannovers Fußballstadion und verbrachten viele Abende zusammen bei den Schröders zu Hause.

Schröders Freundschaft zu Frenzel wurde vor der Bundestagswahl 1998 wichtig, die Schröder gegen Kohl gewinnen würde. Frenzel wollte die in Salzgitter sitzende marode Stahlsparte bei Preussag verkaufen. Der größte Anteilseigner der Preussag war die WestLB, also Deutschlands größte Landesbank mit Sitz in Düsseldorf, einem weiteren SPD-geführten Bundesland. Johannes Rau, damals Ministerpräsident Nordrhein-Westfalens, war ein politischer Rivale Schröders. Und Rau hatte seinen ganz eigenen konkurrierenden Freundeskreis, dessen wichtigstes Mitglied wohl Friedel Neubel gewesen sein dürfte, der Chef der WestLB, wie bereits im ersten Kapitel dargelegt. Mit Frenzels Hilfe konnte Schröder die WestLB zur Seite drängen und das Stahlgeschäft für eine Milliarde Deutsche Mark verstaatlichen. Das Argument dahinter war, dass es sonst ein ausländisches Unternehmen aufkaufen und somit die hiesigen Stellen gefährden könnte. Das Stahlunternehmen wurde umbenannt: Salzgitter AG – und sollte später lukrative Aufträge aus Russland erhalten.

Salzgitter war jedoch nur ein kleines Teil in Schröders korporatistischem Netzwerkpuzzle. Die staatliche Holding erlaubte es Schröders Regierung, im Alltagsgeschäft der Salzgitter und anderen Unternehmen mitzumischen. Ihr gehörte zudem auch die NordLB, die wiederum wirtschaftliche Interessen in vielen Industrieunternehmen hatte. Ebenso gehörte auch die Deutsche Messe dazu, die Veranstalterin der größten Industriemesse der Welt, der Hannover-Messe. Das größte Augenmerk von allen lag jedoch auf dem Autogiganten Volkswagen in Wolfsburg. Schröder hatte als Ministerpräsident Niedersachsens auch dort einen Sitz im Aufsichtsrat.

Die Salzgitter-Rettung verhalf Schröder zum fast schon erdrutschartigen Sieg der Landtagswahl 1998, was ihm später im Jahr die Kanzlerkandidatur der SPD sichern sollte.

Schröder war der ideale Kandidat als Herausforderer Kohls. Oskar Lafontaine war damals SPD-Vorsitzender, und Kohl selbst hatte gehofft (und erwartet), dass dieser der Kanzlerkandidat werden würden – eine Wiederholung der Wahl von 1990, die Kohl deutlich gewonnen hatte. Die Wahl 1990 war die erste nach der Wiedervereinigung, und Kohl verkörperte den Geist eines einigen Deutschland mehr als jeder andere Politiker, abgesehen vielleicht vom ehemaligen SPD-Kanzler Willy Brandt. Lafontaine hingegen stand für das genaue Gegenteil: die radikale Generation der 1960er-Jahre. Er entstammte dem westlichsten Bundesland, dem Saarland, was in Deutschland einer geografischen und kulturellen Randlage entspricht.

Das politische Blatt hatte sich jedoch bis 1998 gewendet. Kohl war seit 16 Jahren an der Macht, die Erstwähler kannten keinen anderen Kanzler als ihn. Schröder stand für einen Neuanfang. Sein Korporatismus war nicht der Fokus des Wahlkampfs. Die Leute wussten von seiner Salzgitter-Nummer und befürworteten seinen Versuch, Stellen zu retten. Er war jedoch vor allem vertrauenerweckend. Das Motto, mit dem er letztlich die Wahl gewann, war so langweilig wie nur möglich: „Wir werden nicht alles anders machen. Wir werden es besser machen." Das entsprach der Stimmung der Zeit. Das Land war seit weniger als zehn Jahren wiedervereinigt, die Globalisierung war in vollem Gange, Deutschland steckte mit großem Engagement in der Dotcom-Blase, die sich noch gute zwei Jahre lang aufblasen würde, bis sie dann explodieren sollte. Schröder, der Manager, schien der richtige Mann für den Job.

Nachdem Schröder an die Macht gelangt war, gelang ihm ein ähnliches Husarenstück wie mit der Salzgitter AG: Er griff persönlich im nächsten Jahr bei der sich abzeichnenden Insolvenz der Holzmann AG ein, der großen Baufirma aus Frankfurt am Main. Ein großer Erfolg, die Arbeiter dort sangen Loblieder auf den Kanzler. Er nutzte die staatliche KfW-Bank, um einen 150 Millionen Euro schweren Kredit und eine 100 Millionen Euro schwere Kreditgarantie zu vergeben, die als Anker für die Finanzpakete der diversen Banken des Unternehmens dienten. Diese würden weitere 200 Millionen Euro beisteuern. Das war immer noch nicht genug, denn das Unternehmen ging dann doch irgendwann bankrott, aber es war Schröder aus politischer Sicht von Nutzen, weil er damit seinen Ruf als „Stellenretter" verfestigte. Ich sehe Schröder als frühen Populisten an, denn er hatte während der Holzmann-Krise die Gläubigerbanken beschuldigt, mehr an das eigene Geschäft zu denken als an die Unternehmens- und Stellensicherheit – als hätten Banken je etwas anderes getan.

Einer von Schröders politischen Zeitgenossen war der italienische Ministerpräsident Silvio Berlusconi. Die beiden konnten sich nicht ausstehen, vor allem Berlusconi machte sich gern über Schröders (damals) vier Ehen lustig. Dennoch hatten sie etwas gemein: Sie waren die ersten Populisten, Zentristen und Konservativen der Moderne. Zudem waren sie beide unglaublich gute Wahlkämpfer. Schröder schien 2002 keine Chance gegen Edmund Stoiber zu haben, damals Vorsitzender der CSU und bayerischer Ministerpräsident. Dennoch besiegte er ihn spielend, weil er verstand, wie man einen Wahlkampf führt.

Die Rettung der Holzmann AG war dramatisch und wegweisend für alles Nachfolgende: Schröder wurde zum korporatistischsten Kanzler aller Zeiten. Das bekam man am meisten im Energiesektor zu spüren. Geopolitisch wollte er Deutschland irgendwo zwischen den Vereinigten Staaten und Russland verorten, damit stand er fest in der politischen Tradition Willy Brandts und Egon Bahrs. Ich traf Bahr im Sommer 1989 für ein Interview, und er erzählte mir, dass es keinerlei Chance auf eine Wiedervereinigung Deutschlands gebe. Er war die Personifizierung der Realpolitik während des Kalten Kriegs. Zudem war Bahr auch der Architekt der deutschen Russlandpolitik dieser Zeit. Die Regierung unter Brandt unterzeichnete 1970 den ersten Erdgasvertrag mit der Sowjetunion, für den Deutschland die Pipelineinfrastruktur liefern würde, die mit Garantien aus den staatlichen Versicherungsgesellschaften finanziert werden würden. „Wenn wir uns durch eine Gasleitung miteinander verbinden, dann wird sich die politische Landschaft in der Sowjetunion zum Besseren verändern", sagte einst Otto Wolff von Amerogen, der damalige Vorsitzende des Ost-Ausschusses der Deutschen Wirtschaft. Eine der größten politischen Fehleinschätzungen der Moderne – und eine, die im deutschen öffentlichen Diskurs nicht angefochten wurde. Und Russlands deutsche Freunde bestätigten sich dieses Narrativ gegenseitig bis zur Invasion Putins der Ukraine. Der Ost-Ausschuss feierte 2022 seinen 60. Geburtstag. Er war 1952 gegründet worden und sollte die Geschäftsbeziehungen mit den Ländern des damaligen Ostblocks fördern. Der Ost-Ausschuss ist Deutschlands mächtigste Lobby, ähnlich der Rolle, die die National Rifle Association in den Vereinigten Staaten spielt.

Die SPD behauptete später, dass ihre Ostpolitik zum Fall des Kommunismus beigetragen habe – eine Behauptung, die den deutschen Narrativen in die Hände spielt, aber nicht auf Fakten basiert. Der Kommunismus brach zusammen, weil er seine Bürger nicht versorgen konnte. Der Zusammenbruch wurde von Michail Gorbatschows Perestroika-Politik angestoßen, jedoch nicht ausgelöst, denn sie zeigte die vielen Defizite des kommunistischen Systems auf. Wenn überhaupt, dann könnte die Ostpolitik eher zu einer Verzögerung des Systemkollapses geführt haben.

Die Ostpolitik half deutschen Familien jedoch beim Kontakterhalt mit Verwandten in Ostdeutschland während des Kalten

Kriegs, und sie senkte die Barrieren, was später den Prozess der Wiedervereinigung ermöglichen sollte. Das sehe ich als ihren wichtigsten Beitrag an. Jedoch hatte sie auch eindeutig negative Folgen. Denn die SPD wurde auf beiden Augen blind gegenüber den Menschenrechtsverletzungen in der Sowjetunion und später auch in Putins Russland. Sie gehörte nicht zu den frühen Unterstützern der osteuropäischen Protestbewegung wie Lech Wałęsas Solidarność, zu der die SPD bedacht Abstand hielt. Ich erinnere mich noch an einen unangenehmen Empfang in Raus Düsseldorfer Büro zu Ehren von Wałęsas Besuch, an dem ich als Journalist teilnehmen durfte. Dieser bat Rau um weitere Investitionsgelder und sprach auf Englisch. Rau jedoch war nicht sonderlich versiert in der Sprache und schien ihn falsch verstanden zu haben, denn er glaubte, dass dieser Nordrhein-Westfalen soeben polnische Investitionsgelder angeboten habe. Raus Beziehung zu anderen zentral- und osteuropäischen Politikern war höflich, aber nicht eng. Jene zu den russischen Anführern und Geschäftsleuten waren da viel persönlicher.

Auch die SPD hatte einen transatlantischen Flügel. Helmut Schmidt, der Brandt 1974 als Kanzler ablöste, war einer der pro-amerikanischsten Politiker Deutschlands, da er so eng mit den amerikanischen Besatzern nach dem Krieg zusammengearbeitet hatte. Dadurch war er vor allem einer der wenigen Politiker, der die US-amerikanische Politik intellektuell durchdrang. Auch Scholz kommt aus dem transatlantischen Flügel der deutschen Politik, im Gegensatz zu Schröder. Dieser hatte eine vertretbare Arbeitsbeziehung zu Bill Clinton, wie die meisten europäischen Staatsmänner, aber nicht zu George W. Bush. Nach dem Terrorangriff am 11. September 2001 stimmte Schröder der Unterstützung der US-amerikanischen Operationen in Afghanistan zu, was ihn innerhalb seiner eigenen Partei einiges politisches Kapital kosten sollte. Zwei Jahre später brach er aber mit Bush und Tony Blair über die Irakfrage. Putin war sein strategischer Partner in politischen Fragen geworden – und ein Freund. Ich würde Schröder nicht als antiamerikanisch klassifizieren, denn seiner Ansicht nach sollte sich Deutschland – als mittelgroße Macht – genau zwischen den Vereinigten Staaten und Russland positionieren. Diese Perspektive wurde von einer überwältigenden Mehrheit der Sozialdemokraten geteilt, auch von Peter Struck, Schröders damaligem Verteidigungsminister, und Martin Schulz, einem ehemaligen Vorsitzenden des Europäischen Parlaments, der 2017 erfolglos Merkel herausfordern sollte. Noch bis vor Kurzem war diese Ost-West-Verortung eine populäre Position in der deutschen Politik.

Die NATO-Skepsis ist ein Auswuchs dieses Denkens. Das NATO-Ausgabenziel von zwei Prozent des Bruttoinlandsprodukts fand in der SPD keine Freunde. Schulz lehnte es offen während seines Wahlkampfs 2017 ab, bei dem er es als „unsinnig und [...] in Deutschland [als] nicht parlamentarisch legitimiert" bezeichnete. Schröders Fokus in dieser Zeit als Kanzler war die Intensivierung der Kooperation mit Russland bezüglich der Energieversorgung. Ruhrgas aus Essen war in dieser Phase der deutschen Unternehmensgeschichte der Hauptakteur. Dessen Vorsitzender Klaus Liesen saß auch bei VW, der Allianz und E.ON (das erst dank Fusionierungen mit Schröders Hilfe so groß werden konnte) in den Aufsichtsräten. Zudem war er Aufsichtsratsmitglied bei der Preussag in Niedersachsen. Die Unternehmensnetzwerke waren verfilzt. Die Praxis, sich gegenseitig im Aufsichtsrat zu unterstützen, bildete eine Echokammer, die die bereits bestehende einseitige Sicht auf die traditionelle deutsche Industrie nur noch weiter verschärfte. Genau in dieser Zeit nahm die digitale Revolution in den Vereinigten Staaten so richtig an Fahrt auf, und die späteren Techgiganten legten gerade los oder (wie im Fall von Apple) orientierten sich gerade um. Nichts in der Richtung passierte in Deutschland.

Schröder war der Pate der damaligen deutschen Unternehmensnetzwerke, und er identifizierte Putin schon bald als wichtigsten strategischen Verbündeten. Ein persönlicher Besuch bei Putin zu Hause während der russischen Weihnachtsfeierlichkeiten Anfang 2001 (mit den Familien im Schlepptau) stellte den Beginn ihrer engen persönlichen Beziehung dar. Schröder traf sich in seinen ersten beiden Amtsjahren elfmal mit Putin. Der Ost-Ausschuss war der größte Cheerleader dieser Beziehung, denn er unterstützte Putins „Modernisierungswelle" und sah hier eine große Chance für Russland, in der zukünftigen Energiepolitik Deutschlands eine große Rolle zu spielen.

Eines der großen inländischen Projekte Schröders war die Liberalisierung der Energiepolitik. Es wurde allerdings fälschlicherweise Liberalisierung genannt, denn seine Regierung schuf nationale Marktführer im Energiesegment, war mitnichten an einer Chancengleichheit interessiert. Die Regierung schmiedete die Fusion zwischen den zuvor staatlichen Unternehmen Viag und Veba zu E.ON, was später dann Ruhrgas, Deutschlands größtes Gasunternehmen, schluckte.

Das Bundeskartellamt war gegen diese Fusion, denn dies würde den wenigen bleibenden Unternehmen zu viel Marktmacht verschaffen. E.ON legte Berufung bei der Bundesregierung ein. Zunächst sprach sich auch die unabhängige Monopolkommission gegen die Fusion aus, dann aber setzte die Regierung Schröder unter Berufung auf das nationale Interesse sowohl die Monopolkommission als auch das Bundeskartellamt außer Kraft und gab der Fusion statt. Der damalige Wirtschaftsminister, der die Fusion beaufsichtigte, war Werner Müller. Der andere wichtige Akteur war Alfred Tacke, Müllers Stellvertreter, der formell die Entscheidung verkündete, dass die Fusion vonstattengehen dürfe. Beide ergatterten jeweils gut bezahlte Stellen in der Energiebranche, nachdem sie die Politik verlassen hatte: Müller wurde der Vorsitzende von Ruhrkohle, Tacke von Steag, einem Stromlieferanten, der zu Ruhrkohle gehört. Es dürfte wohl niemanden mehr überraschen, dass Ruhrkohle eng mit E.ON verflochten war.

Schröder verlor die Wahl 2005 knapp gegen Merkel und zog sich aus der aktiven Politik zurück. Er sollte danach zum ersten Mann der Nord Stream AG werden, die die zwei Ostsee-Pipelines zwischen Russland und Deutschland bauen würde. Er wusste, dass die deutsche Industrie günstiges russisches Erdgas brauchte, weil es keine ausreichenden alternativen Energiequellen zur Verfügung hatte.

Er wusste außerdem, dass die Atomkraft keine Zukunft in Deutschland hatte, weil seine eigene Regierung sich auf einen Zeitplan für dessen Abwicklung geeinigt hatte. Das war der größte politische Erfolg der Grünen während der Koalition von 1998 bis 2005. Merkel verhängte nach dem Atomunglück in Fukushima 2011 einen zwingenden Atomausstieg bis 2023. Diese Entscheidung stärkte Deutschlands Abhängigkeit von russischem Gas. So wurde aus einer Wirtschaftsbeziehung eine Abhängigkeit.

Steinmeier, unter Schröder Chef des Bundeskanzleramts, also quasi sein Stabschef, wurde zum Außenminister ernannt und in dieser Rolle letztlich Schröders Nachfolger als Pate der deutsch-russischen Beziehungen. Steinmeier war gänzlich der Idee der Modernisierung Russlands mithilfe des Handels verpflichtet, damit es auf diese Weise seine demokratischen Reformen weiterführen könne. Wie so viele führende Politiker seiner Generationen schätzte er Putin völlig falsch ein. Steinmeier unterdrückte jegliche Kritik an Russland innerhalb des Auswärtigen Amts, der Regierung und auch vonseiten der EU – auch während des Kaukasuskriegs 2008. Er arbeitete weiterhin eng mit deutschen und russischen Industrierepräsentanten an der Energiepolitik weiter, um die zwei Ostsee-Pipelines gebaut zu bekommen. Die erste wurde 2011 in Auftrag gegeben, die zweite im darauffolgenden Jahr. Wie schon Schröder baute auch Steinmeier sein Netzwerk an Industriellen auf und brachte sie mit russischen Geschäftspartnern zusammen.

Merkel wiederum hatte eine eher reservierte Einstellung zu Putin, obwohl sie im Gegensatz zu Schröder fließend Russisch spricht. Ich würde sie als widerwillige Anhängerin der dominanten prorussischen Politik charakterisieren, die sie von ihrem Vorgänger geerbt hatte. Sie distanzierte sich nicht von diesen Positionen, aber der Ton war ein anderer. Die Ketten des neomerkantilistischen Systems blieben bestehen. Das Mantra aller deutschen Außenpolitik seit dem Zweiten Weltkrieg besagte immer „Geschäfte zuerst“. Merkels außenpolitischer Berater war Christoph Heusgen, der bis vor Kurzem der Vorsitzende der Münchner Sicherheitskonferenz war, und ihr wirtschaftspolitischer Berater war Lars-Hendrik Röller, der enge Verbindungen zum Ost-Ausschuss hatte und ein zutiefst überzeugter Befürworter des Business-First-Ansatzes der deutsch-russischen Beziehungen ist.

Die SPD war die Partei, die enge Beziehungen zu Russland vorantrieb, aber das taten ihr CDU und CSU irgendwann gleich. Sie sahen Russland nach dem Ende des Kommunismus nicht mehr als Gegner an. Auch hier merkte man also den Einfluss des Ost-Ausschusses.

Einer der stärksten Russlandbefürworter innerhalb der CDU war Armin Laschet, der Ministerpräsident Nordrhein-Westfalens bis 2021 und dann der erfolglose Kanzlerkandidat der CDU im selben Jahr. Er wurde als natürlicher Nachfolger Merkels gehandelt – und als Garant für die Verbindung zwischen Berlin und Moskau, denn in seinem Bundesland machten immerhin 1200 Unternehmen aktive Geschäfte mit Russland. Sein Umkreis war eng eingebunden bei den Petersburger Dialogen, einer bilateralen Vergnügungsreise im Stil des Weltwirtschaftsforums in Davos, allerdings nur von russischen und deutschen Politikern und Geschäftsleuten.

Die Beziehung zu Russland war zu einem parteienübergreifenden Projekt geworden – dahinter steckte nicht mehr nur die SPD. Das verbindende Element war die Industrie. Viele der Politiker waren nicht unbedingt prorussisch eingestellt, aber sie sahen sich selbst als „progeschäftlich" an und verschmolzen diese beiden Eigenschaften miteinander. Sobald die SPD in NRW an Macht verlor, lag es erneut in der Hand der niedersächsischen SPD, das Heft in die Hand zu nehmen. Dessen Vorsitzender war Stephan Weil, der inzwischen Ministerpräsident des Landes ist. Er war einer der stärksten prorussischen Lobbyisten der Partei, denn je prorussischer man war, desto mehr Unterstützung bekam man aus der Industrie und desto mehr Chancen hatte man auf innerparteiliche Unterstützung und somit letztlich auch Siegeskraft.

Beziehungen zu den deutschen Geschäftseliten wurden auch von den jeweiligen russischen Botschaftern in Berlin hergestellt. Sie schmissen ausufernde Partys in der russischen Botschaft, die von den führenden Köpfen der großen Automobil-, Energie- und Chemieunternehmen sowie Politikern wie Matthias Platzeck (Brandenburgs Ministerpräsident a. D. und ehemaliger SPD-Vorsitzender) und Schröder persönlich besucht wurden. Schröder besuchte eine solche Party sogar noch nach der russischen Invasion der Ukraine.

Diese ganze prorussische Einigkeit hielt sich bis 2014, als Putin die Krim annektierte. Merkel erwiderte dies mit der Organisation von gemeinsamen Sanktionen gegen Russland vonseiten der EU. Für sie war das eine Wende, dennoch gab es Widerstand innerhalb der Großen Koalition (sowohl aus ihrer eigenen Partei als auch von großen Teilen der SPD, einschließlich Steinmeier und Gabriel sowie der niedersächsischen und brandenburgischen SPD). Einige Parteigranden waren auch dagegen, etwa Schmidt und Bahr. Der damalige Wirtschaftsminister Gabriel ging sogar so weit, gegen die Sanktionen während eines Russlandbesuchs Stellung zu beziehen, womit er sich in direkte Opposition zu Merkel stellte.

Der deutsche Ost-Ausschuss drängte auch energisch auf eine Aufhebung der Sanktionen, die er als disruptiven Faktor in den deutsch-russischen Wirtschaftsbeziehungen ansah. Eckhard Cordes, ehemaliger Chef von Mercedes-Benz, war zum Vorstandsvorsitzenden der Metro AG ernannt worden und gleichzeitig Vorsitzender des Ost-Ausschusses. Er rief wiederholt zu einem stufenweisen Ausstieg aus den Sanktionen auf. Diese Position blieb auch bestehen, nachdem er den Vorsitz an Wolfgang Büchele vom Industriegasunternehmen Linde übergeben hatte. Viele aus der deutschen Unternehmergemeinschaft machten aufgrund der Sanktionen direkte Verluste, aber die Bundesregierung, die bei diesem Thema tief gespalten war, überwachte die Einhaltung der Sanktionen nicht so engmaschig, wie sie gesollt hätte.

Während Gabriels Zeit als Wirtschaftsminister stieg die Abhängigkeit Deutschlands von russischem Gas rapide an: Der russische Anteil an Gasimporten lag 2012 bei 34,6 Prozent, stieg jedoch bis 2018 auf 54,9 Prozent an, wo er bis 2022 blieb, als die Ostsee-Pipelines zerstört wurden. Nach Vollendung der Pipeline Nord Stream 1 2012 gingen Deutschland und Russland zum Bau der Nord Stream 2 über, aber die Kontroversen rund um das Projekt nahmen zu. Gabriel traf sich häufig mit Lobbyisten, von denen viele aus dem ehemaligen Schröder'-

schen Dunstkreis kamen. Er verteidigte das Projekt vehement und beharrte darauf, dass Russland ein zuverlässiger Erdgaspartner sei. Interessanterweise trafen sich die Leute aus dem Schröder'schen Umfeld nicht mit Merkel und den Ihrigen aus dem Kanzleramt, sondern nur mit SPD-Politikern. Nachdem Steinmeier 2017 zum Bundespräsidenten gewählt worden war, wurde Gabriel zu seinem Nachfolger im Außenministerium – ein Jahr lang. Nach den Bundestagswahlen 2017, die erst zu einer Pattsituation geführt hatten, wurde eine erneute Große Koalition gebildet, und der ehemalige Justizminister Heiko Maas wurde zu Gabriels Nachfolger im Außenministerium. Er war jedoch kein Teil des Schröder-Steinmeier-Gabriel-Russlandfanclubs und wurde innerhalb seiner eigenen Partei stark für seinen Mangel an Unterstützung Russlands kritisiert, unter anderem auch von den Mitgliedern der geschäftsführenden Ausschüsse. Die Ministerpräsidenten der drei SPD-geführten Länder hielten ihm vor, er würde die Geschäftsbeziehungen zu Russland schädigen. Die ostdeutschen Länder gehörten mit zu den vehementesten Unterstützern der prorussischen Fraktion, und das trotz der Tatsache, dass die Großindustrien fast alle in den westdeutschen Ländern ansässig waren. Die ostdeutschen Politiker spielten aus historischen Gründen eine führende Rolle bei der deutsch-russischen Diplomatie – und sie wollten sie nur widerwillig aufgeben.

Ungefähr zu dieser Zeit fing Merkel an, sich sehr vorsichtig von Nord Stream zu distanzieren, und erwähnte auf ihre typisch subtile Art, dass politische Faktoren stärker mit einbezogen werden müssten. Ihre Haltung brachte Deutschland einen kleinen Schritt näher an die deutlich kritischere Haltung der EU. Das Projekt hatte für große Gegenwehr vor allem in Polen und dem Baltikum gesorgt. Ein polnischer Minister verglich es sogar mit dem Molotow-Ribbentrop-Nichtangriffspakt von

1939, der Polen zwischen dem kommunistischen Russland und Nazideutschland aufgeteilt hatte.

Der Ost-Ausschuss behielt durchweg seine starke Unterstützung bei, mit dem Argument, dass Deutschland das Gas brauche. Es gebe keine Alternative. Scholz nahm anfangs die gleiche Haltung ein, zog aber sofort nach der russischen Invasion der Ukraine seine Unterstützung für Nord Stream 2 zurück. Die deutsche prorussische Lobbymaschinerie hielt jedoch an der Unterstützung fest, auch Wochen nach Kriegsbeginn.

Der deutsche Energiemarkt war fest in russischer Hand in Gestalt des mehrheitlich in staatlichem Besitz befindlichen russischen Energiekonzerns Gazprom. So fand beispielsweise 2015 ein Aktientausch mit dem deutschen Chemiekonzern BASF statt, wodurch Gazprom die Kontrolle über den größten deutschen Gasspeicher erhielt. Das Unternehmen war jetzt nicht nur Hersteller und Pipelinebetreiber, sondern auch noch Besitzer der Gasspeicher. Das steigerte die Kontrolle des Unternehmens über den deutschen Energiemarkt immens, aber Gazprom-Preise waren niedriger als auf dem Rest des Weltmarkts, und so suggerierte der Deal zusätzliche Liefersicherheit. Das machte ihn ausreichend attraktiv. Am Ende der 2010er-Jahre war Deutschland vollständig abhängig von russischen Gasimporten.

Niemand verhalf dieser Realität so sehr ins Licht der Welt wie Schröder, vor allem nach dem Ende seines Kanzleramtes. Er hatte drei Büros: eines in Hannover, eines im schweizerischen Zug, wo die Schweizer Holding von Nord Stream saß, und eines in Berlin, wo er viel Zeit mit Lobbyarbeit verbrachte. Er handelte auf viele Arten weiterhin in seiner alten Rolle. So unternahm Schröder eine Reise in die Golfstaaten, wo er mit zwanzig Entrepreneuren im Schlepptau den König von Bahrain besuchte – wie er das auch als Kanzler getan hatte. Auch wenn er nicht länger das Amt bekleidete, so fungierte er doch weiterhin als Pate honoris causa des neomerkantilistischen Systems, als Türöffner für Exporteure. Er war vor allem bei autoritären Oberhäuptern beliebt. Er sagte in einem Interview in Bezug auf seine Karriere als Anwalt vor seinem Gang in die Politik: „Mir war klar, dass ich meine in der Politik zusätzlich erworbenen Kenntnisse nicht am Amtsgericht Hannover umsetzen kann, sondern besser in Form von Beratung an der Nahtstelle zwischen Wirtschaft und Politik."

Schröder verhalf 2007 Schalke 04 zu einem Gazprom-Sponsoring, was den Verein aus akuten finanziellen Schwierigkeiten rettete. Ein Jahr später war er dann Garant und Mediator im Streit zwischen dem Autoteilehersteller Continental und dessen größtem Aktionär Schaeffler. Beim Schweizer Ringier Verlag wurde er als Berater angestellt, womit er dem Unternehmen Zugang zu höheren Funktionären in der Kommunistischen Partei Chinas verschaffte. Er organisierte Geschäftstreffen zwischen Putin und dem Gazprom-Chef Alexej Miller. Als E.ON bei seinem Versuch, den spanischen Energielieferanten Endesa zu übernehmen, auf Widerstand stieß, wurde Schröder hinzugezogen, um ein gutes Wort bei José Zapatero einzulegen, dem spanischen Premier und Anführer der sozialistischen Partei Spaniens. Er half sogar einigen Vorgesetzten kleinerer Unternehmen – kostenlos –, wie dem Hersteller von Untertagebohrgeräten, den er durch mehrere chinesische Provinzen begleitete. Immer und immer wieder nutzte Schröder seinen Einfluss und Zugriff auf Bundespolitiker im Sinne privater Unternehmen und Industriefreunde.

Bei der Außenpolitik vorrangig die eigenen Geschäfte und Interessen im Blick zu haben, ist jetzt nicht sonderlich unüblich. Komisch daran ist jedoch, dass niemand in Deutschland wirklich einen näheren Blick auf die Vorgänge in Russland werfen wollte. Berichte politischer Hinrichtungen kursierten schon seit den frühen Nullerjahren durch die westlichen Medien, und die Vergiftung Alexander Litwinenkos in London 2006 ging eindeutig auf das Konto von Putins Sicherheitsbehörde, wie auch der Mordanschlag 2018 mit Nowitschok-Nervengas auf einen weiteren ehemaligen russischen Spion, Sergei Skripal. Auch Alexej Nawalny, der Anführer der russischen Opposition, wurde 2020 mit Nowitschok vergiftet und dann, davon gehe ich aus, vier Jahre später in einem sibirischen Gefangenenlager umgebracht. Boris Nemzow, ein weiterer Kritiker Putins, wurde 2015 in Moskau ermordet. Trotz dieser und vieler weiterer politischer Morde waren die Deutschen weiterhin davon überzeugt, dass sie mithilfe des Handels einen Wandel herbeiführen könnten. Und diese Sicht behielten sie noch Monate nach Putins Invasion der Ukraine bei.

Ein ganz typisches Beispiel der deutschen Denkweise ist ein 2010 veröffentlichter Artikel, den Guido Westerwelle, von 2009 bis 2013 Außenminister, mit Sergej Lawrow, dem russischen Außenminister, geschrieben hatte. Darin riefen sie zu einer engen Zusammenarbeit und einer „Modernisierungspartnerschaft“ zwischen Russland und Deutschland auf und bezogen sich, wie so vieles in den deutsch-russischen Beziehungen, auf die lange Geschichte der beiden Länder, griffen die imperiale Vergangenheit auf und ihren geteilten Status als Großmächte, die zusammen den europäischen Kontinent geformt hätten. Es dürfte daher nicht überraschen, dass dieses Narrativ Deutschlands Nachbarstaaten in Zentral- und Osteuropa beunruhigte, schließlich waren sie die Opfer der Verträge zwischen den Großmächten Preußen bzw. Deutschland mit der Sowjetunion bzw. Russland.

Die beiden Außenminister Deutschlands und Russlands schrieben wie folgt: „Schon jetzt trägt diese Partnerschaft erste

Früchte: Im Bereich der Energiebeziehungen, die für die Wirtschaft beider Länder von enormer Bedeutung sind, haben wir die Russisch-Deutsche Energie-Agentur (RUDEA) mit Zuständigkeiten im Bereich Energieeffizienz und innovative Energieversorgung gegründet. […] Und deutsche Unternehmen engagieren sich seit Jahren in Russland, während russische Firmen zunehmend in Deutschland investieren."

Die ganze Zeit bis zur russischen Invasion der Ukraine lebten die Deutschen in einem großen Irrglauben. Die russische Verfassung hatte Putin dazu gezwungen, einen Teil seiner Macht an seinen Premier Dmitri Medwedew abzutreten, und die zwei tauschten vier Jahre lang (2008–2012) die Rollen. Nach der Wahl verkündete Medwedew, dass er Reformen anstrebe – ganz zur Freude der Deutschen. Sie durchschauten den Putin-Medwedew-Deal nicht und glaubten weiterhin, sie könnten Russland demokratisieren. Es war unfassbar naiv.

Ebenso naiv war der Gedanke, dass die Wechselbeziehung die geopolitischen Risiken abschwächen würde. Die Bundeszentrale für politische Bildung (bpb) veröffentlichte 2006 einen Artikel, in dem ein wichtiges Missverständnis über politisches und wirtschaftliches Risiko aufgezeigt wurde. Die bpb sah einen Anstieg der Erdgasimporte um ungefähr 25 Prozent bis 2025 voraus, auf rund 105 Milliarden Kubikmeter. Die Importe aus den Niederlanden, Dänemark und Großbritannien würden sinken, während die Käufe aus Norwegen ungefähr gleich bleiben würden. Das würde zu einer Steigerung der Importe aus Russland um ungefähr zwei Drittel führen, auf rund 60 Milliarden Kubikmeter. Somit würde Russland nach 2020 55 bis 60 Prozent der deutschen Gesamtimporte von Erdgas stellen.

Der Artikel führte weiter aus, dass die Abhängigkeit kein Problem sei, denn Russland sei auch von Deutschland abhängig. Allerdings sollte sich dann rausstellen, dass Deutschland mehr von Russlands Gas abhängig war als Russland von Deutschlands Kundschaft. Es gibt in der Wirtschaft keine tatsächliche Wechselbeziehung, eine Seite ist immer in einer vergleichsweise besseren Position als die andere, ob nun gefühlt oder real.

Kurz nach Putins Rückkehr als Präsident 2012 gab er der *ARD* ein Interview, in dem er die Wechselbeziehung der beiden Länder hervorhob. Das war Musik in den Ohren der deutschen Gesprächsteilnehmer. Im Interview verkündete Putin:

> *Die Struktur des Handelsumsatzes entspricht nicht nur den Wirtschaftsmöglichkeiten Deutschlands, sondern auch den Interessen, denn der wichtigste Schwerpunkt bei Handels- und Wirtschaftsbeziehungen liegt bei der Industrieproduktion. Ich wiederhole: Dahinter stecken Zehntausende Arbeitsplätze, Einkommen von Familien in Deutschland und in Russland. Zu 40 Prozent deckt Russland den deutschen Bedarf an Erdgas, zu 30 Prozent decken wir den Erdölbedarf. Wir erweitern unsere Zusammenarbeit im hochtechnologischen Bereich, beim Flugzeugbau, beim Maschinen- und Anlagenbau, bei Nanotechnologien, bei aussichtsreichen Entwicklungen im Bereich der Physik. Das ist eine sehr vielfältige, interessante und aussichtsreiche Zusammenarbeit. Deutschland ist einer der größten Investoren für Russland: Es gibt 25 Milliarden US-Dollar akkumulierter Investitionen in Russland.*

Russlands Anteil an dieser Beziehung ist deutlich strategischer aufgestellt als Deutschlands. Putins Plan war der Aufbau einer russisch-deutschen Allianz als Gegengewicht zu den Vereinigten Staaten. Russland konnte so etwas nicht in einer Partnerschaft mit der EU erreichen. Putin arbeitete lieber mithilfe persönlicher Kontakte, die sich in der EU deutlich schwieriger aufbauen ließen.

Der deutsche Handel mit Russland wuchs seit 2015 beständig an, dem Jahr nach der russischen Invasion der Krim. Autos waren dabei die größten Exporte, gefolgt von Fabriken und Maschinen – die Sachen, in denen Deutschland so gut ist. Deutschland exportierte technische Ausrüstungen und importierte im Gegenzug Rohmaterialien aus Russland – das war der Deal. Aufgrund der Sanktionen kam es 2015 zu einem plötzlichen Handelsrückgang – von einem Gesamtvolumen von rund 70 auf rund 50 Milliarden Euro. Die Sanktionen hatten auf manche Industrien einen größeren Einfluss als auf andere. Kleine bis mittelständische Maschinenproduzenten waren von ihnen besonders betroffen, da der Export von Maschinen, die für Militärzwecke genutzt werden könnten, verboten war. Insgesamt fiel der Export von Maschinen nach Russland um 17 Prozent in der zweiten Jahreshälfte 2014 ab. Bis Juli 2015 waren sie um weitere 30 Prozent gefallen. Kleinere Firmen im Osten Deutschlands hatte dies besonders hart getroffen, da Russland oftmals ihren Hauptmarkt darstellte. Diese Sanktionen – vor allem die letzten Sanktionen als Reaktion auf die Invasion der Ukraine – spielten auch eine Rolle im Aufstieg der rechtsextremen AfD im Osten Deutschlands.

Russlands Geschichte spiegelt die Deutschlands in manchen Aspekten wider. Beide Länder haben sich selbst in manchen Bereichen stark abhängig gemacht – Russland mit Rohmaterialien, Deutschland mit Ingenieurwesen und Chemikalien. Aufgrund dessen hatten beide nicht das Bedürfnis, die Wirtschaft zu reformieren. Es gab keine strukturelle Modernisierung in Russland, weil die dortigen Eliten diese nicht wollten oder brauchten; sie konnten sich die Beute des Ressourcenhandels auch so unter den Nagel reißen und sich selbst bereichern, ohne in eine Modernisierung zu investieren. Die Arbeitsaufteilung mit deutschen Unternehmen funktionierte damit gut für sie und verhalf ihnen zu einem Druckmittel auf der internationalen Bühne. Wir sehen also, dass die Initiativen zur Modernisierung, die vielleicht zu Vorteilen wie visafreien Reisen geführt hätten, nicht fruchteten. Die Annektierung der Krim umging absichtlich solche Möglichkeiten, somit eine andere Art Politik bevorzugend, die von den deutschen Unternehmenspartnern geduldet wurde.

Donald Trump warf nach seiner Wahl zum US-amerikanischen Präsidenten Deutschland vor, aufgrund der steigenden Gasabhängigkeit und dem Bau der Ostsee-Pipeline eine Geisel Russlands zu sein. Sein Statement wurde aufgrund der deutschen Anti-Trump-Stimmung nicht ernst genommen. Jedoch hatte er in diesem Fall mal recht.

Während die Sanktionen formell weiterhin bestehen blieben, wurden sie nur schlecht überwacht, und Unternehmen schafften es, diese zu umgehen, indem sie Produktionsanlagen innerhalb Russlands bauten – statt nach Russland zu exportieren. Das ist auch der Grund, weshalb die Direktinvestitionen nach Russland 2015 und 2016 in die Höhe schossen. Investitionen waren 2013 auf einem Stand von 667 Millionen Euro, 2014 rutschten sie ins Negative ab, aber 2015 wurden ganze 1.777 Milliarden Euro in Russland investiert – der höchste Betrag seit 2010. Der Betrag war im Jahr darauf ähnlich hoch: 1.075 Milliarden Euro.

Deutsche Hersteller erhielten für den Umzug ihrer Produktionen nach Russland Subventionen und andere wirtschaftliche Unterstützung vom russischen Staat. In diesen Jahren waren deutsche Unternehmen die größten Investoren in Russland.

BMW wollte seine Anlage in Kaliningrad 2018 vollenden, in der die vollständige Pkw-Fertigung stattfinden sollte. Dafür wurden mehrere hundert Millionen Euro investiert. Continental baute eine hochaktuelle Reifenfabrik in Russland, die modernste des Unternehmens. Die Anlage wurde 2014 eröffnet und 2023 von einer russischen Investmentgruppe übernommen. Auch VW verkaufte im Frühjahr 2023 eine moderne Produktionsanlage, die sechzehn Jahre lang 120.000 Autos jährlich für den russischen Markt gebaut hatte.

Die ersten Wochen der Invasion waren geprägt von reiner Leugnung. *Politico* berichtete, dass bedeutende deutsche CEOs des Ost-Ausschusses weiterhin mithilfe diverser Netzwerke wie der Münchner Sicherheitskonferenz enge Beziehungen zu Putin und seiner Regierung hielten. Putin hielt ein jährliches Treffen mit wichtigen deutschen CEOs in seiner privaten Residenz in Sotschi am Schwarzen Meer ab. Zu den regelmäßigen Gästen zählten insbesondere Joe Kaeser, ein ehemaliger CEO von Siemens, und Wolfgang Reitzle, früher bei Linde und BMW.

Kaeser reiste zu einem Geschäftstreffen mit Putin während der Annektierung der Krim, weil er nicht wollte, dass kurzfristige Turbulenzen seine Geschäftsbeziehungen schädigten. Ein anderer deutscher Hersteller stellte nach den Sanktionen westlicher Länder sogar die selbstbewusste Vorhersage auf, dass sich das Ganze leise von allein erledigen werde.

Die deutschen Exporte nach Russland brachen 2022 um 45 Prozent ein. Das Gas floss weiter – jedoch mit ersten Unterbrechungen im Sommer. Die prorussische Industrie und die Gewerkschaften schlugen ein heftiges Rückzugsgefecht, um die russische Gasversorgung weiterhin zu gewährleisten. Sie beharrten darauf, dass russisches Gas günstiger sei und somit der deutschen Industrie und ihren Arbeitern von Vorteil.

Teile der IG Metall kritisierten die US-amerikanische und osteuropäische Opposition zu Nord Stream, weil sie dabei nur an ihre eigenen Interessen dächten, Fracking-Gas verkaufen und ihre eigenen Profite aus Gastransporten steigern wollten. Die Gewerkschaften und Arbeitgeber kämpften in dieser Zeit meistens auf derselben Seite, auch bezüglich der engen deutsch-russischen Beziehungen.

Scholz hielt sich außerhalb dieser Verkettungen. Er hatte noch im Wahlkampf im Spätsommer 2021 geleugnet, dass Deutschland von russischem Gas abhängig sei. Er schlug jedoch eine andere Tonart an, nachdem Russland im darauffolgenden Februar seine Invasion gestartet hatte. Dann argumentierte er, dass es unvorstellbar sei, dass Deutschland die Gasimporte aus Russland unterbrechen könne, weil es davon so abhängig sei. Der Vorsitzende der IG Bergbau, Chemie, Energie gab ebenso im Februar 2022 zu, dass Deutschland keine Wahl habe, als weiterhin russisches Gas einzukaufen. Fast niemand sprach in Deutschland je an, dass es von Russland derart abhängig geworden war. Trump tat es, wie wir bereits gesehen haben. Die Bundesregierung jedoch wies aktiv all jene in die Schranken, die sich für eine Befreiung von russischem Gas aussprachen.

Benjamin Moll, deutscher Makroökonom an der London School of Economics, war einer davon. Nach Kriegsbeginn arbeiteten er und einige seiner Kollegen an einem Paper über die deutsche Abhängigkeit von russischen Gas. Sie zeigten darin auf, dass die deutsche Wirtschaft zwar in eine Rezession gehen würde, wenn man alle Gasimporte stoppte, die Folgen aber lange nicht so desaströs wären wie gedacht.

Man machte sich sofort über sie lustig, selbst Scholz, der zur besten Sendezeit verkündete, dass es unverantwortlich sei, mathematische Modelle auf eine solche Situation anzuwenden; er würde sich da dann doch lieber an den Rat richtiger Geschäftsmänner halten. Diese richtigen Geschäftsmänner waren natürlich Teil des prorussischen Dunstkreises, und sie sagten ein Desaster voraus, wenn man das Gas abstellen würde. Martin

Brudermüller, Vorstandsvorsitzender der BASF, fragte die *FAS*: „Wollen wir sehenden Auges die gesamte Volkswirtschaft zerstören?“ Er prognostizierte eine der schlimmsten Rezessionen seit dem Zweiten Weltkrieg, sollten die Gasimporte eingestellt werden.

Ein Beratungsunternehmen, engagiert von einer bayerischen Industrielobbyorganisation, sagte einen Rückgang der Wirtschaftsleistung über 12,7 Prozent innerhalb von sechs Monaten voraus. Der Deutsche Gewerkschaftsbund gab eine Studie eines Ökonomen der Universität Mannheim in Auftrag, der auch von einem ähnlich starken Rückgang der Wirtschaftsleistung und einer Krise zuvor ungekannten Ausmaßes sprach. Das Deutsche Wirtschaftsinstitut prognostizierte einen Anstieg der Arbeitslosenquote um drei Millionen. Die Chemielobby initiierte eine PR-Kampagne, in der sie verkündete, dass die deutsche Wirtschaft ohne günstige Energie einen Herzinfarkt erleiden werde.

Moll und sein Team überprüften die Zahlen und verglichen ein Gedankenspiel, in dem die Gasimporte aufgekündigt würden, mit den Basiswerten ohne eine solche Aufkündigung. Sie fanden heraus, dass es die Wirtschaft tatsächlich etwas kosten würde, sich das Ganze aber in Grenzen halten und somit kein apokalyptisches Maß annehmen würde. Ihre Prognose sagte einen Rückgang um 0,5 bis drei Prozent innerhalb eines Jahres voraus. Hier ist es wichtig, sich vor Augen zu führen, dass dies unter den Werten der Rezession aufgrund der Coronapandemie liegen würde, von der sich die Wirtschaft recht schnell wieder erholt hatte. Die Zeit sollte zeigen, dass Moll recht behalten würde.

Dieser Vorfall zeigt den Einfluss der Industrie auf den politischen Diskurs auf. Von außen könnte man fast behaupten, der Kanzler würde ganz nach der Nase der BASF und anderer Industriegiganten tanzen. Das hat sich zunächst auch mit der russischen Invasion nicht geändert. Scholz setzt die Industrieinteressen an erste Stelle – der Dreh- und Angelpunkt des Neomerkantilismus. Diese gesamte Diskussion wurde am 26. September 2022 auf brutale Weise unterbrochen, als die Ostsee-Pipeline plötzlich Druck verlor – wie sich herausstellte, aufgrund einer Sabotageaktion. Die Täter sind bislang noch nicht abschließend identifiziert. Mehrere deutsche Nachrichtenmedien berichteten, dass die Untersuchung der Staatsanwaltschaft sich auf eine ukrainische Kommandotruppe konzentriere. Der US-amerikanische Journalist Seymour Hersch berichtete wiederum, dass es das Ergebnis einer nichtautorisierten CIA-Operation sei. Andere gingen von einer russischen False-Flag-Operation aus. Bis zur Pipelinesabotage waren die Gaspipelines noch das letzte Band gewesen, das Deutschland mit Russland verband. Diese Illusion zerbrach zusammen mit den Pipelines.

Psychologen sprechen von fünf Phasen der Trauer, von denen die erste Leugnen sei, gefolgt von Wut. Die Leugnungsphase hielt in unserem Fall eine lange Zeit an, die Wut war brutal. Alle prorussischen Politiker fielen in Ungnade – und niemand so sehr wie Schröder. Steinmeier trug mindestens genauso viel Schuld wie Schröder, blieb aber aufgrund seines Bundespräsidentenamts verschont, auch weil er schnell zugab, dass er falschgelegen hatte. Dennoch stellten sowohl Steinmeier als auch Gabriel sicher, dass jegliche offiziellen Dokumente bezüglich ihres Verhaltens in den deutsch-russischen Beziehungen nicht vor 2045 veröffentlicht werden dürften. Ich gehe davon aus, dass die Historiker der Zukunft sehr viel Spaß mit dem Material haben werden. Wir waren hier Zeugen eines monumentalen kollektiven Fehlurteils einer ganzen Nation.

Dieses Fehlurteil hatte noch viel größere Folgen, als das Ausmaß Russlands als Handelspartner nahelegen würde. Deutschlands Abhängigkeit von Russland hatte einen Einfluss nicht nur auf die Energiepolitik, sondern auf die gesamte Wirtschaft. Schröders große Idee war das Erschaffen großer industrieller Exportüberschüsse, für die das Land eine Industrie brauchte, die bezüglich der Kosten wettbewerbsfähig war. Dafür wiederum brauchte Deutschland billigere und verlässlichere Energiequellen als die Konkurrenz. Das russische Gas war in mancher Hinsicht zu gut, um wahr zu sein. Der Haken war die ausgelöste Abhängigkeit.

Wenn die Wirtschaftsstrategie eines ganzen Landes auf so illusionäre Art formuliert wird, dann sollte es nicht überraschen, dass alle weiteren Illusionen auf den bestehenden aufbauen. Alle Protagonisten unserer Geschichte brauchten das russische Gas, und selbst das Bündnis 90/Die Grünen sprach sich zugunsten der gasbetriebenen Energieerzeugung aus, während es sich auf den Umschwung hin zu den erneuerbaren Energien vorbereitete. Da Deutschland weder ein besonders sonniges noch windiges Land ist, kann es nicht nur auf Wind- und Solarenergie bauen, sondern braucht Energiequellen auch in bewölkten und windstillen Zeiten. Dafür wählte es das Erdgas aus, nicht die Atomkraft, um die Schwankungen und Unterbrechungen in der Versorgung auszugleichen.

Die Kombination aus Gas und Erneuerbaren erlaubte es der Bundesregierung, sich auf den Weg jenseits der Atomkraft zu machen. Robert Habeck, der Wirtschaftsminister der Grünen während der Ampelkoalition, kämpfte seine gesamte Karriere lang für genau dieses Ziel. Er würde nicht davon abkommen, nur weil Putins Invasion seine Strategie für die Erneuerbaren, die von gasbetriebenen Kraftwerken unterstützt werden, ins Wanken brachte. Die Grünen waren aus der Antiatombewegung in den 1970er-Jahren entstanden, und in mancherlei Hinsicht stellten die Abschaltungen der letzten drei Atomkraftwerke im April 2023 – zwei in Süd-, eines in Norddeutschland – den ultimativen Sieg dar.

Nach den Sprengungen der Ostsee-Pipelines im September 2022 hätte Habeck eine Ausrede gehabt, um die Abwicklung zu verzögern – entschied sich aber dagegen. Das machte Deutschland abhängiger von Kohle, dem dreckigsten der fossilen Brennstoffe. Kohle soll bis 2030 auslaufen, aber das wird jetzt nicht mehr möglich sein. Innerhalb von zwanzig Jahren hatte sich die deutsche Energiepolitik in eine Sackgasse manövriert. Das Land hat nach wie vor Zugriff auf Gas; es hat einen Hafenterminal für Flüssigerdgas (LNG) bauen lassen, das seitdem auf Spotmärkten beschafft wird – das ist allerdings deutlich teurer als das russische Gas. Die Preise sind 2024 wieder gefallen, aber der Wettbewerbsvorteil ist weg. Die einzigen Länder mit einem solchen Vorteil in Bezug auf die Energie sind jene, die nach wie vor auf Atomkraft bauen, zufällig mit guten Wetterbedingungen gesegnet sind oder auf günstige Fossilenergien zugreifen können. Deutschland kann nichts davon vorweisen. Was mir dabei am meisten auffällt, ist die unglaubliche Leichtsinnigkeit der deutschen Energiepolitik. Erst setzen die Neomerkantilisten alles auf russisches Gas, dann die Grünen auf das Ende des Atomstroms. Als sie an die Macht kamen, machte dieser noch 14 Prozent der deutschen Elektrizität aus. Dieses Loch musste somit gestopft werden – und das Loch, das das russische Gas hinterließ.

Schröder ist heutzutage eine im Großen und Ganzen unwichtig gewordene Gestalt. Seine einstigen Freunde in der deutschen Politik haben ihn zum Großteil verlassen – wie zuvor auch schon seine Partei, die sogar ein Parteiausschlussverfahren gegen ihn anstrebte. Er ist immer noch mit Putin befreundet. Ein Journalist, der ihn in seinem Haus in Hannover besuchte, berichtete, dass alle Bilder an der Wand ihn selbst zeigen. Und dass es sogar eine Statue gebe – auch von ihm. Das hat definitiv einen Norma-Desmond-Touch: Ich bin immer noch wichtig.

Seit der Invasion der Ukraine ist der Handel mit Russland zusammengebrochen, und selbst der Ost-Ausschuss spricht sich nicht mehr für eine Versöhnung mit Putin aus. Es scheint, als sei die Beziehung zu Russland beendet … allerdings nicht ganz und auch nicht für alle. Trotz der Sanktionen gibt es nach wie vor viele Unternehmen, die Geschäfte mit Russland machen. Eines davon ist Rheinmetall, der deutsche Waffenhersteller, der zwar die Militärexporte nach der Annektierung der Krim beendete, aber zunächst weiterhin Geschäfte im Maschinensektor machte. Als das Unternehmen von einem Journalisten damit konfrontiert wurde, reagierte es wie folgt: „Es gab lediglich noch vereinzelte Aktivitäten im zivilen Automotive-Bereich und bei Bodenstartgeräten (Air Start Units). Lieferungen erfolgten stets mit behördlicher Genehmigung des Bundesamts für Wirtschaft und Ausfuhrkontrolle."

Insgesamt sind 70 Prozent der deutschen Geschäftsbeziehungen mit Russland im Vergleich zu 2022 noch aktiv. Darunter sind einige von Deutschlands einflussreichsten Unternehmen wie der Metro AG, Bayer, Bosch, Knauf Gips, Fresenius, Globus und andere. Die Metro Group gehörte 2022 zu den zehn umsatzstärksten Unternehmen in Russland und konnte ihr Geschäft während des Krieges sogar ausbauen. Das unterstreicht das „business as usual"-Motto des neomerkantilistischen Modells, trotz Krieg und gegenteiliger Geopolitik. Es wird wohl nie wieder so, wie es mal war, zumindest nicht unter Putin oder einem Nachfolger ohne starke demokratische Regierungsvollmacht. Dieser Teil der deutschen neomerkantilistischen Geschichte ist voll und ganz vorbei.

Das Erbe dieser Zeit lebt jedoch weiter. Die Produktion in den energieintensiven Industrien wie Stahl, Metall und Glas ging nach den Pipeline-Explosionen drastisch zurück. Erst im Februar 2024 gab es erste Anzeichen für eine Wende in dieser beispiellosen Krise. ThyssenKrupp hat ein Viertel seiner Kapazitäten reduziert, weil es nicht davon ausgeht, dass die weltweite Nachfrage nach Stahl das frühere Niveau je wieder erreichen wird. Der Geschäftsführer hatte einen sogar noch größeren Kapazitätsrückgang angestrebt. Jedoch sind viele andere Industrien, die deutlich weniger abhängig von der Energie sind, auch weniger davon beeinflusst.

Dennoch habe ich das Gefühl, dass sich zu viel des öffentlichen Diskurses auf die Strompreise konzentriert hat. Die Energiepolitik spielt eine große Rolle im Auf- und Abstieg des deutschen Industriemodells, aber der Anstieg der Strompreise ist nicht der Grund für dessen Abstieg. Der Stillstand der deutschen Wirtschaftsleistung fing lange vor 2020 an und ist seither nur schlimmer geworden. Die Energiekrise ist der Teil, der überproportional die alte Industrie trifft. Die Chemieproduktion ist 2023 zusammengebrochen, und BASF hat seither mehrere seiner Ammoniakproduktionsstätten in Deutschland stillgelegt.

Katherina Reiche, ehemals Chefin von Westenergie und jetzt Bundesministerin für Wirtschaft und Energie, hat angemerkt, dass der größte Faktor des gestiegenen Energiebedarfs Neukunden wie Cloud-Dienstleistungen und Internetindustrien seien, bei Letzterem geht man tatsächlich von einem gesteigerten Strombedarf in Deutschland von jährlich neun Prozent aus.

Sie glaubt, die Situation werde sich wie folgt entwickeln: „Künftig soll der Anteil erneuerbarer Energien am Strommix auf 80 Prozent steigen, da braucht man nicht viel Fantasie, um die Baustellen zu sehen. Das ist Veränderung, das kostet, und das ist auch Stress. Wir beobachten bereits eine Industrieflucht. Die Energiewende erfordert ein umsetzungsorientiertes Programmmanagement. Es ist nicht egal, wo Stahl hergestellt wird oder wo die chemische Industrie zu Hause ist. Wie fragil Wertschöpfungsketten sind, haben wir doch in den vergangenen Jahren gesehen."

Wenn etwas, das als gut angesehen wurde, auf einen Schlag als schlecht deklassiert wird, besteht ein fundamentales Problem. Noch vor nicht allzu langer Zeit wurde Deutschland gemeinhin als stabiles, gut geführtes Land kategorisiert. Das Pew Research Institute hielt 2021 fest, dass Merkels Beliebtheit in sechzehn entwickelten Wirtschaftsländern ein neues Hoch erreicht hatte. Auch die öffentliche Meinung zu Deutschland fiel positiv aus. Viele Menschen außerhalb des Landes hatten eine wohlwollende Sicht auf das Land und fanden, dass sich das Land in der Coronapandemie gut geschlagen habe. Es sollte sich jedoch herausstellen, dass dies nur eine oberflächliche Sicht auf die Dinge war – wie so oft bei Umfragen.

Es brauchte nur einige Monate, um dieses Bild vollständig umzukehren, auch wenn sich Deutschland selbst in dieser Zeit gar nicht veränderte. Die enge Beziehung zu Russland dauerte nun schon mehr als 50 Jahre lang an, verwandelte sich aber in den Merkel-Jahren zu einer toxischen Abhängigkeit: Nicht nachhaltig wurde zu unhaltbar.

Merkel verließ ihr politisches Amt auf ihrem Höhepunkt, aber ihr Erbe liegt in Scherben. Viele misstrauen Deutschland nun, und das Vertrauen der NATO-Länder in Deutschland ist laut einer Studie des German Marshall Fund und der Bertelsmann Stiftung in allen Ländern außer Großbritannien und Italien gesunken. Auch hier sollte man sich wohl nicht zu viel aus

Umfragen machen außer der Tatsache, dass sich Meinungen schnell ändern.

Die große Frage lautet nun, ob die deutsche Politik jetzt alles Mögliche dafür tun wird, den Interessen der Großindustrien zu dienen, oder ob das Land endlich einen Grad der Deindustrialisierung und der branchenspezifischen Diversifizierung wird akzeptieren können. Deutschland wird sich niemals dem Gedanken einer „kreativen Zerstörung“ hingeben, wie Joseph Schumpeter es genannt hat. Das gesamte deutsche System ist darauf ausgerichtet, dies nicht notwendig werden zu lassen. Ich werde hier nicht die Luft anhalten, auch weil der Niedergang der Industrie nicht wie ein einzelner Urknall vonstattengehen, sondern mit der Zeit voranschreiten wird. Deutschland konzentriert sich auf die Energie und deren Preise als Schlüsselfaktor für die eigene Zukunft. Sie spielen sicherlich eine Rolle, denn sie sind der größte Kostenfaktor in der Stahl- und Chemikalienherstellung. Es ergibt jedoch inzwischen schlicht keinen Sinn mehr, Chemikalien in großen Mengen in Deutschland herzustellen. Und das gilt auch für mehrere Stahlkategorien.

Die deutlich größere Bedrohung für Deutschland kommt aus der Technologieecke, wie ich im letzten Kapitel bereits dargelegt habe. Das Energiedrama macht es nur einfach noch viel schlimmer.

4. Das Chinasyndrom

Deutschland erlebte zwischen 2005 und 2020 eine Wirtschaftsrenaissance. Um aber den Grund dafür herauszufinden, müssen wir uns tiefer in den Motorraum des Neomerkantilismus begeben und uns Chinas Part an diesem Boom anschauen.

Kanzler Willy Brandt war in den 1970er-Jahren stark auf seine Ostpolitik konzentriert, deren Fokus auf dem Verhältnis zu den damaligen Staaten des Warschauer Pakts lag. Auch nach Richard Nixons Chinabesuch 1972 änderte sich das für Willy Brandt nicht. China war für Deutschland damals schlicht keine Priorität. Schon während meiner Kindheit verglich man etwas völlig Uninteressantes mit einem Sack Reis, der in China umgefallen ist. Das würden deutsche Geschäftsleute und Politiker heute nicht mehr sagen. Dennoch dauerte es eine ganze Weile, bis Deutschland überhaupt bilaterale Beziehungen zu China aufbaute – und dann von null auf übermäßige Abhängigkeit.

Als Helmut Schmidt 1974 Brandt als Kanzler ablöste, blieb die Ostpolitik bestehen, aber Schmidt hatte eine deutlich globalere Sicht auf die Dinge. Deutschland und China begannen ihre diplomatischen Beziehungen 1972, im Jahr von Nixons historischem Chinabesuch, drei Jahre später besuchte auch Schmidt als erster deutscher Kanzler China. Schmidt machte noch etwas anderes, das noch kein deutscher Kanzler vorher getan hatte: Er belas sich zur chinesischen Kultur und Geschichte. Das war seine Herangehensweise an die Diplomatie – der Versuch, sein Gegenüber in seinem historischen, politischen und wirtschaftlichen Kontext zu verstehen. Ihm wäre es aber im Traum nicht eingefallen, politische Unterdrückung oder Menschenrechtsverletzungen zu kritisieren – im Gegenteil, in späteren Jahren kritisierte er eher die Regierungen, die sich immer wieder auf Menschenrechtsprobleme versteiften. Schmidt schlug sich sogar noch nach dem Tian'anmen-Massaker von 1989 auf die Seite der chinesischen Führung. Bis zu seinem Tod im Jahr 2015 verteidigte er das, was oftmals als realistische Warte in der Außenpolitik bezeichnet wurde – die Akzeptanz der Welt, wie sie war, und die Nutzung der Außenpolitik vor allem zur Verbesserung der Handelsbeziehungen.

Schmidt war im Vergleich zu seinen Nachfolgern kein Neomerkantilist. In den 1970er-Jahren herrschten andere Probleme – Inflation, weltweite Währungsinstabilität nach dem Zusammenbruch von Bretton Woods und, zumindest in Deutschland, der Terrorismus der RAF, der sich bis 1977 noch verschärfte. Alle von Schmidts Nachfolgern schlossen sich seiner realistischen Herangehensweise an die Außenpolitik an. Gerhard Schröder rief Schmidt sogar für Ratschläge an. Die zwei hatten eine gute Beziehung zueinander.

In diesem Jahrzehnt befand sich die CDU/CSU in Berlin in der Opposition, aber dennoch formten ihre Ministerpräsidenten ganz eigene Beziehungen zu China. Die zwei wichtigsten Parteien traten in einen diplomatischen Wettbewerb ein, der bis vor Kurzem noch andauerte. Bayern unter der Führung von Franz Josef Strauß entwickelte in den 1980er-Jahren letztlich eine ganz eigene Außenpolitik in Bezug auf China. Das deutsche Außenministerium unter der Leitung Hans-Dietrich Genschers beanstandete dieses bayerische Aufplustern. Erfolglos.

Offizielle Staatsbesuche fanden in den 1980er-Jahren regelmäßiger statt, und Helmut Kohl, seit 1982 Schmidts Nachfolger, empfing auch Chinas Führungsriege in Bonn. Kohl reiste mit großen Delegationen 1984 und 1987 nach China, wo er auch sein erstes großes Gemeinschaftsprojekt in China nach fünf Jahren mühseliger Verhandlungen besiegeln konnte: VW durfte eine Fabrik in Schanghai bauen, um dort Limousinen unter der Marke Santana herzustellen. Das war ein früher Fuß in der Tür des später größten Marktes für Volkswagen.

Es war gleichzeitig auch der Anfang der „Business First"-Herangehensweise der deutschen Außenpolitik, die sich bis zu den Wahlen 2021 halten sollte. Es war der Beginn des Neomerkantilismus.

Das Tian'anmen-Massaker 1989 bezeichnete den Anfang einer Wende in der westlichen Sicht auf China. Deutsche Regierungen waren jedoch zumeist immun gegen diese Entrüstung. Schmidts prochinesische Haltung schien sich zunächst nicht länger durchsetzen zu können. Der Bundestag, wie so viele andere Parlamente, verhängte 1990 Wirtschaftssanktionen gegen China. Die schmerzhafteste Maßnahme war die Streichung der Exportkreditgarantien, die die deutsche Regierung Unternehmen über einen Versicherungsdienst namens Hermes gewährt. Diese Exportkreditgarantie war ein wichtiges Hilfsmittel im Finanzwerkzeugkasten des neomerkantilistischen Modells. Die deutsche Regierung finanzierte damit letztlich das Risiko des Landes, Unternehmen sich gänzlich auf ihre Geschäfte konzentrieren zu lassen. Diese Art Versicherung hat Nachteile, weil sie ein apolitisches Denken in Unternehmen befördert – was in den letzten Jahren zu einem großen Problem geworden ist.

Kohl und Genscher verlangten im Juni 1990 von ihren eigenen parlamentarischen Gruppen, dass diese die Exportkreditgarantie wieder öffnen sollten. Die Abgeordneten taten dies dann auch im Oktober desselben Jahres – und die Metro in Schanghai war eines der ersten Projekte, dem Deutschland so zum Bau verhalf. China wurde somit erneut zum größten

Empfänger der deutschen Entwicklungshilfe. Das Tian'anmen-Massaker war weitestgehend wieder verdrängt worden, und Schmidts Haltung setzte sich letztlich also doch durch.

Es gab in den 1990er-Jahren jedoch noch eine weitere wichtige Entwicklung: Toyota erfand eine völlig neue Art, komplexe Lieferketten zu managen – mithilfe der Just-in-time-Produktion. Dies war eine riesige Optimierungsaufgabe, mit der der effizienteste Warenfluss hergestellt werden sollte, mit minimalen Lagerkapazitäten und weniger Leerlauf bei den Arbeitern. Der Gedanke dahinter wurde zum ersten Mal 1990 in dem Buch *Die zweite Revolution in der Automobilindustrie* beschrieben.

Die Nachrichten berichteten darüber nicht ganz so viel wie über die Einführung des ersten PCs in den 1980er-Jahren oder des iPhones 2007, aber für die Hersteller war das eine ziemlich wichtige Innovation. Diese neue Methode veränderte die deutsche Produktionslandschaft so sehr wie nichts seit der Erfindung der Dampfmaschine und der Verfügbarkeit nationaler und internationaler Transportnetze. Rund dreißig Jahre lang konnte die Industrie ihre Vorteile aus der Just-in-time-Produktion ziehen. Dies war eine Produktivitätswundermaschine, die Lagerkosten, die sonst einen Großteil des Umsatzes fraßen, drastisch reduzierte. Wir reden hier von zweistelligen Prozentbeträgen.

Es veränderte auch die Beziehung zwischen den großindustriellen Unternehmen und ihren meist kleineren Zulieferern. „Wenn die Produktion an einen Zulieferer ausgelagert wird, entsteht daraus eine gegenseitige Abhängigkeit, aber auch Vorteile für beide Seiten“, schreiben Jens Südekum und seine Co-Autoren. „Größere Volumina und längerfristige Kapazitätsauslastung ermöglichen es dem Subunternehmer, Kosten einzusparen, und der Käufer kriegt eine fast vorratsfreie Herstellung in einigen strategisch wichtigen Produktionsstätten.“

Der Prozess erschuf Gewinner und Verlierer, aber insgesamt mehr Gewinner. Zumindest zu Anfang. Hier finden sich Parallelen zu den Gewinnen und Verlusten aus dem Handelsbereich: Wenn sich Länder das erste Mal für den Handel öffnen, dann erreichen sie die großen Gewinne, die ihnen in den Handelstheorien früherer Generationen versprochen worden waren. Die Probleme tauchen erst später auf, wenn die Gewinne aus der weiteren Handelsintegration geringer werden, während die Kosten der Kompensation der Verlierer unverhältnismäßig stark ansteigen. Die Just-in-time-Lieferkette sollte später ihren Endgegner während der Coronapandemie antreffen, aber vorher, in den 1990er-Jahren, waren das noch die Anfangstage – die guten Tage.

Mit der Öffnung Chinas und der neuen Produktionstechnologie entstand eine völlig neue deutsche Investitionsdimension in China. Die Hochzeit des Outsourcing stand auf der Schwelle – „Offshoring", wie die US-Amerikaner es nennen.

Im Gegensatz zu den Vereinigten Staaten waren die Erfahrungen der Deutschen damit jedoch zumeist positiv. Deutschland verlor keine Unternehmen an China in dieser Zeit, sondern schaffte es, China und andere asiatische Länder in seine eigenen Lieferketten zu integrieren. Damals war Deutschland eindeutig der Seniorpartner in der Beziehung. Die Zusammensetzung der Lieferketten, vor allem in der Autoindustrie, veränderte sich in den 1990er-Jahren. Hersteller, inspiriert vom Toyota-Modell und von der Lean-Produktion, strukturierten zur Senkung der Lagerkosten auf Outsourcing und Just-in-time-Lieferungen um. Vor allem die traditionellen Schwergewichte der deutschen Industrie zogen Vorteile aus der neuen Just-in-time-Doktrin. Die größten Nutznießer waren die Unternehmen für Industriemechanik, die Autohersteller, Stahl- und Metallproduzenten und die Chemieindustrie. Die Verlierer waren die Textilindustrie, Kleidung und Leder, sowie die Lebensmittelindustrie. Es war interessant, dass die Gewinner alle das neue Toyota-Modell nutzten, während die Verlierer weiterhin Waren horteten.

Die 1990er-Jahre waren eine Zeit des Überflusses im Westen, der den Kalten Krieg gewonnen hatte, und der Rest der Welt hatte sich politisch und wirtschaftlich mehr oder weniger eingefügt. Nach den konservativen 1980er-Jahren kam Mittelinks wieder an die Macht: Bill Clinton 1993, Tony Blair 1997 und Schröder 1998. Es war ein Jahrzehnt der großen Handelsabkommen, wie des Nordatlantik-Freihandelsabkommens zwischen den Vereinigten Staaten, Kanada und Mexiko. Das bedeutete ebenso den Anfang der Welthandelsorganisation WTO. Die schnellen Einkommensgewinne diese Zeit wurden kurzfristig durch eine Reihe von Finanzblasen verstärkt, die sich dann aber zu Finanzkrisen entwickelten – der US-amerikanische Anleihenmarkt 1994, die Finanzkrisen in Asien und Russland Ende der 1990er-Jahre, der Zusammenbruch von Long-Term Capital Management 1998 und die anschließende Dotcom-Blase, die Anfang 2000 platzen sollte.

Der Wohlstand dieser Zeit ermöglichte auch einige ernsthafte Fehlurteile zur Globalisierung. Westliche Länder, wie eben auch Deutschland, glaubten fälschlicherweise, dass China wie Osteuropa nichts lieber wolle, als sich in eine Demokratie westlicher Prägung zu verwandeln. Der Westen besaß – und besitzt noch immer – den vorherrschenden Glauben, dass alle wie wir seien und nach unseren Maßstäben leben wollten. Das traf speziell auf die Sicht auf Zentral- und Osteuropa zu, weil diese Länder nicht freiwillig, sondern zwangsweise kommunistisch waren. Tschechien, Slowakei, Ungarn, Slowenien und Kroatien waren Teil der österreich-ungarischen Monarchie gewesen, Teil der Kultur, die die Deutschen Mitteleuropa nennen. Das Baltikum bestand aus Handelsnationen, die mit den Ländern auf der anderen Seite des Meeres Handel trieben.

Abseits dieser mittel- und osteuropäischen Länder war die Demokratisierung im westlichen Stil eine sehr kleine Ausnahme auf der Welt. Wie es der Historiker Frank Dikötter in seinem Buch *China nach Mao* festhielt, kam niemand in China – und das bezieht auch Deng Xiaoping mit ein – auf die Idee, das Land zu einer westlichen Demokratie umzugestalten. Die Geschichte des liberalen chinesischen Staatschefs ist ein Mythos. Chinesische Anführer waren sich äußerst uneinig über ihre Taktiken – wie etwa darüber, ob man Werkzeuge des westlichen Kapitalismus nutzen sollte, um die Ziele der Kommunistischen Partei voranzubringen –, aber da ging es eben um Methoden, nicht um die Ziele. Deng verstand die zweite Hälfte des 20. Jahrhunderts besser als Mao, er war aber dennoch kein Gegenrevolutionär.

Nach Schröders Amtsantritt 1998 wurden die Beziehungen zu China sogar noch enger als unter Kohl. Dieser, wie auch später Merkel, war ein eher widerwilliger Neomerkantilist. Er machte, was er machen musste, war aber nie Teil des korporatistischen Kreises innerhalb der CDU. Es war eine kleine Gruppe innerhalb dieses Kreises, die 1989 versuchte, ihn während eines denkwürdigen Parteitags in Bremen vom Thron zu stoßen. Kohl überlebte das politisch, weil er besser vernetzt und besser vorbereitet war als seine Gegner, einschließlich Lothar Späth, des damaligen Ministerpräsidenten Baden-Württembergs. Schröder war im Gegensatz zu Kohl ein Turbobomerkantilist. Wie schon Schmidt vor ihm hätten ihn die Menschenrechte nicht weniger interessieren können, und so sagte er auch ganz unverblümt, dass diese in der Außenpolitik keine Rolle spielen sollten. Er besuchte China während seiner Kanzlerschaft sechsmal, immer mit großen Geschäftsdelegationen im Schlepptau. Er sprach sich zudem in internationalen Foren regelmäßig für China aus.

Angela Merkels Stil war anders. Sie würde definitiv die Menschenrechte nicht so grob ablehnen wie Schröder, aber sie legte auch keinen Schwerpunkt darauf. Ihre Zeit im Amt fiel mit Chinas unaufhaltsamem Wandel zusammen. Und das war auch die Zeit, in der der deutsche Neomerkantilismus so sehr wie noch nie an Fahrt aufnahm. Das wichtigste Kriterium der deutsch-chinesischen Beziehung war die Interaktion zwischen der politischen und der geschäftlichen Welt – und mittendrin standen die Lobbyisten, unter ihnen viele ehemalige Politiker.

Karl-Theodor zu Guttenberg war ein aufsteigender Stern in der CSU gewesen, bevor er aufgrund der Plagiate in seiner Doktorarbeit gezwungen wurde, sein politisches Amt niederzulegen. Das ist ein sehr deutscher Skandal, da viele deutsche Politiker dubios errungene Doktortitel tragen, meist aus Prestigegründen, vor allem in Fachbereichen der Politik, internationalen Beziehungen oder internationalem Recht. Ein Doktortitel wurde für eine Karriere in der Politik immer als hilfreich angesehen, und viele Politiker wie Guttenberg verfolgten dieses Ziel in Teilzeit. Nur selten wollten sie damit zum kollektiven Wissen beitragen. Infolge des Skandals wurde von Guttenberg 2011 aus dem Amt und aus der politischen Landschaft getrieben und erfand sich danach als Lobbyist neu. Einer seiner späteren Kunden war Wirecard – eine in der Hölle gestiftete Ehe. Wie von Guttenberg war auch Wirecard einst ein aufsteigender Stern gewesen. Das deutsche Fintech-Unternehmen war ein seltenes Beispiel eines Newcomers, der es in den DAX-Aktienindex schaffte, in dem sich sonst nur alte Industrieriesen befinden. Wirecard hat Bezahlsysteme verkauft. Im Juni 2020 verkündete es, dass zwei Milliarden Euro der Kundengelder verschwunden seien – zusammen mit dem Geschäftsführer. Das war der spektakulärste Fall von Unternehmensbetrug im Deutschland der Neuzeit – die deutsche Version von Enron.

Noch ein Jahr zuvor hatte von Guttenberg zugunsten seines zwielichtigen Kunden interveniert– und zwar direkt über Merkel. Die folgende Passage, die auf der Webseite FragDen-Staat veröffentlicht wurde, ist das Ergebnis einer Anfrage nach dem Informationsfreiheitsgesetz: Eine Zustimmung der chinesischen Führung zu einem Kauf chinesischer Unternehmen durch Wirecard sei ein

> „‚wichtiger Impulsgeber für die weitere Vertiefung der deutsch-chinesischen Finanz- und Wirtschaftsbeziehungen.' Fünf Tage später meldete [Merkels wirtschaftspolitischer Berater Lars-Hendrik] Röller Vollzug an Guttenberg: ‚Thema ist durch die Chefin [geschwärzt] angesprochen worden. Bitte halten Sie mich auf dem Laufenden. Ich werde das auch weiter flankieren.'"

Die 2010er-Jahre waren ein Jahrzehnt der prochinesischen Lobbyisten, und ein weiterer bekannter Kopf darunter war der ehemalige SPD-Parteivorsitzende und Verteidigungsminister Rudolf Scharping. Man fand heraus, dass er von einem PR-Unternehmen Geld für eine Präsentation im Namen eines Rüstungsunternehmens erhalten hatte. Da Scharping nie so richtig aufklären konnte, ob diese Zahlungen während seiner Zeit als Verteidigungsminister geflossen waren, brachte ihn dieser Skandal um den Posten, und er wurde fortan zum reinen Chinalobbyisten. Er gründete eine Unternehmensberatung, mit der er deutschen Unternehmen beim Markteintritt in China half und hilft – und auch chinesischen Firmen in Deutschland. Er arbeitet nun aufgrund seiner Kontakte und Beziehungen zu Politikern in beiden Ländern als politischer Türöffner. Als Scharping einmal zu den chinesischen Menschenrechtsverletzungen gegen die Uiguren befragt wurde, erwiderte er: „Alle

Kanzler, alle Bundesregierungen seit Helmut Schmidt haben das getan. Wir müssen raus aus der angeblichen Logik von Sanktionen, hin zu einer weitsichtigeren Politik mit praktischen Ergebnissen."

Lange Zeit waren seine prochinesischen Ansichten äußerst massenkompatibel. Selbst als die Regierung unter Scholz anfing, eine einschränkendere Politik gegenüber China an den Tag zu legen, propagierte Scharping weiterhin die enge Beziehung zu China, bei Themen wie den Lieferketten und Geschäftsbeziehungen bis hin zum Klimawandel. Scharping geht sogar noch weiter, als nur für eine aus seiner Sicht realistische Außenpolitik einzustehen: Er ist auch vehement gegen den Gedanken des sogenannten De-Risking. Hier ist spannend zu beobachten, dass China selbst der größte Risikoreduzierer ist. Der Rest ist der Welt ist weitaus abhängiger von China, als China es vom Rest der Welt ist. Die Lieferkettensicherheit war schon immer das Wichtigste für Staatspräsident Xi Jinping. Einer der Gründe, weshalb die Deutschen geschäftlich immer so gut mit den Chinesen auskamen, war ihr gemeinsamer industrieller Merkantilismus. Jedoch waren Deutsche wie Scharping weitaus mehr auf das Geschäft fokussiert, während ihre chinesischen Gegenüber immer das große Ganze im Blick behielten.

Ein Mangel an geopolitischem Denken ist ein weitverbreitetes Charakteristikum der deutschen politischen Elite, weil sie alle möglichen politischen Risiken externalisieren. Exporte sind von der Hermes-Warenkreditversicherung der Regierung vollständig abgedeckt, und die NATO kümmert sich um alles andere. Wozu die Mühe? Solange die Regierung weiterhin dabei hilft, den Weg für lukrative Geschäfte freizumachen, ist doch alles gut.

Von Guttenberg und Scharping sind nur die Spitze des Eisbergs. Der *Tagesspiegel* enthüllte ein ganzes Netzwerk an deutschen Chinalobbyisten. Ein weiteres berühmtes Beispiel ist der CSU-Politiker und ehemalige Innenminister Hans-Peter Friedrich. Er war in zwei Verbänden aktiv, die weiterhin enge Beziehungen zu China und seinen Unternehmen pflegen: dem China-Brücke e. V. und dem Committee on German-Chinese Relations. Er gab Letzteres jedoch erst an, nachdem er den Posten dort nicht mehr innehatte. Seinen Vorsitz beim China-Brücke e. V. musste Friedrich im Lobbyregister des Bundestages anmelden. Schröders Entscheidung, unmittelbar nach Amtsende für Wladimir Putin und das Nord-Stream-2-Konsortium zu arbeiten, war nicht so außergewöhnlich, denn es war und ist weiterhin normal für hochrangigere Regierungsminister, nach dem Ende ihrer politischen Karriere zu Lobbyisten zu werden.

Was aber ist mit Olaf Scholz? Wie wir bereits gesehen haben, war Scholz kein Mitglied des putinfreundlichen Kollektivs wie ein Großteil der Führungsriege seiner SPD. Er war jedoch im „Chinaclub" – und das mitten im Getümmel.

Die Chinesen züchteten sich Scholz schon früh heran. Als Oberbürgermeister und somit Ministerpräsident Hamburgs machte er, ähnlich wie die anderen Ministerpräsidenten der großen Bundesländer, auch Reisen nach China, wohin er örtliche Geschäftsmänner mitnahm – das ging kurz nach seiner Wahl mit der ersten Reise nach Beijing und Schanghai schon los. Die Chinesen schenkten Scholz weitaus mehr Aufmerksamkeit, als es für einen Bürgermeister eines kleinen Stadtstaates sonst normal gewesen wäre: Scholz traf den Vizepräsidenten, den Vizeaußenminister sowie auch den Vorsitzenden des Internationalen Verbindungsbüros der Kommunistischen Partei. Ein Journalist vertrat damals schon die Meinung, dass die Chinesen Scholz wohl als potenziellen zukünftigen Kanzler ansähen. China ist dafür bekannt, dass es gut darin ist, Beziehungen zu

Regionalpolitikern aufzubauen, die ihre Interessen voranbringen können.

In der Ampelkoalition führte Scholz eine Regierung, bestehend aus zumeist chinaskeptischen Politikern, an, allen voran den Grünen. Ein Konfliktherd. Die ranghöchsten Grünen in der Regierung – Wirtschaftsminister Robert Habeck und Außenministerin Annalena Baerbock – gehören zu den kritischen Hardlinern, die China mit Argusaugen beobachten. So wollte Habeck die chinesische Investition in einen Containerterminal im Hamburger Hafen blockieren, gegen Scholz' vehementes Eintreten für den Verkauf. Letzterer gewann den Konflikt, aber mit dem Kompromiss, dass die Investition unter 25 Prozent bleiben müsse.

Jedoch war der (außen-)politische Wechsel bereits in vollem Gange. Baerbock verkündete in einem Brief an die Botschafter, dass die Zeit des „Business First" in der deutschen Politik nun zu Ende sei. Später bezeichnete sie Xi sogar als Diktator. Das war das erste Mal, zumindest soweit ich mich entsinnen kann, dass ranghohe Minister der deutschen Regierung der Industrielobby direkt widersprachen und entgegentraten.

Ich stimme mit Baerbock überein, dass die Außenpolitik nicht reinen Geschäftsinteressen unterjocht werden sollte; ich glaube aber auch, dass sie zu weit gegangen ist, als sie einen Anführer eines anderen Landes persönlich angegriffen hat. In der Diplomatie ist es wichtig, dass die Kanäle offen bleiben und dass man sich nicht zu Beschimpfungen hinreißen lässt. Sie hatte aber im Grunde recht. Das deutsche Modell stellte bis dato eine Leugnung der Geopolitik dar – im Zeitalter der Geopolitik.

Scholz selbst gab dem Ganzen einen Namen: Zeitenwende. Es ist das einzig Erinnernswerte, was er zustande gebracht hat. Damit bezog er sich darauf, dass Deutschland nicht länger ein geopolitischer Zaungast sein dürfe, der mit allen Geschäfte mache, sondern dass es zum festen Anker im westlichen Bündnis werden müsse – eine Wende weg von Russland und China in der deutschen Diplomatie. Es dauerte jedoch nicht lange, bis Scholz eine Kehrtwende von seiner Kehrtwende machte: So kehrte er im April 2024 wieder zu seiner einstigen unkritischen chinapositiven Haltung zurück. Scholz wollte unbedingt die Zusammenarbeit mit China verbessern und nutzte dazu sogar die Gelegenheit, die Zollpläne der Europäischen Kommission für chinesische E-Autos zu kritisieren. Scholz sagte, es gehe ihm um selbstbewusste Wettbewerbsgleichheit statt protektionistische Motive, wie er es formulierte. Es ist selten und erstaunlich, dass ein europäischer Regierungschef die Politik der EU während einer Auslandsreise kritisiert. Hier wird jedoch deutlich, dass Scholz mit den chinaskeptischen Haltungen des Westens, allen voran der Vereinigten Staaten, bricht. Nach all den geopolitischen Umwälzungen dieses Jahrzehnts gab es zumindest bei Scholz ein deutliches Begehren nach einer Rückkehr zu den guten alten Zeiten.

Die Zeiten jedoch haben sich geändert. China ist nicht mehr dasselbe Land, das es mal war, als Scholz für seinen ersten Staatsbesuch hingeflogen ist. Heutzutage sitzen die Chinesen in dieser Beziehung am längeren Hebel. Ganz im Sinne der neomerkantilistischen Tradition war Scholz immer mit Geschäftsmännern im Schlepptau in China. So nahm er zwölf Unternehmer mit in sein Flugzeug, als er 2012 als Oberbürgermeister Hamburgs hinflog – jedoch standen keine Geschäftsmänner Schlange, um ihm später als Kanzler Gesellschaft zu leisten. Merkel zog ein paar mehr Mitglieder der Geschäftswelt an, als sie nach China reiste. Eine Anfrage nach dem Informationsfreiheitsgesetz legte offen, dass sie 2015 von achtzehn Geschäftsmännern auf ihrer Reise begleitetet worden war. Die Notwendigkeit solcher

Anfragen qua Gesetz sind typisch für den Neomerkantilismus. Die deutsche Regierung gibt ungern freiwillig solche Informationen preis, die ein System der antiquierten Vetternwirtschaft nahelegen. Merkel hilft mit Geschäftskontakten, Unternehmen helfen ihr. Im Neomerkantilismus treffen sich Politik und Geschäftemacherei hinter geschlossenen Türen, in Räumen, die man früher als verqualmt bezeichnete. Das ist genau die Art Geheimnistuerei, die auch schon die deutsch-russischen Beziehungen kennzeichnete. Nach Putins Invasion der Ukraine weigerten sich Frank-Walter Steinmeier und Sigmar Gabriel, ihre Notizen der vergangenen Jahren zu veröffentlichen, mit dem Argument, dass diese nicht von öffentlichem Interesse seien.

Jenseits der Kanzler und Lobbyisten gibt es eine ganze Tourismusindustrie rund um diplomatische Beziehungen, und das auf allen Ebenen: Staatssekretäre reisen mit einigen wenigen Geschäftsmännern im Schlepptau nach China, ebenso wie Bürgermeister und Ministerpräsidenten. Heutzutage haben alle Bundesländer ihre eigenen Chinakonzerne: NRW Global Business, Baden-Württemberg International (Gesellschaft für internationale wirtschaftliche und wissenschaftliche Zusammenarbeit mbH), Wirtschaftsförderung Brandenburg und, mein Favorit, Bayern International, das nur so klingt wie ein Fußballverein. Wenn NRW ein eigenes Mitglied der EU wäre, wäre es wohl ein mittelgroßes Land – dementsprechend groß ist also auch NRW Global Business. Es lockte Unternehmen 2010 mit der folgenden Nachricht:

> „Die Delegation wird begleitet von Vertretern des nordrhein-westfälischen Wirtschaftsministeriums und erhält dadurch einen besonderen Stellenwert. Die bereits häufig erprobte ‚Türöffnerfunktion' politischer Begleitung wird auch in China das ihrige zum Erfolg der Reise beitragen.

> Die langjährigen politischen Kontakte zwischen Nordrhein-Westfalen und dem Reich der Mitte kommen so auch den Unternehmen zugute und erleichtern ihnen den Einstieg in den chinesischen Markt."

Wilfried Kretschmann, Ministerpräsident Baden-Württembergs, stellte mit seiner Reise 2015 nach China einen Rekord auf: Er hatte eine Delegation von 120 Geschäftsleuten mit dabei. An dieser Stelle ist vielleicht interessant zu erfahren, dass seine Delegation damit deutlich größer war als jene Merkels im selben Monat – ganz zu schweigen von den zwölf traurigen Gestalten, die Scholz 2022 begleiteten. Kretschmann nahm auch fünf Minister mit, und gemeinsam besuchten sie das chinesische Taicang, wo 230 Unternehmen seines Bundeslands ihren Sitz haben.

Alle Bundesländer machen da mit, ob nun rechts- oder links geführt. Kretschmann ist immerhin ein Grüner. Auch der niedersächsische Wirtschaftsminister reiste viermal nach China, jedes Mal mit großen Geschäftsdelegationen von bis zu 30 Leuten, inklusive einem Besuch bei Huawei 2017. Jedes Jahr bieten das bayerische Wirtschaftsministerium und Bayern International fünfzehn bis zwanzig Delegationsreisen hin zu neuen und vielversprechenden Märkten an. Der Fokus liegt hier auf den Interessen bayerischer Unternehmen und deren Exportzielen. Bayern International kümmert sich um die gesamte Logistik rund um die Reisen.

Die deutsche Wirtschaftspolitik spiegelt sich auf Bundes- und Landesebene, denn beide sehen Exporte und eine starke Industrie als vorrangiges Ziel an. Das wiederum ermöglicht es Unternehmen, sich auf verschiedene Fördersysteme zu stützen. Diese duale Struktur erschafft zudem eine Wettbewerbsdynamik zwischen den Ländern, was wiederum der Industrie zugutekommt. In der Folge hat Deutschland siebzehn individuelle Beziehungen zu China: eine auf Bundes- und sechzehn auf Landesebene.

Die 2010er-Jahre waren die Hochzeit der deutsch-chinesischen Beziehungen, aber auch die Zeit, in der sich erste Probleme zeigten. Zu Beginn des Jahrzehnts wählte China die Stadt Duisburg, ja nur ein paar Kilometer westlich von meiner Heimatstadt, als Knotenpunkt ihres Projektes „Neue Seidenstraße", eines riesigen Netzwerks aus Straßen und Schienen, um den Osten und Westen Eurasiens miteinander zu verbinden. Die Entscheidung fiel auf Duisburg, weil der Duisburger Hafen der größte Binnenhafen der Welt ist. Der erste Zug der China Railway Express Co. erreichte Duisburg aus Chongqing in Südwestchina im Jahr 2011 – via Russland und Weißrussland. Im Laufe der Jahren sollten Tausende mehr folgen. Einer davon hatte 2014 sogar Staatspräsident Xi Jinping für seinen Staatsbesuch in Deutschland an Bord. Das dürfte wohl der Höhepunkt der bilateralen Beziehung gewesen sein.

China investierte stark in Duisburg. COSCO erwarb einen Anteil am Duisburger Hafen. Eine Reihe chinesischer Unternehmen ließ sich in der Stadt nieder, zumeist kleinere Händler – die klassischen Nudelsuppenexporteure. Was den Duisburgern jedoch am meisten auffiel: Die Chinesen redeten nie mit ihnen, denn die Gemeinschaft blieb unter sich. Die Deutschen und Chinesen hatten eigentlich zusammen ein großes Geschäftszentrum bauen wollen, aber die Pläne wurden verworfen, als China das Interesse daran verlor. Das Projekt lief zu Beginn recht gut, war aber nicht so erfolgreich, wie beide Seite gehofft hatten. Dann kam erst die Pandemie, gefolgt vom Krieg in der Ukraine. Sanktionen gegen Russland und Weißrussland bedeuteten auch, dass der Verkehr auf den Gleisen versicherungstechnisch zu teuer geworden war. Das Projekt der Neuen

Seidenstraße hatte eigentlich die chinesische Version der Globalisierung werden sollen, denn das Land war und ist immer noch stark abhängig von Gleisinfrastrukturen. Italien war Chinas größter Fang, aber Italien stieg gegen Ende 2023 aus dem Projekt aus. Die Duisburg-Verbindung war das Einzige, was Deutschland hier erreichte. Heutzutage kann dieser Abschnitt als symbolisch für die Lücke zwischen den Erwartungen Chinas und vor allem Deutschlands und dem, was tatsächlich passierte, angesehen werden. Das Leben kam dazwischen.

Und ein solches Ereignis im Leben war die Pandemie. Sie richtete verheerende Schäden bei der Just-in-time-Lieferkette an – so sehr sogar, dass deutsche Unternehmen wieder begannen, Teile ihrer Produktion nach Deutschland rückzuverlagern. Ein Kleidungseinzelhändler eröffnete sogar eine Jeansfabrik hierzulande. Die europäische Textilproduktion war eines der ersten Opfer der Globalisierung und der Just-in-time-Produktion gewesen. Die Pandemie brachte die Branche zurück, zumindest kurzfristig. Der wirtschaftlich schädlichste Lieferkettenschock fand bei den Halbleitern statt. Autohersteller bekamen partout keine mehr geliefert, was zu einem Wechsel in der EU-Politik führte – weg von der Lieferkettenoptimierung hin zur Lieferkettensicherheit. Die deutsche Regierung gab Milliarden an Subventionen für Halbleiterfabriken in Europa aus. Das De-Risking war jetzt der letzte Schrei.

Russlands Invasion der Ukraine brachte weitere Disruptionen in den Lieferketten, auch jenseits von Öl und Gas. Die deutsche Produktion war stark abhängig von Rohstoffen aus Russland, etwa von Palladium. Russland ist der weltweit größte Produzent dieses Metalls, das von entscheidender Bedeutung für die Herstellung von Brennstoffzellen ist.

Die US-amerikanischen Sanktionen für China – angefangen mit Huawei unter Präsident Donald Trump und gefolgt von

Joe Bidens Exportverbot von Hochleistungshalbleitern nach China – hatten auch große Auswirkungen auf die Beziehung zwischen Europa und China. Das niederländische Unternehmen ASML, das auf die Produktion von Lithografiegeräten spezialisiert ist, mit denen man Pfade auf Schaltplatten ätzen kann, musste seine Verkäufe an China unterbrechen. Neben SAP und Schneider in Frankreich ist es eines der drei europäischen Techunternehmen in den Top 50 der Welt. Europäische Regierungen mussten ihren 5G-Ausbau unterbrechen, weil dieser stark von Huawei-Ausstattung abhängig war. Die deutschen Telekommunikationsbetreiber waren dabei noch abhängiger von Huawei als andere. Daher war die deutsche Regierung hin- und hergerissen zwischen ihrer gewohnt kommerziellen Beziehung zu China und den Sicherheitsbedenken, die es gezwungenermaßen ernst nehmen musste. Dies war für viele in Deutschland eine neue und verwirrende Erfahrung – die Geopolitik hatte sich eingemischt.

Allerdings kam nichts davon überraschend. Eine Studie der Universität Köln hatte 2011 vor den Risiken der weltweiten Lieferkettenabhängigkeit gewarnt. Dafür hatte es das Beispiel des atomaren Unfalls in Fukushima 2011 herangezogen, das bereits immense Auswirkungen auf die globalen Lieferketten gehabt hatte. In Deutschland hatte es beispielsweise die Metall verarbeitende Industrie massiv behindert.

Die vielleicht größte Disruption aus deutscher Perspektive aber war es wohl, dass China sich zum systemischen Rivalen entwickelt hatte. Das war eine große Veränderung, denn China hatte als billiger Herstellungsort für Waren begonnen. China hatte die deutschen Betriebsanlagen und Maschinen gekauft, um diese Waren herzustellen. Heute ist es in manchen Bereichen viel weiter entwickelt als Deutschland, etwa bei künstlicher Intelligenz, E-Autos und einigen Umwelttechnologien wie

Batterien, Solarzellen und Wärmepumpen. China fängt zudem langsam an, sich bei den Anlagen und Maschinen zu spezialisieren, die es früher von Deutschland gekauft hatte. Die gängigste deutsche Sichtweise noch 2007 war es, dass China eine Chance, aber keine Gefahr darstelle, wie es der Vorsitzende des Asia-Pazifik-Ausschusses der Deutschen Wirtschaft ausdrückte. Und das trotz der Warnungen diverser Kommentatoren vor den Risiken einer immer größeren Offenheit Deutschlands gegenüber China.

Diese Sichtweise änderte sich, als die Chinesen den deutschen Solarmodulmarkt übernahmen und die Produktion komplett nach China verlegten. Sie vernichteten zudem die übrig gebliebenen deutschen Anbieter, indem sie den Markt mit billigen Modulen fluteten. Die Solarindustrie war kurzzeitig eine der deutschen Erfolgsgeschichten gewesen, hatte sich aber den aggressiven chinesischen Taktiken ergeben müssen. Das war der Anfang der graduellen Verschiebung der Berliner Sicht auf die Dinge und löste eine erste Reaktion der Industriepolitik von Merkels Wirtschaftsminister Peter Altmaier aus.

Die Beziehung fand nie auf Augenhöhe statt. Als deutsche Unternehmen in China investierten, wurden sie kontrolliert, sie hatten ihr technisches Know-how an die dortigen Joint-Venture-Partner übergeben müssen. Das *Manager Magazin* drückte bereits 2005 seine Bedenken darüber aus, dass viele europäische Arbeitsplätze verloren gehen würden aufgrund dieser liberalen Chinapolitik. Es zitierte dabei eine Vorhersage, laut der China einen ähnlich prominenten Platz in der weltweiten Belieferung wie Saudi-Arabien auf dem Ölmarkt einnehmen würde. Und genau das ist auch passiert.

China ist in der besonderen Situation, dass Deutschland ein Handelsdefizit gegenüber dem Land aufweist. Es ist mit einem Volumen von 192 Milliarden Euro Deutschlands größter Importeur, liegt aber bei den Exporten mit einem Gesamtwert deutscher Waren von rund 107 Milliarden Euro nur an vierter Stelle – hinter den Vereinigten Staaten, Frankreich und den Niederlanden. China scheint in dieser Handelsbeziehung die Oberhand zu haben. Deutschland ist, obwohl es mehr aus China importiert als dorthin exportiert, deutlich abhängiger von den Chinesen in Bezug auf die eigene Lieferkette.

Kleine und mittelständische Unternehmen sind besonders abhängig von chinesischen Importen und Exporten und können nur deutlich langsamer ihre Lieferketten verändern. Eine Untersuchung der DZ Bank hat gezeigt, dass 36 Prozent der deutschen KMU ihre Lieferketten als besonders abhängig von China einschätzten. Das hängt primär mit der höheren Abhängigkeit von chinesischen Großhändlern zusammen. Je kleiner das Unternehmen, desto größer die Abhängigkeit. Auch wenn Chinas Kostenvorteil längst nicht mehr so groß ist wie noch vor zwanzig Jahren, so ist er doch noch groß genug. Ein Wechsel weg von den billigen chinesischen Waren oder Zwischenprodukten würde die Kosten deutlich ansteigen lassen.

Der deutsche Handel mit China änderte sich 2022 drastisch. Exporte stiegen um nur drei, aber Importe um 34 Prozent. Es gab fünfzehn Produktgruppen, in denen der Anteil der chinesischen Importe sogar um mehr als 80 Prozent angestiegen war. Das ergibt inzwischen also 36 Produktgruppen, bei denen der Anteil der Chinesen bei 80 oder mehr Prozent liegt, und weitere 86 Produktgruppen mit über 70 Prozent.

Auch wenn Berichte immer wieder verkünden, dass die Abhängigkeit von China nicht so schlimm sei wie oftmals gedacht, so vermittelt diese Analyse doch ein etwas anderes Bild von der Wirklichkeit. Es scheint so, als würde China wichtige Engpässe deutscher Importe kontrollieren, vor allem in den Bereichen Elektronik, seltene Erden, Magnete, Batterien und Chemikalien. Wir können hier ähnliche Schlussfolgerungen ziehen wie in der Diskussion um die Wechselbeziehung zu Russland. Deutschland ist zunehmend abhängiger von China geworden, während China zunehmend unabhängiger von Deutschland wurde. Es war die strategische Politik der chinesischen Regierungen, ihre Abhängigkeit von kritischen Rohstoffen vom Rest der Welt zu verringern. Für die Deutschen stellte dies allerdings keine Priorität dar, und sie konzentrierten sich lieber auf eine Maximierung ihrer Geschäftschancen. Alles wurde im ersten Quartal 2023 noch schlimmer, als die Importe aufgrund der Probleme bei den Autoexporten um weitere zwölf Prozent sanken. Die deutschen Autohersteller quälen sich auf den chinesischen Märkten, die sie vor Kurzem noch dominiert hatten, denn China hat Deutschland und Japan als größter Autoexporteur der Welt abgelöst. Heutzutage ist Deutschland von einer ganzen Reihe von Waren aus China abhängig – 80 Prozent der Laptops und 70 Prozent der Handys werden aus China importiert. Die höchste Abhängigkeit besteht bei seltenen Erden, von denen Deutschland 98 Prozent aus China exportiert, sowie bei Photovoltaiksystemen und Solarmodulen, von denen 87 Prozent aus China kommen.

Statt jedoch die Abhängig zu verringern, rühren sich die deutschen Firmen nicht vom Fleck. Das *Handelsblatt* zitiert eine Studie des Bundesverbands Materialwirtschaft, Einkauf und Logistik e. V. damit, dass ein Rückzug aus China für den Großteil der deutschen Unternehmen nicht zur Debatte stehe. Dabei geht es gar nicht nur um die Kosten. Sie haben schlicht keine Alternativen.

Das größere Problem liegt darin, dass China früher oder später das eigene interne Ungleichgewicht ausgleichen muss, vor allem den hohen Anteil der Investitionen am BIP. Die ideale wirtschaftspolitische Reaktion wäre eine Verlagerung hin zum Konsum, aber China verlagert stattdessen seine Ressourcen hin zur Subventionierung der Produktionsexporte. Genau hier stellt es sich gegen Deutschland – und letztlich die EU als Ganzes.

Deutschland war einer der größten Nutznießer von Chinas investitionsfreudigem Geschäftsmodell. Jedoch ist diese Ära vorbei. Chinas subventionierte Exporte drängen die deutschen Wettbewerber vom Markt. Lange Zeit war das Auto wichtigstes deutsches Exportprodukt nach China, aber die deutschen Hersteller haben inzwischen große Probleme auf dem chinesischen Markt. Die Chinesen bevorzugen die chinesischen Marken. Zudem haben chinesische Haushalte und privatwirtschaftliche Unternehmen aktuell wenig Vertrauen in die Wirtschaft, dementsprechend wenig wird konsumiert und investiert. Es gibt nach wie vor einige Bereiche, in denen China von deutschen Importen abhängig ist, weil es dazu eigentlich keine Alternativen gibt. Das gilt vor allem für ingenieurwissenschaftliche Bereiche: Mess- und Kontrollinstrumente, Hightechmaschinen, Werkzeugmaschinen, einige medizinische Geräte und spezielle chemische Produkte. Es gibt zudem starke Abhängigkeiten bei Raumfahrtgeräten und speziellen Arzneimitteln.

China hat Anfang des letzten Jahrzehnts die Investitionen hochgeschraubt. So gab es 2016 einen Rekord mit 309 Übernahmen und einem Volumen von insgesamt 86 Milliarden Euro. Sechs Jahre später stürzte dieses auf vier Milliarden Euro ab. Der deutsche Anteil daran lag bei nur 290 Millionen Euro. Die Pandemie dürfte ein klarer Einflussfaktor gewesen sein, aber die sich nun verschlechternden geopolitischen Spannungen verhinderten eine Rückkehr zur Dynamik vor der Pandemie.

Ein wichtiger Meilenstein war die chinesische Übernahme des deutschen Robotikunternehmens KUKA 2016. Daraufhin läuteten bei deutschen Politikern die Alarmglocken, denn immerhin ist KUKA ein Marktführer der smarten Produktion, Stichwort Industrie 4.0. Industriepolitisch versuchte der damalige Wirtschaftsminister Sigmar Gabriel, andere deutsche Unternehmen zum Kauf zu animieren, erkundigte sich auch bei Siemens und Bosch. Sie wiesen ihn jedoch zurück. Und genau hier liegt das grundlegende deutsche Dilemma. Deutschland braucht ein wachsendes China, das deutsche Produkte kauft. Gleichzeitig darf sich China aber nicht allzu weit entwickeln und dann mit Deutschland im Wettbewerb stehen. Das jedoch passiert gerade in der Autosparte – nachdem es bereits bei den Solarmodulen und der Robotik passiert ist.

Das größte Problem dürfte jedoch sein, dass China sich gerade in den deutschen Binnenmärkten durchsetzt. Es ist das erste Land, das es schafft, die Deutschen in ihren Kerngebieten herauszufordern. Eine Studie des Instituts der deutschen Wirtschaft Köln e. V. zeigt, dass der Marktanteil chinesischer Exporte beim Maschinenbau und bei Autos an EU-Länder angestiegen ist – von 2,5 Prozent im Jahr 2000 auf 13 Prozent 2022 –, gleichzeitig aber ist der deutsche Marktanteil von 17,7 auf 15,5 Prozent gesunken.

Im Bereich der E-Autos ist die Situation sogar noch dramatischer. Der chinesische Anteil am europäischen Markt lag 2020 bei fast null, stieg aber bis 2023 auf acht Prozent an, und die Europäische Kommission schätzt, dass es noch weiter nach oben gehen wird, von bis zu 15 Prozent im Jahr 2025 ist die Rede. Daher plant sie momentan Strafzölle für chinesische Autohersteller aufgrund unfairer Subventionen. Diese Zölle sind aus deutscher Sicht ein zweischneidiges Schwert, denn die Chinesen werden zweifellos gegen europäische Hersteller auf dem chinesischen Markt reagieren – was wiederum die massiv exponierten deutschen Unternehmen am härtesten treffen wird. Zölle können Industrien schützen, aber nicht erfolg*lose* Industrien erfolg*reich* machen. Ein Handelskrieg wäre eine Katastrophe für die europäische Autoindustrie. Die Kommission hat im Wesentlichen natürlich recht damit, dass chinesische Firmen einen weitaus größeren Vorteil vonseiten ihrer Regierung genießen als europäische. Das ist der Preis, den China bezahlt, um einen Fuß im neuen Markt zu haben – einem Markt, der leichtsinnigerweise von den etablierten Unternehmen in Europa vernachlässigt wurde. Es ist aber auch nicht so, als würden die Europäer nie etwas subventionieren.

Dies wirft eine wichtige Frage auf: Wird Deutschland gerade von einem Rivalen mit einer überladenen Version des gleichen neomerkantilistischen Systems besiegt? Offensichtlich muss der Handelsüberschuss eines Landes von einer Handelsbilanz eines anderen ausgeglichen werden. Wenn das Geschäftsmodell aus dem Erzielen eines Überschusses besteht, dann braucht es dafür eben anderswo willige Komplizen, die diesen gern auffangen. Glücklicherweise hat Deutschland genau solche Komplizen: Die Vereinigten Staaten übernehmen den Großteil dieser globalen Überschüsse, und in Europa hat Großbritannien eine ähnliche Rolle gespielt. Jedoch ist die Kapazität für Handelsdefizite in den Euroländern, vor allem nach der Schuldenkrise des letzten Jahrzehnts, deutlich zurückgegangen. Zudem erschwert die geopolitische Fragmentierung Deutschland die Suche nach willigen Opfern. Wenn dann noch eine Wirtschaftssupermacht in das Spiel einsteigt, lassen sich die Ungleichgewichte deutlich schwieriger aufrechterhalten. China fährt schon länger als Teil seiner Wirtschaftsstrategie einen Handelsüberschuss ein. Das an sich stellt noch kein Problem für Deutschland dar – zumindest nicht, solange diese Überschüsse mit anderen erreicht werden. Das ändert sich jedoch immer mehr. Der deutsche Neomerkantilismus hat seinen würdigen Gegner gefunden – jetzt folgt also der Gegenschlag.

Angela Merkels letzte große außenpolitische Initiative war ein EU-China-Deal, das sogenannte Umfassende Investitionsabkommen (Comprehensive Agreement on Investment, CAI). Es war ein Sinnbild für die alte, handelsorientierte Politik, der Deutschland folgte und die sie auch auf europäischer Ebene implementieren wollte. Dieses Mal jedoch regte sich Widerstand. Deutschland wurde stark dafür kritisiert, andere EU-Länder ignoriert zu haben. Denn das ist es, was Deutschland immer macht. Unter starkem Druck der Merkel-Regierung wurde das Abkommen in der Endphase der deutschen EU-Ratspräsidentschaft durchgesetzt, dabei fühlten sich Länder wie Italien, Belgien, Polen und Spanien außen vor gelassen und ignoriert.

Die deutsche Industrie, die stark in China investiert, war besonders an diesem Abkommen interessiert, hoffend, dass dies für eine Chancengleichheit sorgen, den Markteintritt vereinfachen und mehr Stabilität für Investitionen bringen würde. Das Abkommen wurde ein Jahr nach Chinas gewalttätigem Niederschlagen der Proteste in Hongkong aufgesetzt, also während einer Zeit, in der die chinesischen Menschenrechtsverletzungen an den Uiguren und anderen Minderheiten in Xinjiang durch die europäische Presse gingen. Kritiker sahen das Abkommen als Freibrief für die sonst so verändernungsphobe Herangehensweise der deutschen Industrie. Ein weiteres Problem gab es damit, dass China keinerlei Eingeständnisse bei seiner Sklavenarbeit oder dem Investitionsschutz machte.

Die deutsche Industrie setzte sich stark für das Abkommen ein, inklusive dem Asien-Pazifik-Ausschuss der Deutschen Wirtschaft, der, ganz untypisch, öffentlich zugab, dass sich die Situation in China in Richtung einer stärkeren politischen

Kontrolle und eines Autoritarismus bewegte. Damit steckt die deutsche Industrie in einem Dilemma. Abkommen wie das CAI können diese Zustände nicht wirklich verbessern, machen Unternehmen vielleicht sogar noch abhängiger von China, ohne dass dieses irgendwelche großen Eingeständnisse dafür machen müsste. Die Alternative wäre jedoch eine Verschlechterung der Beziehungen, was wiederum Investitionen und den Marktzugang in Gefahr bringt.

Es dürfte nicht überraschen, dass die Autobranche das Abkommen als positiv für den deutschen Produktionsstandort bewertete. Der Vorsitzende des Verbands der Automobilindustrie setzte sich sogar dafür ein, dass die Ratifizierung möglichst schnell vonstattengehen sollte – wie auch die Chemieindustrie, die riesige Investitionen in China getätigt hat.

Seltsamerweise war sich Deutschland nun uneins bei diesem Thema. Kritische Stimmen wurden lauter. Bei der siebzehnten Asien-Pazifik-Konferenz der Deutschen Wirtschaft 2022 beschwerten sich die größten Chinainvestoren unter den deutschen Unternehmen – BASF, VW, Mercedes, BMW und Siemens – darüber, dass sie nicht ausreichend vom Bundesverband der Deutschen Wirtschaft repräsentiert würden, der nun eine deutlich kritischere Haltung gegenüber China zeigte. Jedoch brachte letztlich das EU-Parlament das Abkommen zum Erliegen – zumindest vorerst. China reagierte auf die EU-Sanktionen aufgrund der Verfolgung der Uiguren mit einem eigenen Sanktionsprogramm, das sich zum Teil speziell gegen eine Gruppe Europaabgeordneter richtete. Als Reaktion darauf stimmte das Europäische Parlament dafür, jegliche Diskussion über das Investitionsabkommen auszusetzen, bis die chinesischen Sanktionen aufgehoben würden.

Das ist ein akkurates Beispiel für einen besonderen Krisenherd, der die sich verändernden Gezeiten der Geopolitik verkörpert: Das Ende der Merkel-Ära fiel mit dem Beginn einer härteren Außenpolitik gegenüber China zusammen, sowohl auf Bundes- als auch auf Europaebene. Die Zurückweisung einer ihrer letzten Handlungen, des Versuchs, eine industriefreundliche Außenpolitik auf EU-Ebene durchzusetzen, ist ein starkes Zeichen für den Einfluss der Geopolitik auf das deutsche Wirtschaftsmodell.

Merkel sagte einmal, dass sie wisse, dass ihre Zeit abgelaufen wäre, wenn sie keine großen außenpolitischen Initiativen mehr würde durchsetzen können. Das war eine davon.

Das CAI-Versagen war auch eindeutig nicht im Interesse der Chinesen, die sich bei den Sanktionen gegen offen chinakritische Parlamentsmitglieder verkalkuliert hatten. Das Problem ist, dass China irrational auf öffentliche Kritik reagiert, vor allem in Bezug auf seine Menschenrechte. Wenn dann ein übersensibles China auf ein Europa trifft, das inmitten der sich verschlechternden geopolitischen Lage immer noch voller eigener Tugend ist, überrascht es nicht, dass die bilaterale Beziehung nun etwas eisig ausfällt.

Der deutsche Geschäftsbetrieb ist genauso an seiner Misere schuld wie die Regierung. Eine umfassende Absicherung gegen geopolitische Risiken hat in Deutschland zu einer weitgehend apolitischen Geschäftswelt geführt. Die Kommentare der deutschen CEOs lesen sich dermaßen naiv, dass ich sie hier eigentlich gar nicht wiedergeben möchte, denn sie fallen zumeist dem Wunschdenken anheim. Belén Garijo, die Vorsitzende der Geschäftsleitung des Pharmagiganten Merck, beispielsweise sagte laut *Handelsblatt* einmal, dass Europa sich bei Konflikten zwischen China und den Vereinigten Staaten nicht auf eine Seite schlagen, sondern Brücken zwischen den beiden bauen solle. Das würde Deutschland als Wirtschaftsstandort helfen. Für sie sei ein Loslösen von China völlig unrealistisch. Zudem dürften die Vereinigten Staaten und China nicht noch weitere Handelsbarrieren schaffen.

Wer aber soll sie aufhalten? Merck? Der Gedanke an eine Unparteilichkeit vonseiten Deutschlands zu einer Zeit, in der Europa sich so dermaßen abhängig von den Vereinigten Staaten beim Thema Verteidigung gemacht hat, ist lächerlich. Das ist symptomatisch für einen Mangel an politischem Verständnis, das in der Vergangenheit nicht nötig war, um in Unternehmen aufzusteigen. Da brauchte es nur ein Gespür dafür, wie man die Regierungen zum Zuhören bringen konnte. Und wenn man zufällig noch mit Gerhard befreundet war, hatte man im Lotto gewonnen.

Martin Brudermüller, CEO bei BASF, einem Unternehmen, das so viele wirtschaftliche Interessen in der Beziehung zu China hat wie kein anderes, ist der größte und eindeutig lauteste Chinafan unter den deutschen Industriebossen. Er hat sich schon mit überschwänglichen Vorhersagen wie dieser hervorgetan: „In der Chemie werde China bis 2030 für 50 Prozent des Weltmarktes stehen, ungefähr 75 Prozent des weltweiten Wachstums werde bis dahin in China stattfinden." Um dann im Zuge dessen die rhetorische Frage zu stellen: „Wollen und können wir uns davon verabschieden?"

Die Antwort darauf ist nicht ganz so eindeutig, wie er vielleicht denkt. Die Geopolitik wird eine Rolle in Chinas wirtschaftlicher Zukunft spielen, denn die Wachstumsraten sinken bereits. Wenn China vielleicht in Taiwan einmarschiert, dann würde dies die Zahlen gänzlich zunichtemachen. Brudermüllers Szenario beinhaltet einen weltweiten Weg zurück in die Globalisierung – nicht das realistischste aller Szenarien.

Der Wirtschaftshistoriker Adam Tooze formulierte eine treffende Definition des deutschen Problems. Das Land mache

„Industriepolitik aus der Mitte des 20. Jahrhunderts“, so sagte er in einem Interview mit der *SZ:*

> „Das ist das, was man in der Soziologie ‚ontologische Verunsicherung‘ nennt. […] Deutschland definiert sich historisch in erheblichem Ausmaß über Vorstellungen von einer produktiven nationalen Arbeit – deutsche Wertarbeit. Seit Mitte des 20. Jahrhunderts vor allem in der Industrie. Vielen Menschen leuchtet nicht ein, wie man eine Gesellschaft weiterhin aufrechterhalten soll, in der die meisten Menschen nicht ‚in der Produktion‘ arbeiten.“

Das Kiel Institut für Weltwirtschaft kritisierte die Chinapolitik der Bundesregierung dafür, dass sie weiterhin Chinas wahren Einfluss auf die globalen Lieferketten unterschätze, was eine Diversifizierung erschwere. Als Beispiel nannte es die Coltanproduktion in der Demokratischen Republik Kongo, die drei Viertel des globalen Marktanteils erreicht. Coltan (Kurzform für Columbit-Tantalit) ist ein metallisches Erz, das nach einiger Bearbeitung elektrische Ladung speichern kann. Von den neunzehn Bergbauunternehmen im Land gehören fünfzehn China – das Land hat lange vor uns über Risikodiversifizierung nachgedacht.

Als Scholz die Bedeutung Afrikas für die strategische Zukunft Deutschlands verspätet auffiel, machte er sich auf eine dreitägige Reise nach Nigeria und Ghana auf. Er kam mit keinem einzigen konkreten Deal oder Projekt zurück – nur mit einer ganzen Menge Ideen, über die man nachdenken sollte, wie ein Journalist trocken kommentierte.

Der Tonfall in der deutschen Debatte hat sich seither verändert. BASF setzt weiterhin verstärkt auf den chinesischen Markt. Das Unternehmen erzielte 2022 14 Prozent seines Umsatzes dort – verglichen mit zehn Prozent in Deutschland. China ist der weltweit größte Markt für chemische Produkte. Zudem tätigte BASF die größte Investition eines deutschen Unternehmens in China, nämlich mit einer über zehn Milliarden Euro teuren neuen Verbundanlage, die so groß sein wird wie eine ganze Stadt. Dieses Projekt wurde 2018 angekündigt, als die ersten geopolitischen Spannungen schon zu spüren waren. Brudermüllers von China abhängige Strategie wird kritisiert, auch von BASF-Investoren, die es als Risiko ansehen, sich zu sehr von China abhängig zu machen. Brudermüller, der immerwährende Chinaoptimist, gab im Februar 2023 zu, dass eine chinesische Invasion Taiwans zu einem vollständigen Geschäftsverlust führen könnte, er ist sich der Risiken also bewusst.

Brudermüllers unerschütterliches Engagement für China prägte, wie *Die Welt* berichtete, seine Art, mit interner Kritik umzugehen: BASF-Vorstandsmitglied Saori Dubourg hatte gegen die Expansion in China gestimmt und wurde zwei Jahre vor Ablauf ihres Vertrags zum Ausscheiden gezwungen. Die offizielle Erklärung lautete, dass sie das Unternehmen „im besten Einvernehmen" verlasse.

Heutzutage findet der Disput über China nicht mehr zwischen der politischen Linken auf der einen und der Geschäftswelt auf der anderen Seite (mit Unterstützung der Regierung) statt – sondern jetzt zwischen Regierungen, in Vorstandsräumen und zwischen Shareholdern. Es gibt nun auch gute geschäftliche Gründe für ein deutlich vorsichtigeres Handeln und ein Ende der Sorglosigkeit, mit der deutsche Unternehmen in der Vergangenheit an den chinesischen Markt herangegangen sind. Es bestehen deutliche Parallelen zu den russlandorientierten unternehmerischen Anstrengungen, um das deutsche Exportmodell mit allen Mitteln am Laufen zu halten, inklusive der Infrastruktur der Verbände und Interessengruppen, die dafür gegründet wurden, die Interessen der Unternehmen in China zu verteidigen und die politische Meinung hin zu einer positiven Haltung zu beeinflussen.

Dies ist keine Moralgeschichte, und ich beschwere mich nicht über Unternehmen, die Geschäftschancen wittern. Ich vermeide hier auch mit höchster Sorgfalt jegliche Diskussion darüber, ob die Außenpolitik den Fußstapfen der Realismusdiplomatie des 20. Jahrhunderts folgen sollte und, wenn ja, wie weit. Ich stehe dem Aufoktroyieren unserer Standards und Werte auf andere generell skeptisch gegenüber, aber glaube fest daran, dass die Vereinbarkeit mit internationalem Recht etwas ist, auf das wir in unserer Handlungspolitik bestehen sollten.

Das grundlegende Problem des deutschen neomerkantilistischen Systems hat damit jedoch nichts zu tun. Denn es geht hier eher um mangelnde Nachhaltigkeit: Es ist schlicht kein gutes Geschäftsmodell. Mein Argument gegen den Neomerkantilismus ist primär eines des politischen Risikomanagements. Es ist keine gute Idee, wenn man sich zu sehr auf die wirtschaftliche Prosperität der Industriellen – wie VW mit seinen veralteten Brennstoffautos oder BASF mit seinen massenproduzierten Chemikalien – stützen muss. Auch ist es keine gute Idee, zu abhängig von russischem Gas und Öl zu sein. Und es ist ganz sicherlich keine gute Idee, abhängig von China zu werden.

Leider ist jedoch genau das passiert.

5. Die Bremse lösen

Wie in allen Ländern sind sich auch die deutschen Makroökonomen über vieles uneinig, aber fast alle von ihnen sind der Meinung, dass Deutschland eine Industrienation ist und bleiben sollte. Egal, ob sie politisch eher links oder rechts, ob sie Keynesianer oder Neoklassizisten sind – fast alle unterstützen ein industriebasiertes Modell. Manche unterstützen auch den industriellen Exportüberschuss als explizites politisches Ziel. Es ist jedoch falsch, Letzteres als logische Konsequenz von Ersterem zu denken, denn es ist durchaus möglich für ein Land, einen großen Anteil Industrie zu haben und dennoch eine ausgeglichene Leistungsbilanz vorweisen zu können. Deutschland ist kein solches Land.

Der riesige und anhaltende deutsche Leistungsbilanzüberschuss, der seinen Höhepunkt bei über acht Prozent gegen Ende der 2010er-Jahre hatte, ist die herausragende Anomalie der deutschen Wirtschaftsstatistik. Es ist nichts wirklich Ungewöhnliches am Wirtschaftswachstum Deutschlands, ebenso wenig an der Beschäftigungs- oder Arbeitslosenquote. Deutschland hat schlicht eine überdurchschnittliche finanzwirtschaftliche Stellung als andere Industrienationen. Was jedoch wirklich heraussticht, ist der Leistungsbilanzüberschuss. Und dennoch kommt er in den meisten Diskussionen über die deutsche Makroökonomik fast nie vor. Nur wenige deutsche Ökonomen würden den Exportüberschuss kritisieren oder, Gott bewahre, zu einem finanzwirtschaftlichen Defizit aufrufen, um ihn zu kompensieren. Der Überschuss der Privatwirtschaft könnte von der öffentlichen Hand ausgeglichen werden, aber diese Möglichkeit besteht nur jenseits der Gedankenwelt all jener, die sich regelmäßig an deutschen Wirtschaftsdebatten beteiligen.

Je weiter man in Deutschland politisch nach links schaut, desto stärker wird die Befürwortung eines industriebasierten Wirtschaftsmodells. Als die ehemalige Linken-Politikerin Sahra Wagenknecht Anfang 2024 aus der Partei austrat und eine neue gründete, forderte sie eine Wiederaufnahme der Gaslieferungen aus Russland, weil Deutschland eine Industrienation sei. Und die industrielle Fertigung sei unser Wettbewerbsvorteil, verkündete sie. Dieser Vorteil könne nicht ohne billiges Gas erhalten bleiben.

Wenn das linke Spektrum so redet, wer braucht dann noch das rechte? Wenn man sich tief in die rechte Ecke bewegt, wird man das Gleiche hören. Die AfD hat ihre Hochburgen in den alten Industriestädten in Ostdeutschland, wo die Deindustrialisierung vor langer Zeit losgetreten wurde. Je extremer die Partei, desto mehr scheint sie der alten Industrie verhaftet zu sein. Jedoch sind das auch die großen etablierten Parteien der Mitte. Sie sind die politischen Stützen des unternehmerischen Deutschland. Die SPD unter Olaf Scholz zieht den Großteil ihrer Wählerschaft aus der Industrie – den Industriestädten im Westen. Das junge Publikum der urbanen Metropolen, das in den 1960er- und 1970er-Jahren die SPD zu wählen pflegte, ist größtenteils zum Bündnis 90/Die Grünen gewandert. CDU/CSU sind die Partei des industriellen Mittelstands – die Partei der Vororte und der Landbevölkerung.

Das Argument für ein exportorientiertes Industriemodell ist immer das Gleiche, wen auch immer man fragt: Die Industrie stellt für Deutschland einen großen Wettbewerbsvorteil dar.

„Hergestellt in Deutschland“ oder „Made in Germany“ ist das, worin die Deutschen gut sind. Warum sollte man das also nicht ausnutzen? Was sonst sollen wir denn machen? Wenn es wahr wäre, dass die Industrie ein wichtiger Faktor unseres Wettbewerbsvorteils sein würde, dann würde ich dem zustimmen. Das stimmt nur leider einfach nicht mehr.

Handel ist gleichzeitig eine Quelle des Reichtums und der Sozialstaatlichkeit, aber auch der politischen und wirtschaftlichen Abhängigkeit. Er kann zum Wohlstand beitragen, aber eben auch zur Ungleichheit. Deutschland gehört beim Thema Handel unter all den großen Ländern der Welt zu den exponiertesten. Wenn man Dienstleistungen mit einberechnet, lag die deutsche Außenhandelsquote – die Summe der Exporte und Importe als Prozentsatz der Wirtschaftsleistung – laut Weltbank 2022 bei 99 Prozent. Global liegt der Durchschnitt bei nur 57 Prozent, während die Quoten der Vereinigten Staaten und Chinas bei nur 25 respektive 38 Prozent liegen. Großbritannien, das sich gern als Freihandelsnation sieht, hat eine Quote von nur 69 Prozent, also satte dreißig Prozentpunkte unter der Deutschlands. Seit 1952 wurden in jedem Jahr mehr Waren aus Deutschland exportiert als importiert.

Vor Jahren erzählte man sich den Witz, dass die Deutschen so sehr in ihren Leistungsüberschuss verliebt seien, dass sie allen auf der Welt auch einen wünschten. Da jedoch die Leistungsbilanzen aller Länder zusammen auf null kommen müssen, geht das natürlich nicht. Wenn Länder wie Deutschland oder China übermäßig große Handelsüberschüsse auffahren, dann müssen logischerweise andere Länder diese auffangen – mithilfe ausgleichender Defizite. Mein Überschuss ist dein Defizit.

Die Zahlungsbilanz eines Landes gibt Auskunft über seine Außenhandelsposition gegenüber dem Rest der Welt. Die Leistungsbilanz konzentriert sich unter anderem auf den Warenfluss. Man kann sie demnach als erweiterte Version der Handelsbilanz ansehen. Eine Faustregel für Deutschland besagt, dass sich das Land in der Rezession befindet, wenn der Leistungsbilanzüberschuss schmilzt wie er es bereits einige Male in diesem Jahrhundert getan hat. Damit Deutschland wachsen kann, braucht es einen großen und anhaltenden Leistungsbilanzüberschuss. Anders formuliert: Deutschland ist für sein Wachstum darauf angewiesen, dass andere Länder gegenläufige Leistungsbilanzdefizite aufweisen, wie beispielsweise seit vielen Jahren die Vereinigten Staaten und Großbritannien. Hier kommt aber nun die politische Entwicklung ins Spiel: in Großbritannien der Brexit, in den Vereinigten Staaten eine parteiübergreifende Abkehr vom Freihandel, die Donald Trump wohl am deutlichsten verkörpern dürfte. Trump ist das Phänomen eines weitaus größeren Trends, aber nicht für ihn selbst verantwortlich. Auch die heutigen Demokraten sind nicht mehr dieselben wie zu Zeiten Bill Clintons. Die Weltpolitik wendet sich gegen das deutsche Modell.

Eine beliebte Ausrede, die man immer wieder von den deutschen Verteidigern des strukturellen Leistungsbilanzüberschusses hört, besagt, dass dieser das Ergebnis von privatwirtschaftlichen Entscheidungen sei, die Regierung habe damit gar nichts zu tun. Da wird dann gefragt: „Wollen Sie, dass wir die Menschen vom Export ihrer Waren abhalten? Oder sie zum Import unnötiger Sachen zwingen?"

Darauf dürfen wir nicht hereinfallen, denn die Leistungsbilanz ist das Gesamtgleichgewicht der Privatwirtschaft und der öffentlichen Hand. Und Deutschland verzeichnet nicht nur in Ersterem massive Überschüsse, sondern zeitweise auch in Letzterem. Es wäre möglich und durchaus tragfähig, dass die Regierung das Haushaltsdefizit für inländische Investitionen erhöht – beispielsweise für die digitale Infrastruktur. Dies würde das hohe Leistungsbilanzdefizit zumindest teilweise ausgleichen und das Wirtschaftswachstum in Zukunft fördern. Es gibt noch keine Wirtschaftstheorie, laut der man einen Haushalt jährlich ausgleichen müsse. Es ist also nichts falsch an Leistungsbilanzüberschüssen oder -defiziten. Es gibt keine richtigen Zahlen. Das Problem mit dem Leistungsbilanzüberschuss hier ist jedoch seine massive Größe – und seine Hartnäckigkeit.

Komischerweise wird das in den feinen Kreisen nicht diskutiert. Die populären deutschen Ökonomen – sowohl links als auch rechts – interessieren sich zumeist nicht dafür. Ich habe mal einen bekannten Ökonomen gefragt, was er denn von einer Diversifizierung von Industrie hin zu Dienstleistungen halten würde. Schließlich würde das ein wenig den Druck vom Leistungsbilanzüberschuss nehmen und die Wirtschaft wieder ausgleichen. Er dachte, das sei eine gänzlich schlechte Idee. Wir wollten schließlich nicht wie Großbritannien mit seinen riskanten Finanzinstitutionen enden. Es ist höchst aufschlussreich, wie sehr das deutsche Establishment Dienstleistungen verabscheut und wie wenig es gleichzeitig versteht, was dieser von ihnen sogenannte tertiäre Bereich alles umfasst – mehr als die angenommenen Banker und Prostituierten auf jeden Fall.

So wie es wenige Debatten unter Ökonomen über den deutschen Industriefokus gibt, sind auch die Medien mitschuldig daran, dass diese bestehenden Narrative untermauert werden. Der hohe Leistungsbilanzüberschuss wird in der deutschen Medienlandschaft gern als Erfolg dargestellt. So erfreute sich *Die Welt* regelmäßig an Berichten, dass Deutschland wieder Exportweltmeister sei – was meist ein Wettbewerb zwischen Deutschland und China war. Es führt zu absolut gar nichts, Länder auf Basis ihrer absoluten Exportgröße zu vergleichen. Die Leistungsbilanz ist da nur eine von mehreren Statistiken, wie eben auch die Position der getätigten ausländischen Direktinvestitionen im Vergleich zu anderen Ländern, die man sich als kumulativen Leistungsausgleich vorstellen kann.

Eine weitere Möglichkeit zur Bewertung eines Bilanzüberschusses ist sein Zwilling in der Kapitalbilanz. Eine Zahlungsbilanz besteht aus zwei Seiten: Leistungsbilanz und Kapitalbilanz. Sie umfasst noch viel mehr, etwa Investitionsströme, aber Leistungs- und Kapitalbilanzen spiegeln den Fluss sowie die Bezahlung von Waren und Dienstleistungen wider. Ein Überschuss in der nationalen Leistungsbilanz wird durch ein Defizit in der Kapitalbilanz ausgeglichen. Letzteres wiederum bedeutet, dass mehr gespart als investiert wurde.

Wenn Deutschland also mehr verkauft als kauft, dann heißt das, dass es ein Netto-Kapital-Exporteur ist. Im Gegensatz zu vielen Entwicklungsländern hat Deutschland keinen Staatsfonds für diese externen Überschüsse. Stattdessen reinvestieren deren Erzeuger, die Unternehmen, diese im Ausland. Das wäre auch eine großartige Entscheidung gewesen, hätten sie in Sektoren oder Technologien investiert, mit denen sie nicht vertraut sind. Das aber ist nicht passiert. Deutsche Autohersteller haben in Autofabriken investiert. Sie hätten einen Anteil ihrer riesigen Profite in Unternehmen investieren können, die E-Autos oder Akkus herstellen; wenn sie richtig klug gewesen wären, hätten sie in den öffentlichen Nahverkehr investieren können. Man kann niemandem vorwerfen, wer er ist: VW wird niemals Tesla sein. Das Unternehmen hätten aber auf Nummer sicher gehen und klug investieren können. Auch wenn man sich selbst als Technikmuffel aus der analogen Zeit bezeichnet, kann man von neuer Technologie profitieren, indem man zum stillen Investor in der digitalen Welt wird. Man sollte aber keinesfalls das Risiko verdoppeln. Das Zauberwort hier: Risikomanagement durch Diversifizierung.

Wenn wir also den deutschen Exporterfolg feiern, dann feiern wir letztlich ein wirtschaftspolitisches Ungleichgewicht. Was aber noch schlimmer ist: Wir feiern eine politische Abhängigkeit, wie ich in den vorherigen Kapiteln aufgezeigt habe. Exporterfolg ist nicht an den Charakter gekoppelt, sondern ans Wirtschaftsmodell. Wenn ein Land für das eigene Überleben auf Exporte baut, dann wird es Wladimir Putin nicht als den erkennen, der er ist, sondern als den Typen sehen, der fließend Deutsch spricht, der mit seinen Manieren noch zur alten Schule gehört, der mit der österreichischen Außenministerin bei ihrer Hochzeit tanzt. Das macht ein strukturell hoher Leistungsüberschuss mit den Menschen. Sie laden dann einen Diktator zu ihrer Hochzeit ein oder ernennen ihn zum Patenonkel ihrer Kinder, so wie Gerhard Schröder.

Immer mal wieder finden sich rechts wie links kritische Stimmen zur aktuellen Strategie. Veronika Grimm, ein Mitglied des Sachverständigenrats zur Begutachtung der gesamtwirtschaftlichen Entwicklung, brach ein Tabu, als sie 2023 verkündete, dass energieintensive Unternehmen in Deutschland keine Zukunft hätten. Es würde, über einen längeren Zeitraum betrachtet, keinen wirtschaftlichen Sinn ergeben, die Stromkosten zu subventionieren, wie es zu der Zeit diskutiert wurde.

Grimms Kommentar ist kein gängiger Standpunkt in der deutschen Debatte, nicht einmal im rechten Spektrum. Und auch keine meiner Ansichten in diesem Buch. Wenn man heutzutage in einen Raum ruft, dass man die Wettbewerbsfähigkeit der deutschen Industrie stärken müsse, wird man eine große Anzahl nickender Köpfe sehen. Wenn man jedoch vorschlägt, so wie ich hier, dass sich Deutschland auf eine nachindustrielle Zukunft vorbereiten müsse, wird man behandelt, als hätte man nur einfach keine Ahnung von der wirklichen Welt.

Der Leistungsbilanzüberschuss ist der wahrnehmbarste Teil der deutschen Wirtschaftsstatistik. Er ist der Ausdruck der deutschen Einzigartigkeit. Er beeinflusst, wie die Deutschen über Wirtschaftspolitik nachdenken, was bei Beobachtern im Ausland völliges Unverständnis hervorruft. Deutschland braucht, damit dieses einzigartige industrielle Modell funktionieren kann, eine makroökonomisch-politische Infrastruktur, die überaus gut auf diese Aufgabe ausgerichtet ist – mit einer Zentralbank, die sich einzig auf die Preisstabilität konzentriert, und einer Finanzpolitik, die im Autopilot läuft. Diese eiserne Version der makroökonomischen Stabilität sichert die Wettbewerbsfähigkeit der Industrie. Das oberste Ziel der deutschen Wirtschaftspolitik ist nicht die Wohlstandsmaximierung, sondern der Schutz des industriellen Geschäftsmodells. Leider hat die Eurozone genau dieses Modell bei der Gründung der Währungsunion geerbt.

Diese Ideologie hat einen Namen: Ordoliberalismus, eine Mischung der Laisser-faire-Ökonomien, verankert in einem starren gesetzlichen Rahmen. Er hat seine Wurzeln im Wirtschaftssystem, das Deutschland nach dem Zweiten Weltkrieg unter Ludwig Erhard, dem berühmtesten der deutschen Wirtschaftsminister, übernahm. Erhard war die politische Speerspitze einer Gruppe liberaler Ökonomen, die von den Nazis verfolgt worden waren und eine liberale Wirtschaftsordnung erschufen. Das einflussreichste Mitglied war Walter Eucken, dessen Ordoliberalismus sich stark vom Liberalismus des österreichische Ökonomen Friedrich Hayek unterschied. Dessen Ideen wurden wiederum später die Grundpfeiler der Marktliberalisierung der Vereinigten Staaten unter Ronald Reagan und in Großbritannien unter Margaret Thatcher. Der deutsche Ordoliberalismus konzentrierte sich viel mehr auf die Industrie selbst sowie auf den industriellen Wettbewerb und die Wettbewerbsfähigkeit. In diesem Sinne war es ebenso ein Wirtschafts- wie ein Justizsystem, tief verankert im Verfassungsrecht. Das war ein Rahmen, der den Industrieunternehmen gut zupasskam, die miteinander im Wettbewerb standen, aber eben keiner für disruptive Technologien, geschweige denn ein System, in dem disruptive Unternehmen hätten aufblühen können. So definierte es beispielsweise die Wettbewerbsfeindlichkeit in Bezug auf Marktanteile und widersetzte sich dem Eindringen moderner Ideen über die Wettbewerbsökonomie. Es war wie maßgeschneidert für die einzige Wirtschaftsstruktur, die Deutschland je gekannt hatte – in der Unternehmen physische Produkte herstellten und verkauften.

Erhard und seine Nachfolger vollendeten dann diesen Ordoliberalismus mit einem Sozialsystem, das Arbeitern – und den Gewerkschaften als deren offiziellen Vertreterinnen – im Gesetz verankerte Rechte garantierte. Was Deutschland von anderen Ländern unterschied, war das Recht auf Mitbestimmung. Unternehmen mussten also ab einer bestimmten Größe Betriebsräte als offizielle Vertreter akzeptieren. Die Gewerkschaften wiederum waren in den Aufsichtsräten vertreten, die die Geschäftsführer einstellten und entließen.

Das makroökonomische Gegenstück dieses Systems war eine stabilitätsorientierte Finanz- und Geldpolitik – basierend auf strikten im Gesetz verankerten Regeln. Das Gesetz über die Deutsche Bundesbank 1957 gewährte dieser Unabhängigkeit und das Mandat, nach Preisstabilität zu streben – auf Kosten aller anderen Ziele. Die Federal Reserve, die US-amerikanische Notenbank, wiederum hat ein zweifaches Mandat: Preisstabilität *und* ein hohes Beschäftigungsniveau.

Das Gegenstück zu einer stabilitätsorientierten Geldpolitik war eine stabilitätsorientierte Finanzpolitik, die auf ausgeglichene Haushalte ausgerichtet war. Die Idee dahinter war die

Verhinderung einer Schuldenanhäufung, was später durch höhere Steuern finanziert werden müsste. Das System umfasste sogenannte automatische Stabilisatoren wie die Arbeitslosenversicherung. Wenn der Konjunkturzyklus abflaut, sinken die Steuereinnahmen, während die Ausgaben für Arbeitslosigkeit steigen. Die Deutschen waren damit einverstanden, aber sie lehnten bis vor Kurzem aktive fiskalische Anreize ab. Anreize sind der deutschen Kultur fremd.

Man könnte das deutsche System als Versuch erklären, Wirtschaftspolitik mithilfe des Justizsystems zu machen. Es gab mehr Juristen als Ökonomen im Wirtschaftsministerium. Ich führte mal eine Diskussion mit einem ehemaligen Leiter der Bundeskartellbehörde, lange nachdem er in Rente gegangen war, und fragte ihn, was er von der modernen Wettbewerbswirtschaft halte. Er war Jurist von Beruf. Er erzählte mir daraufhin, dass er es sich zur Aufgabe gemacht habe, die Ökonomen draußen zu halten.

Bei der Währungsunion kollidierte dann die Kraft der europäischen Integration und der modernen Wirtschaft mit der Denkweise des deutschen Ordoliberalismus. Während der Verhandlungen über den Vertrag von Maastricht bestand Deutschland auf dem Prinzip einer unabhängigen Zentralbank mit einem ausschließlichen Mandat der Preisstabilität, das in einem noch deutlich strengeren Rechtsgrundsatz als in Deutschland verankert sein sollte. Die Unabhängigkeit der Zentralbank war in Deutschland nicht verfassungsrechtlich verankert, sondern stand in einem normalen Gesetz, das mit einer einfachen Mehrheit gekippt werden könnte. Das aber wagte nie jemand. Da die Deutschen jedoch allen anderen in Europa misstrauten, bestanden sie darauf, dass die Unabhängigkeit der Zentralbank Teil des Vertrags sein müsse – zusammen mit den Haushaltsregeln.

Dabei vermasselten sie es. Das von ihnen gewählte Haushaltsziel basierte auf damaligen Durchschnittswerten. Anfang der 1990er-Jahre betrug die durchschnittliche Schuldenquote 60 Prozent des BIP und das jährliche nominale Wachstum des BIP fünf Prozent – „nominal" bedeutet „in tatsächlichen Geldbeträgen" statt inflationsbereinigt. Wenn man fünf Prozent mit 60 Prozent multipliziert, erhält man drei Prozent: die Defizitgrenze von drei Prozent. Wenn man sich dann an ein solches maximales Defizit hält und nominal weiter um fünf Prozent wächst, sollte man seine Schuldenquote stabil halten – bei etwa 60 Prozent, also dort, wo man angefangen hat. Das ist als Richtwert völlig in Ordnung – allerdings haben sie diese Zahlen in den Vertrag aufgenommen, dabei nicht bedenkend, dass sich die Welt verändern würde.

Europäische Länder weisen kein nominales Wachstum von fünf Prozent mehr auf. Die Schuldenquoten zum BIP liegen jetzt viel höher, und viele der Länder, etwa Italien und Frankreich, werden sie nie wieder auf 60 Prozent reduzieren können. Als die deutsche Bundesregierung Mitte der 1990er-Jahre dann begriff, dass diese finanzpolitischen Ziele nicht ausreichen würden, bestand sie auf einem weiteren Gesetz, um durchzusetzen, was später als Stabilitäts- und Wachstumspakt bekannt wurde. Der Gedanke dahinter war, dass Regierungen mit einer hohen Schuldenquote Haushaltsüberschüsse erzielen sollten, um die Staatsverschuldung auf die 60-Prozent-Marke zu drücken. Bei den meisten Diskussionen darüber ging es damals um mögliche Ausnahmen, beispielsweise während einer Rezession.

Die deutsche Industrie unterstützte die Idee einer Währungsunion als Ergänzung zu einem einzelnen Markt. Die Effizienz eines großen Binnenmarkts war ihnen wichtig. Die deutsche ordoliberale Politikelite der Bundesbank, der Zentralbank und des Finanzministeriums war da viel vorsichtiger, sie grenzte fast schon an Euroskepsis.

Wir schreiben hier das Jahr 1998, am Ende von Helmut Kohls langer Regierungszeit. Der Stabilitäts- und Wachstumspakt wurde auf einem Treffen der Finanzminister in Dublin im Rahmen eines Friedensabkommens vereinbart, das von Kenneth Clarke, dem damaligen britischen Finanzminister, ausgehandelt wurde. Kohl verlor dann später in diesem Jahr die Wahl gegen Schröder. Nach sechzehn Jahren in der Opposition kehrte die SPD an die Macht zurück.

Dies war jedoch nicht mehr länger die SPD unter Helmut Schmidt, der 1979 bei einem G7-Treffen zugestimmt hatte, dass Deutschland mithilfe einer deutlichen Erhöhung des Haushaltsdefizits als globale Wirtschaftslokomotive agieren würde. Damals waren noch Keynesianer wie Schmidt am Steuer der SPD. Die Partei bog jedoch, was ihre Finanzpolitik betraf, in den 1990er-Jahren deutlich in konservative Richtung ab. Sozialdemokraten sind paranoid geworden darüber, dass sie als verschwenderisch und inkompetent in allen Geldangelegenheiten abgestempelt werden könnten – ein Erbe der politischen 1970er-Jahre-Kämpfe. Und das, obwohl die Partei einige der kompetentesten Finanzminister in der Geschichte Deutschlands stellte, wie eben Schmidt und Professor Karl Schiller Anfang der 1970er-Jahre. In jenem Jahrzehnt verfolgte die SPD wie viele Parteien links der Mitte eine keynesianische Wirtschaftspolitik. Jedoch haben die Finanzkonservativen in den 1980er-Jahren überall die Macht übernommen – ob in der Wissenschaft oder in der Politik: Dies war die Ära der konservativen Renaissance.

Der Trend der SPD hin zum Finanzkonservatismus wurde 1998 kurz unterbrochen, als Oskar Lafontaine, damals Parteivorsitzer, zu Schröders Finanzminister gewählt wurde. Er war nur wenige Monate im Amt, als er eines Tages plötzlich sowohl als Minister als auch als Vorsitzender zurücktrat. Das war einer der rätselhaftesten Tage der deutschen Politik, denn Lafontaine war damals einer der ganz Großen. Ich lernte ihn damals recht gut kennen und führte mehrere Gespräche mit ihm darüber, wie die neu erschaffene Eurozone arbeiten solle. Er war einer der selten gewordenen deutschen Keynesianer, ein Fürsprecher höherer Staatsausgaben für mehr Investitionen. Schröder wiederum war ein konservativer Finanzpolitiker, der an korporatistische Deals glaubte. Lafontaine sprach nie en détail über diese Zeit, außer um verdeutlichen, dass er mit Schröders neoliberaler Politik nicht übereinstimmte. Nach einer Kabinettssitzung, in der Schröder Lafontaines Politik offen kritisiert hatte, hatte er am 11. März 1999 seine Ämter niedergelegt. Er hatte sich nicht mit Schröder getroffen, es gab keine Pressekonferenz. Lafontaine schrieb einen Brief, in dem er einfach verkündete, dass er von all seinen politischen Ämtern – Wirtschaftsminister, Parteivorsitzender und seinem Sitz im Bundestag – zurücktreten werde, woraufhin er dann völlig von der Bildfläche verschwand. Er tauchte erst 2005 wieder auf, als Mitvorsitzender der Linken, trat aber auch aus dieser Partei später wieder aus. Er heiratete 2015 Sahra Wagenknecht, die 2023 auch bei den Linken austrat, um ihre eigene Partei, das BSW, zu gründen, eine populistisch-linke Partei mit Themen aus dem rechten Spektrum.

Nachdem Lafontaine sein Amt als Wirtschaftsminister niedergelegt hatte, übernahm Hans Eichel die Position. Der ehemalige Ministerpräsident Hessens war eine weitaus orthodoxere Wahl aus dem rechten Flügel der Partei. Ich würde ihn nicht als Vollmitglied der konservativen Finanzpolitik beschreiben. Während seiner Amtszeit brachen Deutschland und Frankreich die finanzpolitischen Regeln der EU und mussten ein

Verfahren aufgrund ihrer übermäßigen Defizite über sich ergehen lassen. Eichel erklärte, dass er ein höheres Defizit brauchte, um seine Wirtschaftsreformen bezahlen zu können, was mir als Argument immer einleuchtete. Das Heuchlerische daran war nur, dass Deutschland hier eine Flexibilität für sich beanspruchte, die sie anderen nicht gewährte.

Die Schröder-Jahre waren eine schwierige Zeit für Deutschland – die Zeit des „kranken Mannes Europas". Die Wirtschaftsleistung war katastrophal. Schröder begann 2003 mit den Reformen, aber konnte nie die Ernte dafür einfahren, denn er verlor die Wahl 2005 ganz knapp und betätigte sich dann nicht mehr in der Politik. Ich argumentierte damals, dass einer der Gründe für diese enttäuschende Wirtschaftsleistung der Beitritt zur Währungsunion zu einem überbewerteten Wechselkurs gewesen war. Die Wiedervereinigung hatte einen finanziellen Tribut gefordert, was sich jedoch nicht in den Wechselkursen innerhalb der EU widerspiegelte. Sowohl Frankreich als auch Italien hatten in den 1990er-Jahren ihre Währungen abgewertet.

Schließlich passte sich die deutsche Wirtschaft über den Arbeitsmarkt an. Schröders Reformen hatten Gewerkschaften und Arbeitgeber zu Verhandlungen moderater Lohnabschlüsse angeregt, und im Gegenzug steigerte die moderate Lohnentwicklung die Wettbewerbsfähigkeit Deutschlands in der Eurozone.

Als die Schröder-Regierung 2005 gegen die CDU verlor, bildete Angela Merkel die Große Koalition mit der SPD als Juniorpartner, der nächste Sozialdemokrat wurde Finanzminister: Peer Steinbrück, der, untypisch für einen deutschen Minister in diesem Amt, euroskeptisch war. Er torpedierte die europäischen Reaktionen auf die Finanzkrise. Sein dauerhaftes Erbe war die Schuldenbremse – wohl die schlechteste finanzpolitische Entscheidung aller Regierungen aller Zeiten. Wir sollten uns immer daran erinnern, wenn wir dieses Monster einer Schuldenregelung diskutieren, dass sie von der SPD erfunden wurde.

Sich noch immer von der Erfahrung von 2003, dem peinlichen Defizitverfahren, erholend, einigten sich CDU/CSU und SPD auf einen völlig neuen Rahmen für die Finanzpolitik auf Bundes- und Länderebene. Sie schufen 2007 eine Bundeskommission mit Vertretern der Länder und der Bundesregierung, die eine neue verfassungsrechtliche Finanzregel ausarbeiten sollte. Die endgültige Einigung über die Schuldenbremse erfolgte 2009, als Bundestag und Bundesrat mit der erforderlichen Zweidrittelmehrheit dafürstimmten.

Die Schuldenbremse ist in manchen Aspekten eine logische Fortführung des Stabilitäts- und Wachstumspakts der EU, verwandelte sich aber in Wirklichkeit in eine finanzpolitische Weltuntergangsmaschine. Der Pakt, auf den Deutschland bestanden hatte und den es später brach, wurde nie zu einem effektiven funktionierenden finanzpolitischen Rahmen. Er brachte einen gewissen „Ab morgen bin ich dann nüchtern"-Geschmack mit sich – auch dann noch, als 2005 die ersten Regeln in den ersten von mehreren Reformen des Stabilitäts- und Wachstumspakts verschärft wurden. Deutschland wollte mit seiner verfassungsrechtlichen Schuldenbremse den hochfliegenden Ambitionen des Stabilitätspakts einen ordentlichen finanzpolitischen Rahmen verpassen. An dieser Stelle muss aber betont werden, dass dies eine rein nationale Politik war, die in keinster Weise mit dem Rest der EU abgesprochen worden war: Sie hatte den Stabilitäts- und Wachstumspakt, Deutschland die Schuldenbremse.

Einer der erstaunlichsten Aspekte der Schuldenbremse war der Grad an Zustimmung, den sie erhielt. Die SPD war zu diesem Zeitpunkt unter Steinbrück als Finanzminister schon so weit nach rechts gerückt, dass selbst die goldene Regel, das Niveau der Nettoinvestitionen aufrechtzuerhalten, als finanzpolitische Verschwendung aufgefasst wurde.

Die Schuldenbremse war ein komplexes Konstrukt. Sie setzte nicht nur Ziele, wie der Vertrag von Maastricht, oder vage Bestrebungen, wie der ursprüngliche Stabilitäts- und Wachstumspakt, sondern erging sich in schmerzhaften verfahrensrechtlichen und gesetzlichen Details. Sie ist auf jeden Fall eine Folge des deutschen Ordoliberalismus, ein Versuch, die Wirtschaftspolitik mit einem ganzen Satz Regeln zu unterjochen. Dies sollte jegliche wirtschaftlichen Argumente im Keim ersticken. Die Schuldenbremse legt eine Grenze für jährliche Defizite fest: 0,35 Prozent des BIP. Dabei spielt ein konjunkturabhängiger Faktor eine Rolle: Während Rezessionen müssen Regierungen nicht sparen, wenn die Steuereinnahmen sinken, aber die Sozialkosten steigen. Sie bringt zudem ein Sparschweinchen mit sich – ein virtuelles Konto, das Über- und Unterschreitungen festhält. Wenn die Regierung in einem Jahr einen Überschuss erreicht, kann sie dieses Geld in einem anderen Jahr ausgeben. Es ist wie ein wirkliches Sparschwein, weil diese Ersparnisse erst angehäuft werden müssen. In der Praxis hat das kein einziges Mal funktioniert. Dieses Sparschweinchen sagt nur allzu gern Nein.

Die Schuldenbremse gab Regierungen und dem Parlament die Möglichkeit, Finanznotstände auszurufen, etwa während einer Pandemie oder nach einer Umweltkatastrophe. Das passierte dann auch berechtigterweise, als 2020 Covid-19 über uns hereinbrach. Die Schuldenbremse wurde vier Jahre lang ausgesetzt, wie auch der Stabilitäts- und Wachstumspakt der EU. In dieser Zeit stellten sich alle die Frage, ob dies nun das Ende dieses Instruments bedeute. Ich hörte mutige Vorhersagen, meist von Ökonomen links der Mitte, die sich sicher waren, dass sich die Deutschen niemals an ihre eigenen finanzpolitischen Ziele würden halten können. Was sie dabei übersahen, waren jedoch der rekordverdächtige Wille und die Fähigkeit Deutschlands, sich finanziell einzuschränken – auch dann, wenn es keinerlei ökonomischen Sinn ergibt.

Die Schuldenbremse galt auch für die Bundesländer, deren düstere Finanzlage einer der Hauptgründe für die Länderreformen im vorherigen Jahrzehnt gewesen war. Die Regel griff offiziell 2016 – mit einer längeren Übergangszeit für die Länder. Jedoch wurde die Schuldenbremse de facto informell bereits angewendet, kurz nachdem sie verabschiedet worden war.

Die Ökonomen Peter Bofinger und Gustav Horn (beide auf der keynesianischen Seite der deutschen politischen Debatte) argumentierten 2007, dass die deutsche Wirtschaft bereits von der Währungsunion eingeschränkt worden sei. Aufgrund der Exportabhängigkeit sei Deutschland viel anfälliger für globale Schocks als beispielsweise die USA und würde daher für eine stabile Wirtschaft auch in Krisenzeiten eine antizyklischere Finanzpolitik benötigen. Dieses Argument leuchtete mir ein.

Die zwei Ökonomen waren nicht gegen einen finanzpolitischen Rahmen. Ganz im Gegenteil. Sie bevorzugten die goldene Regel, unter der die Regierung weiterhin Geld leihen durfte, um Investitionen zu finanzieren. Die Schuldenbremse kam ohne eine goldene Regel daher – sie differenzierte nicht zwischen Ausgaben und Investitionen.

Die größte Konsequenz der Schuldenbremse wurde während der Schuldenkrise in der Eurozone ab 2009 offensichtlich, denn sie führte zu einem Abfall der Nettoinvestitionen. Wann immer Regierungen einen Sparkurs verhängten, führte dieser zu Kürzungen der Nettoinvestitionen – eine Folge der Funktionsweise von Demokratien. Ein Großteil der Staatsausgaben ist nicht beliebig Sozialtransfers oder Verteidigungsausgaben können während einer Rezession nicht ausgesetzt werden. Unterlassene Investitionen schreien nicht so laut wie Sozialhilfeempfänger oder Steuerzahler. Wenn Sparmaßnahmen auferlegt werden, leiden als Allererstes die Investitionen darunter. Als Deutschland sich also selbst Sparmaßnahmen auferlegte, zwang es im Grunde andere Länder in der Eurozone dazu, dasselbe zu tun. Alle taten es zur gleichen Zeit, und alle unterschätzten die Folgen dieser synchronisierten Sparkurse.

Bofinger und Horn wollten ein Minimum an Investitionen in Bildung und Umweltschutz festlegen. Die Verfechter der Schuldenbremse brachten immer gern die Interessen der zukünftigen Generationen als Argument an, denn diese sollten nicht überfordert werden von den Schulden ihrer Vorfahren – das übliche finanzpolitisch-konservative Argument. Das Gegenargument dazu besagt, dass wir ihnen mehr Schaden verursachen, wenn wir an Bildung oder Infrastruktur sparen.

Im Juni 2009 schrieb ich in meiner Kolumne in der *Financial Times*, dass die Defizitbegrenzung von 0,35 Prozent wirtschaftlich unklug sei und zu geringeren Investitionen führen werde. Und ziemlich genau das ist auch passiert. Was ich jedoch damals nicht erahnen konnte, waren die Konsequenzen, die dies für das deutsche Wirtschaftssystem haben würde, also das Hauptaugenmerk unserer Geschichte hier.

Die goldene Regel ist – nachgewiesenermaßen – eine kluge Regel. Ein Jahrzehnt zuvor hatte der damalige Premier Großbritanniens, Gordon Brown, einen neuen mittelfristen finanzpolitischen Rahmen eingeführt, der unter anderem die goldene Regel beinhaltete, dass Geld für Investitionen geliehen werden dürfe. Auch wenn Großbritannien kein schillerndes Beispiel für solide Wirtschaftspolitik darstellt, so hat doch dieser Teil des steuerpolitischen Rahmens äußerst gut funktioniert. Dennoch widersetzten sich viele deutsche Ökonomen, darunter auch der mächtige Sachverständigenrat zur Begutachtung der gesamtwirtschaftlichen Entwicklung, der goldenen Regel, als wäre es der Inbegriff des Bösen. Bofinger selbst war ein langjähriges Ratsmitglied, die ewige Minderheit in diesem fünfköpfigen Komitee.

Seither haben die Daten gezeigt, dass Deutschland zwischen 2005 und 2015 einen Rückgang des Nettokapitalstocks zu verzeichnen hatte – und im internationalen Vergleich auf einem der hinteren Plätze rangierte, so die Ökonomen Michael Hüther und Jens Südekum. Die Kritik wurde von vielen, vor allem nichtdeutschen Ökonomen geteilt. Nach außen hin hatte das übermäßig wettbewerbswillige Deutschland eine erfolgreiche Wirtschaft, aber die Fäule hatte sich schon eingenistet.

Auch wenn sich Ökonomen, zumindest teilweise, uneins sind, so besteht doch eine allgemeine Akzeptanz der Schuldenbremse über das gesamte politische Spektrum hinweg. Das zeigt nur einmal mehr, dass die Wirtschafts- und die Politikdebatten in Deutschland oftmals separat geführt werden. Die Einzigen in der politischen Arena, die dem Ganzen widersprachen, waren die Linken und die Grünen. Letztere sahen die Schuldenbremse als Hindernis für ihr grünes Investitionsprogramm an – womit sie nicht falschlagen, wie sich später herausstellen würde. Die Linke war hinsichtlich der Sozialtransferleistungen besorgt und missbilligte die Schuldenbremse als Mechanismus, mit dem das Einkommen der Armen hin zu den Reichen umverteilt werden sollte.

Das Jahr der Schuldenbremse war auch das Jahr der Rezession nach der Finanzkrise und der anhaltenden Belastung des Bankensektors. Steinbrück legte bei der Europäischen Kommission sein Veto gegen die Pläne eines EU-Konjunkturprogramms ein, da es hauptsächlich von Deutschland finanziert werden würde. Großzügiger war er dann jedoch bei der

Rettung deutscher Banken, die Teil des SPD-Machtnetzwerks waren. Gegen Jahresende erholte sich die Wirtschaft langsam, und einige Monate später vermeldete Steinbrücks Nachfolger Wolfgang Schäuble unerwartet hohe Steuereinnahmen, warnte jedoch, dass das Land seinen Haushaltskonsolidierungskurs beibehalten solle.

Parallel entwickelte sich 2009 eine andere Geschichte – in Griechenland. In diesem Jahr wurde immer deutlicher, dass das Land auf dem besten Weg in schwierige ökonomische Fahrwasser war. *Eurointelligence*, eine von mir mitgegründete Onlinepublikation, hatte bereits im Januar desselben Jahres davor gewarnt, dass die Entlassung des Finanzministers ein Anzeichen für einen möglichen Zahlungsausfall zu einem späteren Zeitpunkt sei. Im April warnte dann Eurostat, das europäische Amt für Statistik, dass das Defizit auf 4,8 Prozent ansteigen würde. Das war zum damaligen Zeitpunkt eine schockierende Zahl, die jedoch noch deutlich schlimmer ausfallen sollte. Das Land hielt im Laufe des Jahres Wahlen ab, aus denen die Oppositionspartei PASOK unter ihrem neuen Vorsitzenden George Papandreou als Sieger hervorging. Der neue Finanzminister der PASOK gab kurz darauf bekannt, dass das Defizit 2009 12,9 Prozent betragen würde, wobei die Staatsverschuldung nun auf über 110 Prozent des BIP angestiegen war. Entsetzt über diese Zahlen, forderte die Europäische Kommission eine umfassende Untersuchung. Dies war der Beginn der sogenannten Eurokrise.

In diesem Buch geht es nicht um diese Krise, aber sie passt zum Thema. Dies war der Zeitraum in unserer jüngsten Wirtschaftsgeschichte, in dem Deutschland im Vergleich zu den anderen Ländern ziemlich gut abschnitt. Das waren die Jahre, in denen Deutschland seine globale Wettbewerbsfähigkeit stärkte. Der Niedergang des Euro-Wechselkurses spielt dabei eine wichtige Rolle, denn er brachte es im Juli 2008 auf einen Höchstkurs gegenüber dem US-Dollar – 1,59 auf einen Euro. Im Februar 2015 war der Euro jedoch eingebrochen auf 1,12 Dollar. Er fiel 2022 sogar einmal kurz unter einen Dollar, aber hat sich seither wieder ein wenig erholt. In Dollar ausgedrückt, entsprach der Rückgang zwischen 2008 und 2015 einer nominalen Abwertung von 40 Prozent.

Einer der Gründe, weshalb Währungen einander abwerten, ist Inflation. Das war hier jedoch nicht der Fall. Die damalige europäische Inflation lag deutlich unter der in den Vereinigten Staaten. Tatsächlich befand sich die Eurozone 2015 auf der Schwelle zur Deflation, was die Europäische Zentralbank dazu veranlasste, mit dem Kauf von Staats- und Unternehmensanleihen ein Programm zur quantitativen Lockerung zu starten. Das sollte das Inflationsniveau erhöhen. Die Eurozone erlebte aufgrund dessen eine massive reale Abwertung des Wechselkurses um etwa 40–50 Prozent. Doch diese Vorteile waren nicht gleichmäßig verteilt, denn die größten Nutznießer waren die größten Exporteure der Eurozone: Deutschland und die Niederlande. Parallel dazu durchlebten die Gewerkschaften eine Phase der Lohnmäßigung. Die Babyboomer hatten ein Alter erreicht, in dem sie eine kontinuierliche Beschäftigung so sehr zu schätzen wussten, dass sie auf Lohnerhöhungen verzichteten: Die deutschen Arbeitnehmer waren plötzlich risikoscheu geworden. Arbeitnehmer in ihren Fünfzigern, die bereits die Rente vor Augen hatten, verhielten sich anders als in den 1990er-Jahren, wo sie noch für die 35-Stunden-Woche gestreikt hatten.

Es gab noch einen weiteren Faktor, der Deutschland damals zum Vorteil geriet. Die Eurokrise verwandelte die deutschen Staatsanleihen in Anlagen in einem sicheren Hafen (sogenannte *safe-haven assets*). Die deutschen Staatsanleihen waren de facto zur Staatsanleihe der Eurozone geworden. Der Anleihe-

Spread hatte schon immer die deutsche zehnjährige Anleihe als Benchmark gehabt. Bundesanleihen haben den niedrigsten Zinssatz, und aufgrund der quantitativen Lockerung wurden auch die mittel- bis langfristigen Zinssätze gesenkt. Das wiederum führte in Deutschland zu einem Kreditboom, vor allem im Immobilien- und Bauwesen, das zuvor jahrzehntelang vor sich hingeschlummert hatte. Nun lagen alle Zutaten für einen riesigen Wirtschaftsaufschwung bereit: niedrige Zinssätze, wettbewerbsfähige Löhne, hohe Exportüberschüsse und eine reelle Währungsabwertung, die es in diesem Ausmaß nicht sonderlich häufig gibt.

Die ausländischen Finanzmedien sangen langsam ein Loblied auf Deutschlands wiederauferstandenes Wirtschaftswunder. Einige Zeit später, als Trump das erste Mal zum Präsident gewählt worden war, wurde Merkel als die wahre Anführerin der westlichen Welt gefeiert. Die Liberalen allerorts betrachteten Deutschland als Alternativmodell – sowohl politisch als auch wirtschaftlich. Allerdings schauten sie nicht unter die Haube.

Sie sahen nicht – oder wollten nicht sehen –, dass die Politik der deutschen Regierung sich kaum verändert hatte. Deutschland baute immer engere Beziehungen zu Russland auf, was nur kurzfristig von der russischen Annexion der Krim 2014 unterbrochen worden war. Sanktionen folgten darauf, aber Merkel behielt ihren offenen Dialog mit Putin bei. Sie war tatsächlich einen Großteil ihrer Amtszeit die fähigste politische Anführerin Europas und eine der wenigen, die ihre Memos und Berichte auch wirklich las. Sie dürfte wohl die informierteste unter allen Politikerinnen und Politikern sein, die ich je getroffen habe. In den vorherigen Jahrzehnen hatten wir Margaret Thatcher in Großbritannien und Bill Clinton in den Vereinigten Staaten, die ähnlich detailliert Bescheid wussten.

Während Merkels Amtszeit war diese Qualität jedoch recht rar gesät.

Die erste Phase der Eurokrise endete 2012, als Mario Draghi, der Präsident der EZB, die inzwischen legendären Worte „… bereit, alles Notwendige zu tun, um den Euro zu erhalten" äußerte. Das beendete die Staatsschuldenkrise, die dann 2015 kurzzeitig wieder aufflammte, als Griechenland kurz vor der Zahlungsunfähigkeit stand, wenn es kein weiteres EU-Rettungsprogramm und die damit verbundenen Bedingungen akzeptieren würde. Das war zwar ein gruseliger Augenblick, aber dennoch keine Bedrohung der Zukunft Europas. Eine Zahlungsunfähigkeit Griechenlands hätte damals, 2010, als die Probleme zum ersten Mal zum Vorschein kamen, einige verärgert, aber es wäre nur ein kurzzeitiges Problem gewesen. Erst der Versuch der Landesregierungen der Eurozone, diese Zahlungsunfähigkeit zu verhindern, während man gleichzeitig Sparsamkeit postulierte, führte zu einer Ausbreitung der Krise.

Was mir inzwischen an der Zukunft der Eurozone die meisten Sorgen bereitet, ist nicht eine weitere Griechenlandkrise, sondern etwas weitaus Besorgniserregenderes. Frankreich und Deutschland entfernen sich an mehreren Fronten immer mehr voneinander. Frankreich war schon immer stärker als Deutschland auf Atomstrom fokussiert, aber die Kluft wurde vollkommen, als Deutschland im April 2023 den Atomstrom gänzlich auslaufen ließ. Frankreich kommt aus seiner Defizitfalle nicht heraus. Die Staatsdefizite betrugen in den letzten zwei Jahren zwischen 5 und 6 Prozent. Besserung ist nicht in Sicht. Dann würde Frankreich nun schon seit zehn Jahren in Folge den Vertrag von Maastricht brechen. Im selben Zeitraum hat Deutschland seinen Haushalt konsolidiert. Während die französische Schuldenquote bei 110 Prozent verharrte, jedoch mit deutlich steigender Tendenz, lag die deutsche Schuldenquote bei 65 Prozent des BIP und sollte innerhalb kurzer Zeit auf unter 60 Prozent sinken.

Wenn man will, ist es möglich, eine Schuldenkrise in einem relativ kleinen Land wie Griechenland zu lösen. Aber eine Divergenz zwischen Frankreich und Deutschland ist eine ganz andere Geschichte. Frankreich ist zum Scheitern, aber auch zum Retten zu groß. Es dürfte ausgeschlossen sein, dass Deutschland, das sich selbst zum Nachteil der Nettoinvestitionen strenge Defizitkürzungen auferlegt hat, ein Land rettet, das dies wiederum nicht getan hat. Die EZB hat für einen solchen Fall ein Rettungsprogramm in petto, das sogenannte Transmissionsschutzinstrument, jedoch dürfte dies nicht für Frankreich geeignet sein, denn es ist für eher kleine Länder gedacht, die sich an die Regeln halten. Das hat Frankreich nicht gemacht, aber immerhin recht unbemerkt, im Schatten Deutschlands, mit der Hilfe der wohlwollenden Ratingagenturen.

Wie wir aber in Griechenland – und davor mit den US-amerikanischen Subprime-Hypotheken – bereits sehen konnten, kann sich der Wind schnell drehen. Die französisch-deutsche Kluft stellt eine riesige und absehbare Krise dar. Es gäbe in einem solchen Fall keine guten Lösungsmöglichkeiten. Vielleicht bricht diese Krise, so absehbar sie auch sein mag, noch nicht in den nächsten paar Jahren aus. Das Untragbare wird entweder tragbar gemacht, oder es findet sein Ende – es kann sich aber sehr lange am Leben erhalten. Eine weitere Eurokrise ist immer irgendwie wahrscheinlich, aber die Krise des deutschen Wirtschaftsmodells ist bereits real.

Alles, was die deutsche Wirtschaft in den letzten zehn Jahre am Laufen gehalten hat, hat sich bereits gegen sie gewendet. Die Pandemie exponierte die anfälligen Lieferketten, die US-amerikanischen und französischen Reindustrialisierungspläne werden teilweise schon auf Kosten Deutschlands in die Tat umgesetzt, die technologische Lücke wird zum Problem, vor allem in der Autoindustrie, und nach dem Renteneintritt eines großen Teils der Babyboomer hat die Angst der deutschen Gewerkschaften vor möglichen Streikaktionen deutlich nachgelassen.

Technologie und Politik haben sich nicht nur gegen die deutsche Industrie, sondern gegen das gesamte ordoliberale Wirtschaftsmodell gewendet – gegen die Banken, die Industrieunternehmen, die Exportüberschüsse und die Schuldenbremse. Das hängt alles zusammen – und zusammen ist es nicht nachhaltig. Es wird ein Ende haben müssen, aber es ist noch nicht zu Ende.

6. Wir und die anderen

Man sollte meinen, dass ein Land mit einem riesigen Industrieexportsektor, der unter einem Fachkräftemangel zu leiden hat, ausländischen Arbeitern besonders offen gegenüberstehen würde. Oder gegenüber Deutschen, die nach vielen Jahren im Ausland zurückkehren. Dem ist nicht so. Auch wenn die deutsche Politikerkaste das Problem verstanden und einiges unter nommen hat, um es zu beheben, so funktioniert das Ganze am Boden noch nicht.

Nehmen wir zum Beispiel mal die zwei deutschen Universitätsprofessoren, die an einer Uni in Großbritannien arbeiteten und dann über einen Headhunter eine Stelle an der Universität Leipzig angetragen bekamen. Die Uni wollte einen international ausgerichteten, auf Englisch unterrichteten Studiengang aufbauen. Die zwei waren die besten Kandidaten dafür.

In einem Fall war es nur das Geld: Lohn und Beamtenstatus von Professoren und Lehrern in Deutschland sind nicht verhandelbar. Daher lagen die festgelegten 7000 Euro im Monat deutlich unter dem Lohn in Großbritannien, und der erste der beiden lehnte das Angebot ab. Der zweite Professor würde diesen finanziellen Rückschritt in Kauf nehmen und umziehen. Dann kam die nächste Hürde: die Schule für die Tochter. Man einigte sich auf eine staatliche Schule, aber in Sachsen gibt es das zweigleisige Schulsystem: Gymnasium mit Abiturabschluss oder Oberschule mit einem Abschluss der mittleren Reife, mit dem man dann eine Ausbildung beginnen kann.

Kinder, die zuvor auf einer ausländischen Schule waren, werden automatisch von der fünften bis zur neunten Klasse der Oberschule zugewiesen. Das bedeutet also, dass der Freistaat Sachsen Kindern mit ausländischer Schulerfahrung von Beginn an die akademische Karriere verwehrt. Hier wird davon ausgegangen, dass man bildungstechnisch benachteiligt sein muss, wenn man aus dem Ausland nach Deutschland kommt. Es gibt die sogenannte Härtefallklausel, nach der Schüler vier Eignungstests in verschiedenen Fächern bestehen müssen, um eine Ausnahme genehmigt zu bekommen – es muss jedoch jeder dieser Tests mit einer Eins bestanden werden. Das ist eine Voraussetzung, die deutlich über jener Erwartung für deutsche Schüler liegt, die Abitur machen wollen – und das ist ganz offensichtlich diskriminierend. Die Loyalität des Professors gegenüber seiner Tochter war größer als die gegenüber dem Freistaat Sachsen.

Ein zweites Beispiel kommt von Maria Theresa Thelen, die Brasilianern dabei hilft, den Weg durch den Bürokratie- und Arbeitsdschungel in Deutschland zu finden. Einer ihrer Kunden hatte einen Doktor in Chemie, aber sein Deutsch war nicht so fehlerlos, wie es für eine führende Position in Deutschland nötig gewesen wäre. Sein Englisch wiederum war fließend. Er bewarb sich auf eine mittelrangige Stelle als Ingenieur, wurde aber abgelehnt, da er überqualifiziert sei – während ihn sein Deutsch, das okay, aber nicht perfekt war, jedoch von allen Leitungspositionen ausschloss. Er ging stattdessen in die Niederlande, wo die Sprache ein geringeres Problem ist und er innerhalb kürzester Zeit eine Stelle fand.

Eine weitere von Thelens Kundinnen hatte einen Doktor in Biologie, und sie wurde ebenfalls als überqualifiziert eingestuft – ihre Bewerbung auf eine Stelle in einem Labor wurde abgelehnt, weil ihre Qualifikationen die Kollegen einschüchtern würden. Es dauerte drei Jahre, bis sie auf dem deutschen Arbeitsmarkt eine Stelle finden sollte.

Eine dritte Kundin Thelens, auch aus Brasilien, wurde während eines Interviews gefragt, wo sie denn Samba tanzen würde. Selbst bei Stellenausschreibungen, für die Portugiesisch und Spanisch von Vorteil waren, wurden meist die deutschen Kandidaten mit geringeren Qualifikationen den anderen vorgezogen. Eine brasilianische Pharmaberaterin, die in der Schweiz lebte, aber nach Deutschland zu ihrem Partner ziehen wollte, ging dann irgendwann nach Großbritannien, weil das deutsche System so hinderlich war – sie landete schließlich in Deutschland, aber nur, weil ein britisches Unternehmen sie dorthin versetzte.

Ich möchte keinesfalls behaupten, dass diese Geschichten repräsentativ sind, und es gibt unzählige Ausnahmen von der Regel. Deutschland ist weiterhin eines der attraktivsten Ziele für gering qualifizierte Einwanderer, schafft es aber nicht, Hochqualifizierte anzuziehen, die es so dringend bräuchte, um das Wirtschaftsmodell am Laufen zu halten oder um sich davon loszumachen. Hierauf liegt der Fokus dieses Kapitels. Es geht also nicht um Zuwanderung im Allgemeinen.

Das Problem mit der Sprache ist ein großes. Deutschland hat den Nachteil, dass nicht viele Zuwanderer Deutsch sprechen. Spaniens Erfahrungen mit Zuwanderern ist zum Großteil positiv, weil viele von ihnen Spanisch sprechen. Sprache ist auch der Grund, weshalb die Zuwanderung in Großbritannien deutlich erfolgreicher war, vor allem in so großen Metropolregionen wie London, wo die Zuwanderer den Briten zahlenmäßig überlegen sind. Jedoch hat sich die Situation seit dem Brexit deutlich verschlechtert, und zwar auch für die qualifizierten Arbeiter. Jedoch hängen die Probleme in Deutschland nicht nur an den Sprachkenntnissen. Sie hängen aber auch nicht nur an der Politik – auch wenn diese selbst ebenfalls ein Problem darstellt. Tatsächlich ist die deutsche Problematik, qualifizierte Zuwanderer anzuziehen, primär kultureller Natur.

Das fängt schon früh im Leben an. Lehrer und vor allem ihre gewählten Repräsentanten stehen meist am konservativen und manchmal bigotten Rand des Diskussionsspektrums. Heinz-Peter Meidinger, der Präsident des Deutschen Lehrerverbands, hat sogar einmal eine Maximalzahl an Zuwandererkindern in einer Klasse gefordert, weil er der Meinung sei, dass das Leistungsniveau einer Klasse mit 35 Prozent oder mehr Kindern aus Zuwandererfamilien insgesamt sinken würde. Ein „Zuwanderer" ist sehr weit definiert als jemand, der oder die nicht in Deutschland geboren wurde. Und als wäre das noch nicht schlimm genug, möchte er auch, dass Grundschulen keinen Englischunterricht mehr geben dürfen, da es schließlich hart genug für die Kinder sei, Deutsch zu lernen. Die Ahnungslosigkeit hinter diesen Ideen ist wirklich haarsträubend. Kinder können zwei oder sogar drei Sprachen gleichzeitig lernen. Die zwei oder drei Tage, an denen sie also Englisch beigebracht bekommen, dürften ihre Lernfähigkeit in Bezug auf Deutsch nicht einschränken.

Oberflächlich betrachtet, sind deutsche Universitäten inzwischen besser darin geworden, ausländische Studierende anzulocken. Im akademischen Jahr 2022/23 gab es 458.210 internationale Studierende bei einer Gesamtzahl von 2,9 Millionen Studierenden an deutschen Unis. Zehn Jahre zuvor hatte die Zahl noch bei 260.000 gelegen. Deutschland ist aufgrund seiner renommierten Universitäten, seiner recht niedrigen Zugangsvoraussetzungen und seiner niedrigen Studiengebühren attraktiv. Wie wir aber bei den zwei Professoren gesehen haben, die erfolglos versucht haben, wieder in den akademischen Betrieb einzusteigen, ist das System als Ganzes nicht wettbewerbsfähig.

Ich möchte an dieser Stelle noch ein Beispiel aus meiner eigenen Familie wiedergeben. Mein Sohn hatte nach seinem Schulabschluss in England kurz überlegt, sich an einer deutschen Universität zu bewerben. Er erfüllte alle Voraussetzungen bei Fächern und Noten, aber die Universität bestand auf dem erfolgreichen Abschluss eines Deutschkurses, den man in Deutschland machen musste. Und das trotz der Tatsache, dass er deutscher Bürger ist.

Wie wir bei dem deutschen Professor gesehen haben, der seine Tochter hier auf eine Schule schicken wollte: Deutschland ist eine Gesellschaft mit integrierter Diskriminierung. Das ist kein Rassismus, denn sie richtet sich auch gegen Deutsche. Es ist ein „Not made in Germany"-Problem. Der Freistaat Sachsen geht fälschlicherweise davon aus, dass ausländische Schulen nicht auf demselben Niveau unterrichten – ein absurder Gedanke, wenn man bedenkt, wie viel schlechter deutsche Schulen im internationalen Vergleich der PISA-Studien abschneiden. Warum gibt sich eine deutsche Universität überhaupt mit Deutschtests ab? Warum sollte sich ein Studierender aus dem Ausland in ein Seminar an der Uni setzen, wo er dann kein Wort versteht, weil er sich weigert, die Sprache zu erlernen? Es ist doch im Sinne des Studierenden selbst. Warum lehnt man sich nicht einfach zurück und lässt die Studierenden machen, was sie machen müssen? Fürchten sie etwa die übliche Frage der BBC-Korrespondenten in europäischen Hauptstädten: „Könnten Sie das bitte noch mal auf Englisch wiederholen?" Das machen Studierende nicht.

Der kanadische Politikwissenschaftler Will Kymlicka vergleicht erfolgreiche Migrationspolitik mit einerseits Hardware – also Institutionen, Gesetze, Bildung und formale Qualifikationen – und andererseits Software – die informellen Normen und Einstellungen einer Gesellschaft gegenüber Migration und bestimmten Migrantengruppen. Beide Faktoren beeinflussen zusammen, wie sich die Zuwanderung innerhalb eines Landes auswirkt, da sie einen Rahmen für die Möglichkeiten und Handlungen der Zuwanderer bieten.

Damit kann man gut beschreiben, was in Deutschland gerade passiert. Die Hardware – der gesetzliche Rahmen – ist nicht allzu schlecht, wenn auch nicht optimal, aber er wird immer besser. Das Problem in Deutschland ist die Software: Auch wenn Deutschland ein Land mit einer hohen Quote an Einwanderern und deren Nachkommen ist, so fühlt es sich doch nicht so an und definiert sich selbst auch nicht gern so. Das ist eine eindeutige Konsequenz der vorherigen Ansichten und Politikstile, die in vielen kulturellen und gesellschaftlichen Faktoren gipfelten, die die Migration behindern oder dazu führen, dass sich Migranten in Deutschland weniger akzeptiert fühlen.

All dies greift jetzt in unser übergreifendes Thema ein: der Niedergang des deutschen Wirtschaftsmodells. Man könnte eine solche elitäre Einstellung zumindest in einem Land mit einem Überangebot an Arbeitskräften erklären, wie es vor zwanzig Jahren der Fall war. So ist die Lage aber nicht mehr. Wenn man heutzutage deutsche Unternehmen oder Wirtschaftsinstitute zu den größten strukturellen Problemen befragt, dann antworten diese mit Fachkräftemangel.

Ein Bericht des Instituts der deutschen Wirtschaft (IW) über die Entwicklung des Arbeitsmarktes zeigte, dass die Lücke bei den Arbeitsplätzen 2023 auf einen Rekordwert von 633.000 angestiegen ist. Dabei handelte es sich um unbesetzte Stellen. Diese Zahl hatte 2013 noch bei 138.000 gelegen – ein mehr als vervierfachter Wert in nur zehn Jahren. Am stärksten ist dieser Trend bei hoch qualifizierten Arbeitskräften zu beobachten, wo sich die Lücke in diesem Zeitraum von 68.000 auf 277.000 vergrößert hat. Bei Facharbeitern mit Berufsausbildung stieg die Lücke von 83.000 auf 355.000 an. Die Arbeitslosigkeit in dieser Gruppe ist in den letzten zehn Jahren um 44 Prozent gesunken. Bei den Geringqualifizierten hat sich der Trend in die andere Richtung entwickelt: Die Arbeitslosigkeit ist gestiegen. Deutschland verzeichnet eine hohe Zuwanderung – der falschen Art.

Sollte man also nicht davon ausgehen, dass Deutschland qualifizierte Zuwanderer und zurückkehrende Auswanderer mit offenen Armen willkommen heißen sollte? Ein großer Prozentsatz der in verschiedenen Branchen befragten Unternehmen gibt an, dass sie sich durch den Fachkräftemangel eingeschränkt fühlten. Am stärksten betroffen ist hier der Dienstleistungssektor, in dem 54,2 Prozent der befragten Unternehmen einen Fachkräftemangel verkündeten, gefolgt vom Herstellungssektor mit 44,5 Prozent. Interessanterweise liegt die Automobilindustrie mit 30,5 Prozent unter dem Durchschnitt.

Es ist bemerkenswert: Die wichtigsten deutschen Industrien sind weniger betroffen als der Durchschnitt. Das passt zu unserem übergeordneten Thema. Auch auf dem Arbeitsmarkt herrscht eine Tendenz hin zur Industrie vor. Die Abkehr vom industrieorientierten neomerkantilistischen Modell würde eine Zuwanderung von höher qualifizierten Arbeitskräften erfordern, der Arbeitsmarkt ist jedoch stark auf die Qualifikationen explizit für die deutsche Industrie ausgerichtet – ein gänzlich anderes Skillset. Wie ich bereits im ersten Kapitel schrieb, saugt das deutsche Finanzwesen den Start-ups den Sauerstoff aus der Luft, weil deutsche Politiker die nationalen Ersparnisse strategisch in alte Industrien lenken. Genau dasselbe passiert auch auf dem Arbeitsmarkt, wo die Ressourcen systematisch hin zu alten Industrieunternehmen gelenkt werden. Das verhindert Diversifizierung.

So ganz nebenbei noch: Das deutsche Ausbildungssystem wird auf der ganzen Welt bewundert, weil es ausgezeichnet ausgebildete Handwerker hervorbringt. Leider kann es sich jedoch nicht an die neuen Arten von Jobs anpassen, die plötzlich überall entstehen, weil für diese eine bestehende Ausbildungsstruktur fehlt. Der Automechaniker heißt jetzt Mechatroniker, was selbst für uns Deutsche fast schon einen Zungenbrecher darstellt, obwohl wir es gewohnt sind, dass Wörter gern zwei Sachen miteinander verbinden – in diesem Fall eben Mechanik und Elektronik. Das moderne E-Auto ist von Natur aus so anders, dass man das Missverhältnis zwischen Qualifikationen und Anforderungen sofort erkennen kann. Die Natur der Arbeit verändert sich so schnell, dass das deutsche Ausbildungssystem nur mehr schlecht als recht hinterherkommt. Wir leben jetzt in einer Welt, in der anpassungsfähige Fertigkeiten und Fähigkeiten wichtiger sind als eine hoch spezialisierte Ausbildung.

Für manche Unternehmen ist der Fachkräftemangel inzwischen so eklatant, dass sie teilweise Fertigungsstraßen schließen müssen, weil ihnen die Arbeiter fehlen. Manche Restaurants machten nach der Pandemie nicht wieder auf, weil sie keine Kellner fanden. Es gibt zudem einen akuten Mangel an qualifizierten Arbeitern im öffentlichen Bereich. 1,3 Millionen Angestellte des öffentlichen Diensts werden bis 2030 in Rente gegangen sein. Die Babyboomer boomen sich inzwischen eher in der Rente. So gibt es bereits jetzt 360.000 unbesetzte Stellen im öffentlichen Dienst, unter anderem bei der Polizei, in Schulen und in der Kinderbetreuung.

Eine andere Umfrage fand heraus, dass jedes zweite Unternehmen nicht alle Ausbildungsplätze besetzt bekommt. Deutschland hatte 2002 das genau gegensätzliche Problem – die Regierung hatte damals die Industrie dazu zwingen müssen, einen gesamten Jahrgang an Schulabgängern in ihr Ausbildungssystem aufzunehmen.

Wir haben inzwischen 100.000 weniger Schulabgänger jährlich als noch vor zehn Jahren. Demnächst werden wir in Deutschland die Situation haben, dass mehr Menschen den Arbeitsmarkt verlassen als in ihn eintreten – und zwar 400.000 mehr im Jahr. Das ist die Nettolücke, die Deutschland mit der Zuwanderung füllen müsste.

Man sollte also meinen, dass die deutschen Unternehmen wenigstens versuchen würden, ihre Einstellungspolitik anzupassen. Die bereits genannten Beispiele beweisen aber das Gegenteil. Es gibt im Land drei Gruppen, die das Potenzial besitzen, den Fachkräftemangel abzuschwächen, wenn sie in den Arbeitsmarkt integriert werden würden: junge Frauen, Arbeiter über sechzig und, wie man hierzulande so schön sagt, Menschen mit Migrationshintergrund. Momentan sind diese Gruppen fast vollständig unerschlossen.

Das Nachkriegsdeutschland setzte in den 1950er- und 1960er-Jahren auf Zuwanderer der sogenannten Gastarbeitergeneration. Diese kamen aus Ländern, mit denen Deutschland Vereinbarungen zur Arbeitsmigration geschlossen hatte, wie Italien, Spanien, Griechenland, der Türkei, Marokko, Portugal, Tunesien und dem damaligen Jugoslawien, um die freien Stellen in der deutschen Industrie zu füllen, etwa in den Kohle- und Stahlindustrien im Ruhrgebiet oder in den Häfen im Norden Deutschlands.

Die Arbeit war befristet und basierte auf einem Rotationssystem, nach dem die „Gastarbeiter" nach einer festgelegten Zeit wieder gehen sollten, um ihren Arbeitsplatz an Neuankömmlinge abzugeben. In der Praxis jedoch wurden viele hier wohnhaft. Was auch daran lag, dass die Verpflichtung, wieder nach Hause zu reisen, selten durchgesetzt wurde und meist auch nicht von Arbeitgeberseite gewollt war, weil sie in die Ausbildung der Arbeitskräfte investiert hatten. Die Erschaffung der

Europäischen Wirtschaftsgemeinschaft, des Vorläufers der EU, etablierte den Grundsatz der Bewegungsfreiheit, sodass Migranten aus anderen Mitgliedstaaten ein dauerhaftes Aufenthaltsrecht genießen können.

Die „Gastarbeiter" hatten jedoch in der deutschen Gesellschaft gegen starke Diskriminierung zu kämpfen. So verwehrten manche Bars und Restaurants in den 1950er-Jahren Italienern den Zutritt. Diskriminierung am Arbeitsplatz war auch keine Seltenheit.

Von Beginn der bilateralen Abkommen 1955 an bis zum Ende der „Gastarbeiterzuwanderung" 1973 stieg die Zahl der Einwanderer in Deutschland von 80.000 auf 2,6 Millionen an. Insgesamt kamen in diesem Zeitraum 14 Millionen „Gastarbeiter" nach Deutschland, von denen die meisten in ihre Heimatländer zurückkehrten.

Aufgrund der ansteigenden Arbeitslosigkeit nach der Ölpreiskrise 1973 und einer anwachsenden Angst vor zu vielen Ausländern beendete Willy Brandt die Rekrutierung der „Gastarbeiter". Infolgedessen schlugen viele der Zuwanderer feste Wurzeln, weil sie nicht wieder würden zurückkehren können, wenn sie Deutschland einmal verlassen hatten. Helmut Schmidt deklarierte 1981 dann unverblümt: „Es war ein Fehler, so viele Ausländer ins Land zu holen." Helmut Kohls Regierung bot ausländischen Arbeitern in den 1980er-Jahren 10.5000 Deutsche Mark, wenn sie Deutschland verlassen würden. Er sagte 1982: „Integration ist nur möglich, wenn die Zahl der bei uns lebenden Ausländer nicht weiter steigt."

Seit Mitte der 1970er- bis Anfang der Nullerjahre war die offizielle Linie der Bundesregierung, dass Deutschland kein Zuwanderungsland sei. Der gesetzliche Rahmen sollte diese davon abhalten, den Arbeitsmarkt vollständig zu betreten. Zuwanderer mit unbefristeter Aufenthaltserlaubnis, die nach fünf

Jahren Aufenthalt erteilt wurde, hatten jedoch uneingeschränkten Zugang zum Arbeitsmarkt.

Die Regierung führte 2000 eine deutsche Greencard ein, weil sich ein immer größerer Arbeitskräftemangel in der Technologie- und Telekommunikationsbranche zeigte, deren Wachstum Deutschland gänzlich verschlafen hatte. Das war das erste Mal seit der Einführung des „Gastarbeiterprogramms", dass die Migrationspolitik zur Zuwanderung nach Deutschland ermutigte. Im Laufe der Jahre hat sich Deutschland einem Modell ähnlich dem Kanadas und der Vereinigten Staaten angenähert.

Dennoch funktionierte das Greencard-System nicht, so gut es auch gemeint gewesen war, denn der zugrunde liegende Ton war immer noch voller Angst vor Zuwanderern. Bemerkenswert, da es sich nur auf den IT-Bereich konzentrierte. Es schloss die Lebenspartner der IT-Experten wenigstens für die ersten zwei Jahre nach Ankunft vom Arbeitsmarkt aus und begrenzte die Arbeitserlaubnis auf einen Zeitraum von fünf Jahren. Dementsprechend gering fiel das Ergebnis dieser Maßnahme aus. Das Ziel, insgesamt 20.000 Greencards auszustellen, wurde nie erreicht – bis 2003 waren es gerade einmal ein paar hundert. Im Gegensatz dazu hatte Deutschland nie Probleme gehabt, gering qualifizierte Beschäftigte anzuziehen, was sich in der Politik widerspiegelte. Jedoch wandte diese die gleichen Grundsätze auf hoch qualifizierte Arbeitskräfte an, als ob gut ausgebildete Informatiker vor den Grenzen Schlange stünden und darum bettelten, hereingelassen zu werden.

Das Zuwanderungsgesetz von 2005 brachte eine gewisse Liberalisierung mit sich, mit vereinfachter Bürokratie bei der Visabearbeitung, sobald Arbeitnehmer ein Stellenangebot hatten. Dies vereinfachte beispielsweise die Bewerbungen ausländischer Entrepreneure, erleichterte ausländischen Studierenden die Immatrikulation an deutschen Universitäten und den bis zu einjährigen Aufenthalt danach für die Jobsuche. Wie die Anekdoten bereits gezeigt haben, funktionierte all dies in der Theorie besser als in der Praxis.

Das große Problem lag darin, dass die deutsche Regelung die Migration an viele kleine zu erfüllende Bedingungen knüpfte. Die Entrepreneure beispielsweise mussten beweisen, dass ihre Unternehmungen einem übergeordneten Wirtschaftsinteresse oder einem spezifischen regionalen Bedarf dienten und dass sie positive Ausstrahlungseffekte auf die Wirtschaft haben würden. Firmengründer waren nur dann von diesem aufwendigen Verfahren ausgenommen, wenn sie ein Startkapital von 250.000 Pfund vorweisen konnten und nachweislich mindestens fünf Stellen neu schaffen würden – aber auch dann würde der Unternehmer immer noch drei Jahre auf sein Daueraufenthaltsrecht warten müssen. Das ähnelt dem US-amerikanischen Greencard-System, wenn auch die Vereinigten Staaten Entrepreneuren gegenüber deutlich freundlicher gesinnt sind und keine Probleme haben, hoch qualifizierte Arbeiter anzulocken. Das große Problem in Deutschland ist nicht so sehr das Reinkommen, sondern das Weiterkommen.

Bezüglich dessen, was Kymlicka als Hardware bezeichnete, ist Deutschland nicht sonderlich restriktiv, verglichen mit anderen europäischen Ländern. Das britische Einwanderungssystem ist ebenfalls restriktiv, vor allem mittlerweile, aber das Leben als Zuwanderer in Großbritannien ist im Allgemeinen weniger diskriminierend und mit weniger bürokratischen Hürden gepflastert. Ich habe dort gelebt und keine Diskriminierung aufgrund meiner Herkunft erfahren.

Seither hat eine weitere Liberalisierung in Deutschland stattgefunden. Die Ampelregierung unter Scholz hat den Zeitraum der Arbeitssuche für ausländische Studierende verlängert und die sogenannte Blaue Karte EU eingeführt, eine Richtlinie für die Einreise und den Aufenthalt von Nicht-EU-Staatsangehörigen zur Ausübung einer hoch qualifizierten Beschäftigung.

Die Bundesregierung erließ im Juni 2023 das Fachkräfteeinwanderungsgesetz, mit dem gut ausgebildete Fachkräfte einfacher nach Deutschland geholt werden sollen. Auf der Webseite der Bundesregierung stand: „Deutschland wird zu einem modernen Einwanderungsland." Diese Aussage ist wichtig, denn es ist eine Kehrtwende zur Ära Kohl, in der das genaue Gegenteil verkündet worden war. Einwanderung unterliegt vielen sprachlichen Doppelkonstruktionen wie Immigrationskultur und Willkommenskultur, und deren Bedeutungen sind ungenau. Darin stecken zahlreiche Assoziationen, vielfach negativer Natur. Sie sind perfekt für Panikmache geeignet. Vor diesem Hintergrund war es ziemlich mutig von der Scholz-Regierung, Deutschland ganz formell als Einwanderungsland zu bezeichnen. Das ist nichts, womit man Wählerstimmen gewinnt. Dieses neue Gesetz sollte Deutschlands Fachkräftestrategie untermauern, die darauf abzielt, mehr Frauen und ältere Menschen in den Arbeitsmarkt zu bringen sowie Aus- und Weiterbildungen zu vereinfachen. Das Ziel sollte eine Entbürokratisierung sein, um das Leben und die Arbeit in Deutschland zu vereinfachen.

Deutschland bewegt sich in die richtige Richtung. Es bietet verbesserte Ausbildungsprogramme an, hat mehr Arbeitsflexibilität eingeführt und das Kinderbetreuungssystem ausgebaut. Nach einem halben Jahrhundert der Zuwanderung qualifizierter Arbeitskräfte beginnt Deutschland nun endlich, sich wie ein Akteur auf einem wettbewerbsorientierten Markt zu verhalten – infolge eines akuten Arbeitskräftemangels.

Jedoch finden die Veränderungen nicht schnell genug statt, um den Problemen der Deindustrialisierung und den aktuellen globalen Veränderungen wirklich etwas entgegenzusetzen. Viele Defizite wurden noch gar nicht adressiert, wie etwa der chronische Mangel an Wettbewerbsfähigkeit im Hochschulsektor bei der Anwerbung von Spitzenforschern.

Die Blaue Karte EU bietet von all den neuen Möglichkeiten, die sich auf dem deutschen Arbeitsmarkt mit der Liberalisierung ergeben haben, die greifbarsten Verbesserungen, aber selbst hier sieht das Ganze auf dem Papier besser aus als in der Realität. Denn sie ermöglicht es Hochschulabsolventen aus Nicht-EU-Ländern zwar, in Deutschland – oder generell in der EU – zu arbeiten. Mit einer Blauen Karte darf man sich in irgendeinem EU-Land niederlassen und für ein anderes Land arbeiten, ohne dabei erneut den Arbeits- und Aufenthaltserlaubnisprozess wieder von vorn zu durchlaufen. Für die qualifizierte Zuwanderung ist die Blaue Karte der wirklich größte Gamechanger überhaupt, weil er auf europäischer Ebene gedacht wurde statt auf nationaler.

Das ist großartig für die Zuwanderer, aber es ist eben alles andere als klar, ob Deutschland damit zu einem Nettonutznießer dieses Systems wird. Während das Arbeitsumfeld für ausländische Arbeitnehmer oft feindselig bleibt und die Politik darauf abzielt, die Zahl der Einwanderer, ob nun qualifiziert oder nicht, zu begrenzen, wird sich Deutschland weiterhin mit der Konkurrenz von (vor allem für hoch qualifizierte Arbeitskräfte) gastfreundlicheren Ländern konfrontiert sehen, wie jenen in Nordeuropa, Osteuropa und den kleineren westeuropäischen Ländern wie Belgien, wo es nicht von Nachteil ist, wenn man nur Englisch beherrscht.

Die notorisch mangelhafte digitale Infrastruktur in Deutschland ist eines der Probleme, die von vielen hoch qualifizierten Ausländern angesprochen werden. Im 2. Kapitel ging es um den digitalen Analphabetismus Deutschlands, aber dieses Problem ist auch mit der Einwanderung verwoben. Ein Beispiel dafür sind die deutsche Vorliebe für Bargeld und die damit einhergehende schlechte Infrastruktur der Kartenzahlung. Dies ist insbesondere für frische Einwanderer ein Problem, wenn sie noch über kein deutsches Bankkonto verfügen. Einwanderer beschweren sich zudem darüber, dass die deutschen Behörden aufgrund mangelnder Digitalisierung schlecht organisiert seien und die Lösung wichtiger Probleme zu lange dauere.

In den digitalen Branchen finden wir ein ähnliches Problem vor wie an den Universitäten: Die Löhne sind oftmals nicht wettbewerbsfähig. So hat die *WirtschaftsWoche* herausgefunden, dass eine ganze Reihe deutscher IT-Experten aufgrund der höheren Lohnniveaus ins Ausland gingen.

Die moderate Lohnpolitik – einer der Eckpfeiler des deutschen Neomerkantilismus – ist zum Problem für die Anwerbung von Wirtschaftsmigranten aller Art geworden. In Kombination mit den bürokratischen Hürden machen niedrige Löhne Deutschland auf dem Arbeitsmarkt für hoch qualifizierte Arbeitskräfte wettbewerbsunfähig. Zudem könnte dies tatsächlich auch dazu führen, dass hoch qualifizierte Deutsche das Land verlassen. So stellen deutsche Ärzte oft fest, dass sie anderswo – sogar im klammen britischen National Health Service – höhere Gehälter beziehen.

Deutsche Löhne befinden sich im internationalen Vergleich meist im mittleren Bereich – auf einem Verkäufermarkt möchte man da aber nicht sein, wenn man sich mit einem Fachkräftemangel konfrontiert sieht. Die Reaktion der Wirtschaft auf die Blaue Karte war eher verhalten, und die größten Kritikpunkte betreffen bürokratische Hürden.

Die Leiterin des Landesamts für Einwanderung in Berlin ist besonders schonungslos in ihrer Kritik: „Um die 0,1 Prozent der zugewanderten Fachkräfte zu erkennen, die möglicherweise keinen echten Arbeitsvertrag in der Tasche oder eine Straftat begangen haben, unterziehen wir 99,9 Prozent der Interessenten einem komplexen Verfahren, aufgrund dessen diese manchmal monate- oder jahrelang nichts von uns hören."

Das ist die Realität an der vordersten Front, selbst nach den Reformen. Diese Erfahrung von Einwanderern unterscheidet sich so sehr von der allgemeinen Vorstellung der deutschen Eliten, dass es da draußen eine Welt gebe, die nur hereinkommen wolle. Als Christian Lindner, ehemaliger FDP-Vorsitzender und Bundesfinanzminister, eine Universität in Ghana besuchte, um für Deutschland als Markt für Hochschulabsolventen zu werben, bat er eine Gruppe von Studierenden, doch die Hand zu heben, wenn sie sich vorstellen könnten, nach Deutschland auszuwandern. Keine Reaktion. Vielleicht hatte er einfach Pech. Allein jedoch die Tatsache, dass er eine solche Frage stellt, zeigt, dass eine grundlegende Diskrepanz zwischen der Selbst- und der Fremdwahrnehmung der Deutschen besteht. Deutschland ist ein attraktives und reiches Land, aber es hat ein echtes Problem auf dem globalen Fachkräftemarkt, weil es sie wie illegale Einwanderer behandelt.

Als Einwanderer kann ich persönlich bezeugen, dass die tatsächliche Erfahrung der Einwanderung nicht durch Gesetze, sondern durch den Umgang mit anderen Menschen definiert wird. Die Erfahrung von Einwanderern in Deutschland ist nicht großartig. Als ich mit meiner Familie kürzlich für neue Pässe in der deutschen Botschaft war, konnten wir mit eigenen Augen beobachten, wie Menschen in der viel längeren Schlange für Visumsanträge behandelt wurden. Die deutschen Behörden verlangen eine Unmenge an Dokumenten, die für die Menschen oft schwer zu beschaffen sind. Es geht nicht nur um den alten Reisepass und vielleicht einen Wohnsitznachweis. Wenn Komplikationen auftreten – wie eine Namensänderung nach der Heirat, eine Scheidung, Kinder mit unterschiedlicher

Staatsangehörigkeit –, wird die Bürokratie für viele Antragsteller zu einer unüberwindbaren Hürde, und nicht jeder Antragsteller wird bei Schwierigkeiten mit Respekt behandelt.

Bei all dieser Trostlosigkeit gibt es aber auch gute Nachrichten, denn die Blaue Karte war ein immerhin mäßiger Erfolg: 83 Prozent der hoch qualifizierten ausländischen Arbeitnehmer bleiben nach den fünf Jahren im Land. Dabei wurden in einer Studie des Statistischen Bundesamtes Personen befragt, die zwischen 2012 und 2017 ihre Aufenthaltserlaubnis erhalten hatten.

Von den Studierenden jedoch, die mit einer Blauen Karte eingereist waren, blieben nach fünf Jahren nur 55 Prozent im Land. Das ist wiederum nicht so toll. Die schlechten Nachrichten lauten, dass die Anzahl der Menschen, die eine Blaue Karte bekommen, im internationalen Vergleich sehr klein ist. Insgesamt wurden in Deutschland in den neun Jahre von 2012 bis 2022 200.000 Blaue Karten ausgestellt. Das sind im Durchschnitt etwas über 20.000 pro Jahr. Und das bei einem Land mit einer arbeitenden Bevölkerung von 46 Millionen – und einem Mangel von einer halben Millionen Arbeiter auf dem Markt. Schauen wir zum Vergleich nach Kanada, das allein 2022 im Rahmen des Programms für hoch qualifizierte Arbeiter 139.459 Personen den Status einer unbefristeten Aufenthaltserlaubnis verlieh – ein Status, vergleichbar mit dem der Blauen Karte. Kanadas Arbeitsbevölkerung umfasst gerade einmal 20 Millionen Menschen. Die Richtung stimmt schon mal, aber bei dem aktuellen Tempo an Antragsbewilligungen hat die Blaue Karte keinerlei Chance, wirklich substanziell etwas am Fachkräftemangel auszurichten.

In einer weltweiten Umfrage zum Leben im Ausland belegte Deutschland unter 52 Ländern zwei Jahre in Folge den letzten Platz, dabei schnitt es besonders schlecht in Bereichen wie

Wohnen, digitale Infrastruktur, Sprache und Verwaltung ab. 30 Prozent der befragten Auswanderer fühlten sich in Deutschland nicht zu Hause und hatten kein soziales Netzwerk. 50 Prozent beklagten sich über die Schwierigkeit, in Deutschland Freunde zu finden, und 33 Prozent stimmten zu, dass Deutsche Ausländern gegenüber unfreundlich seien.

Das ist unsere Realität heutzutage. Das generelle Versagen der deutschen Einwanderungspolitik spiegelt sich in der sehr großen Anzahl Artikel wider, die sich mit diesem Thema beschäftigen und von denen viele in den Quellen aufgeführt sind. Und das ist nur die Spitze des Eisbergs. Die Lage ist sehr ernst. Es gibt zwar Versuche, die Probleme anzugehen, aber sie stoßen auf großen Widerstand.

Es dauert Jahrzehnte, kulturelle Stereotype und Vorurteile abzubauen. Arbeitsmärkte passen sich an, aber Vorurteile verschwinden nicht einfach über Nacht. Auch nicht innerhalb von zehn Jahren. Der Fachkräftemangel war schon vor zwanzig Jahren ein Problem, als die Regierung unter Schröder das erste Greencard-Programm anstieß. Die Maßnahme wurde verbessert, letztlich zusammen mit dem letzten Einwanderungsgesetz, aber die tatsächlichen Hürden stehen weiterhin im Weg: eine kafkaeske Bürokratie, die Bewerbungen in einem ewigen Kreislauf an Abläufen gefangen hält, in manchen Fällen offenkundiger Rassismus, Diskriminierung am Arbeitsplatz und der natürliche Nachteil, dass Deutsch einfach eine schwer zu erlernende Sprache ist. Viele Fachkräfte haben trotz all dieser Hindernisse Erfolg. Dennoch ist das Problem nun mal, dass Deutschland deutlich mehr Fachkräfte braucht, als es aktuell vorweisen kann. Die vorherrschende typisch deutsche Angst ist jene, die der damalige Oppositionsführer und heutige Bundeskanzler Friedrich Merz gerne zur Schau stellt, wenn er davon spricht, dass es eine „Immigration in das Sozialsystem“ gebe, so als könne man hoch qualifizierte Zuwanderer mit dem Bürgergeld oder der deutschen Willkommenskultur motivieren herzukommen. Das grenzt schon fast an Wahnhaftigkeit. Die globalen Arbeitsmärkte haben sich gewandelt, und damit ebenso die Machtverhältnisse im Arbeitsmarkt.

Nachwort

Als ich 2023 mit diesem Buch begann, befand sich die deutsche industrielle Wirtschaft bereits seit ungefähr fünf Jahren auf dem absteigenden Ast. Schon zu diesem Zeitpunkt war klar, dass dies kein typischer Konjunkturabschwung war, der chronisch schlechte Wachstumszahlen hervorbrachte, sondern etwas weitaus Ernsteres. Die Weltwirtschaft erholte sich 2024 langsam. Deutschland stagnierte weiter. Merkmale eines strukturellen Niedergangs sind nicht jährliches negatives Wachstum, kontinuierliche Rezession, verlassene Städte, durch deren Straßen Steppenläufer wehen. Vielmehr schwankt die Wirtschaft weiterhin um eine jedoch niedrigere durchschnittliche Wachstumsrate. Volkswirtschaften im Niedergang haben, wie alle anderen, auch gute Jahre. In Deutschland wird das nicht anders sein.

Deutschlands wirtschaftliche Leistungsschwäche überraschte viele der Fanboys des hiesigen Wirtschaftssystems – all jene, die Loblieder auf den deutschen Korporatismus sangen, auf ein nicht wettbewerbsgeprägtes Bankensystem, die Arbeitsmarktinstitutionen und vor allem auf die Verlässlichkeit der Industrie und der Exporte für das Wirtschaftswachstum. Dieses Modell funktionierte eine wirklich lange Zeit. Der Fehler der Politik lag vielmehr darin, weiterhin auf ein altes Modell zu setzen, obwohl sich die äußeren Bedingungen geändert hatten. Das war eine bewusste politische Entscheidung, kein Versehen. Deutschland entschied sich aktiv, nicht in die Digitalwirtschaft zu investieren, sondern sich stattdessen auf die kostenbezogene Wettbewerbsfähigkeit der bestehende Industrien zu konzentrieren. Das bedeutete, dass es, sobald das alte Modell in eine Krise geriet, kein neues gab, das es hätte ablösen können.

Es wird nicht sofort sichtbar, wenn reiche Ökonomien in sich zusammenfallen: Die Menschen gehen ein wenig seltener aus, sie geben etwas weniger Geld aus, sie fahren nicht mehr ganz so oft in den Urlaub, sie fahren ihre Autos länger, bevor sie sich ein neues kaufen. Auch die Regierungen sparen immer mehr. Nach einigen Jahren erkennt man es an den Schlaglöchern in den Straßen oder den permanenten Straßensperrungen. Eine der Autobahnen südlich von Dortmund, eine wichtige Verbindungsstrecke zwischen dem Norden und dem Süden, ist seit Jahren gesperrt, nachdem man herausgefunden hatte, dass eine der Brücken in sich zusammenzubrechen droht. Danach stellte man fest, dass noch 60 weitere Brücken dieser Autobahn repariert werden müssten. Es wird noch Jahre dauern, bis die Strecke wieder geöffnet wird. Eine weitere Brücke in der Nähe von Köln, auf einer der meistbefahrenen Autobahnen Deutschlands, wurde 2016 für Lkw gesperrt, was zu einem massiven Verkehrschaos führte. Der erste Teil der neuen Brücke wurde erst Anfang 2024 wiedereröffnet. Bröckelnde Infrastruktur ist ein Zeichen des Niedergangs. Man erkennt das auch an der Mobilfunkinfrastruktur, die ganze Landstriche nicht abdeckt.

Am ehesten aber sieht man es an der Politik. Zwölf Jahre lang haben die CDU unter Angela Merkel, ihre Schwesterpartei CSU und die SPD zusammen als Große Koalition regiert – ohne effektive Opposition. Wenn sich die wirtschaftliche Lage immer weiter verschlechtert, werden die Menschen unglücklich und wütend. Wenn es dann auch keine wirkliche Opposition gibt, wählen sie letztlich extremistische Parteien.

Deutschland war ein Nachzügler dieses Trends. Die extreme Rechte war in Frankreich, Italien und den Niederlanden schon viel länger stärker vertreten. Der Dreh- und Wendepunkt kam 2015, als Merkel den syrischen Flüchtlingen die Türen öffnete. Das war der Augenblick, als die Alternative für Deutschland im großen Stil auf der politischen Bühne erschien. Die AfD war einige Jahre zuvor von einer Gruppe Professoren der Wirtschaftswissenschaften gegründet worden, die gegen die Mitgliedschaft Deutschlands in der Eurozone waren. Sie hassten den Euro, waren aber für Zuwanderung. Die Flüchtlingskrise führte zu einer internen Parteiübernahme durch den rechten Flügel, der die Professoren aus der Partei drängte. Die AfD ist seither immer weiter nach rechts gewandert und gilt inzwischen laut einem Gutachten des Bundesamtes für Verfassungsschutz mindestens in Teilen als gesichert rechtsextrem.

Nach der russischen Invasion der Ukraine 2022 war die AfD gegen die Waffenlieferungen an die Ukraine – eine Haltung, die sich als sehr beliebt in Ostdeutschland erwies, einer Hochburg der AfD. Eine weitere neue Partei ging Anfang 2024 an den Start, dieses Mal auf der extremen linken Seite des politischen Spektrums – gegründet von Sahra Wagenknecht, die aus Ostdeutschland stammt. Sie war früher eine Ikone der deutschen Linken gewesen, brach aber mit ihrer früheren Partei unter anderem aufgrund der Meinungsverschiedenheiten zur Unterstützung der Ukraine. Sie inszenierte im Juni 2024 einen parlamentarischen Boykott ihrer Abgeordneten, als der ukrainische Präsident Wolodymyr Selenskyj eine Rede im Bundestag hielt. In der Bundestagswahl vom Februar 2025 kamen AfD und Linke zusammen auf über ein Drittel der Abgeordneten. Das kommt davon, wenn die Parteien der Mitte zu lange in einer Regierung aufeinanderhocken und sich gleichzeitig die Wirtschaft zu sehr auf ein dysfunktionales System stützt. Im

Großbritannien der 1970er-Jahre führte Unzufriedenheit auch zu einer Radikalisierung der Politik, wobei das Mehrheitswahlrecht dies gezwungenermaßen auf die etablierten Parteien der Konservativen und der Labour-Partei beschränkte.

Vor diesem Hintergrund waren der überraschende Sieg der SPD unter Olaf Scholz bei den Wahlen 2021 sowie die Koalition mit den Grünen und der liberalkonservativen FDP ein hoffnungsvolles Zeichen. Diese neue Koalition legte mit einer ganzen Menge guten Willens los und fokussierte sich auf einige der Themen, über die ich hier in diesem Buch geschrieben habe, wie etwa die chronisch zu niedrigen Investitionen in sowohl nachhaltige als auch digitale Technologien. Sie versprach dem Land ein Investitionsprogramm von über 450 Milliarden Euro. Das war das erste Mal, zumindest in meiner Erinnerung, dass sich deutsche Politiker ernsthaft über Themen der Modernisierung und Digitalisierung unterhielten. Die Grünen setzten sich bei der Energiewende durch: Der anvisierte Kohleausstieg würde von 2038 auf 2030 vorverlegt. Alle waren sich einig, dass Deutschland dringend mehr Investitionen in die Digitalisierung benötige – leider hatte dies jedoch für niemanden oberste Priorität.

Einen kurzen Augenblick lang glaubte ich daran, dass Deutschland die Kurve vielleicht noch kriegen würde. Leider dann doch nicht. Die Tragödie dieser Koalition war, dass sie sich ablenken ließ.

Die grüne Wende ist mehr oder weniger auf dem richtigen Weg, aber die wirtschaftlichen Vorteile wurden gewaltig übertrieben dargestellt. Deutschland wird weiterhin von Erdgas abhängig sein, das es nicht mehr über Pipelines aus Russland bezieht, sondern als flüssiges Erdgas auf dem Weltmarkt zu anderen Preisen. Der Modernisierungsschub des Koalitionsvertrags kam nie zustande. Ich werfe der Ampelkoalition nicht

Deutschlands Wirtschaftskrise vor – diese Kritik aus der rechten Ecke wirkte immer eher unfair auf mich, denn die Wurzeln des Übels der deutschen Strukturkrise liegen Jahrzehnte zurück, wie ich in diesem Buch erörtert habe.

Die Ampelkoalition beharrte weiterhin auf dem alten Modell. Lindners FDP sprach während des Wahlkampfs 2021 lang und breit über junge Entrepreneure, aber letztlich entschied seine Loyalität gegenüber Porsche und VW die parteiinterne Wirtschaftspolitik. Die FDP wurde zur lautstarken Opposition gegen E-Autos. Als dann später die Sparpolitik der Koalition einsetzte, wurden die Investitionen in moderne Technologie als Erstes geopfert – denn ungetätigte Investitionen schreien nicht und wählen auch nicht. Am Ende hatte diese Regierung dasselbe getan wie ihre Vorgänger – sie hatte das Monster gefüttert.

Das alte deutsche Wirtschaftsmodell basierte auf qualifizierten Arbeitskräften, billiger Energie, Globalisierung und technologischer Herrschaft. All diese Faktoren, die sich für Deutschland als so vorteilhaft erwiesen hatten, kehrten sich innerhalb weniger Jahre ins Gegenteil um. Die billige Energie aus Russland trieb das Modell an. Die Grünen drängten 2021, vor dem russischen Einmarsch in die Ukraine, auf die Absage von Nord Stream 2, der zweiten der Ostsee-Gaspipelines, die Deutschland mit Russland verband. Die spätere Außenministerin Annalena Baerbock, die bei den Wahlen 2021 Spitzenkandidatin der Grünen war, sprach von einem postindustriellen Deutschland. In Kombination mit den Ideen der FDP für ein freundlicheres Umfeld für Start-up-Unternehmen schien Deutschland auf einem guten Weg zu sein. Es würde noch Jahre dauern, bis die alte Wirtschaft reformiert wäre, aber zumindest wären die ersten Schritte gemacht. Doch auch hier setzte sich der Neomerkantilismus wieder durch, denn die Koalition war sich nicht klar genug über ihre Ziele, und anderes kam dazwischen – so wie immer.

Im Januar 2022 mobilisierten die Russen nach und nach ihre Truppen in der Nähe der ukrainischen Grenze. Nach der Invasion, die am 24. Februar begann, reagierte Scholz sofort mit dem Stopp von Nord Stream 2. Er hatte sich dafür eng mit Präsident Joe Biden abgesprochen, dem einzigen ausländischen Staatsoberhaupt, zu dem Scholz je eine enge Beziehung aufgebaut hat. Im Rahmen des Abkommens würden die USA zur größten finanziellen und militärischen Stütze der Ukraine werden, während die Deutschen Nord Stream 2 stoppen und die europäischen Bemühungen zur Unterstützung der Ukraine anführen würden. Allerdings setzte sich Scholz zunächst damit durch, dass russisches Gas weiterhin durch die bestehende Pipeline, Nord Stream 1, fließen müsse.

Scholz war der Transatlantiker seiner Partei, aber er war auch immer noch ein vollwertiger Anhänger des deutschen Korporatismus. Sein außenpolitischer Berater Jens Plöttner war Teil des prorussischen Lagers innerhalb der Sozialdemokraten. Selbst im Herbst, mehr als sechs Monate nach Putins Invasion, vertrat Plöttner noch die Ansicht, dass die interessanteste Frage rund um den Krieg nicht das ukrainische Schicksal sei, sondern die Entwicklungen der deutsch-russischen Beziehungen nach dem Krieg. Deutschland wollte immer alles: ein transatlantisches Bündnis zum Schutz der Sicherheit, einen EU-Binnenmarkt sowie besondere Beziehungen zu Russland und China. Es dauerte lange, bis das deutsche Establishment begreifen sollte, dass dies inzwischen unmöglich geworden war.

Nach der Invasion der Ukraine wurde der Krieg zum politischen Hauptthema. Die Runderneuerung Deutschlands musste warten. Kurz nach Putins Invasion hielt Scholz im März im Bundestag eine bemerkenswerte Rede, in der er eine „Zeitenwende“ ankündigte – eine Wende in der deutschen Verteidigungs- und Sicherheitspolitik. Die Regierung würde die Verteidigungsausgaben auf zwei Prozent des BIP erhöhen, wozu sich Merkel zwar schon zuvor verpflichtet hatte, was aber nie wirklich gewollt und erreicht wurde. Scholz’ eigene Kehrtwende in diesem Punkt wurde durch die Ankündigung zementiert, dass der Ukrainekrieg einen 100-Milliarden-Euro-Investitionsfonds für die Bundeswehr rechtfertigen würde. Zusammen mit dem normalen Verteidigungshaushalt würden die kombinierten jährlichen Verteidigungsausgaben sofort das NATO-Ziel erreichen – allerdings nur ein paar Jahre lang. Im Ausland wurde seine Rede weithin zur Kenntnis genommen, wenn auch von den Begünstigten leider völlig überinterpretiert. Man deutete es als ein sich veränderndes Deutschland, obwohl es letztlich doch nur weiter versuchte, die Reste des alten Modells zu retten.

All jene, die auf die Verschleierungstaktik der „Zeitenwende“ hereinfielen, kannten Scholz nicht allzu gut. Und auch nicht die Dynamik der deutschen Politik. Sehr schnell kam das gemeinsame Modernisierungsprojekt ins Straucheln, jedoch nicht mit einem großen Knall, sondern in kleinen, unauffälligen Schritten – wie letztlich das Wirtschaftsmodell selbst ja auch.

Im September 2022 wurden dann die Ostsee-Pipelines sabotiert und gesprengt. Das setzte auch Scholz’ Illusion ein Ende, er könne weiterhin auf russisches Gas setzen, während er die Ukraine im Krieg unterstützte. Ungefähr zu dieser Zeit hatte die Koalition ihre erste große Meinungsverschiedenheit – nämlich über die drei verbleibenden Atomreaktoren, die Ende 2022 vom Netz genommen werden sollten. Der grüne Wirtschaftsminister Robert Habeck bestand darauf, dass sich die Koalition an den abgesprochenen Zeitplan halten solle. Wie wir bereits gesehen haben, hat die Kernenergie für die Grünen eine beinahe totemistische Bedeutung, da die Partei selbst ja aus der Antiatomkraft Bewegung hervorgegangen war. Nun waren sie zum ersten Mal für das Wirtschaftsministerium zuständig; sie würden sich niemals diese große Chance entgehen lassen, die letzten sechs Kraftwerke stillzulegen.

Die ersten drei waren im Januar 2022 nach Plan vom Netz genommen worden, wenige Wochen nach der Regierungsbildung. Dann kamen Putins Invasion und in der Folge steigende Strompreise. Der Druck für ein verzögertes Auslaufen der letzten drei Kraftwerke wurde immer größer, vor allem die FDP wollte sie für die absehbare Zukunft noch am Netz behalten. Scholz griff in die Diskussion ein und gab Habeck und den Grünen zwar recht, aber der FPD auch ein Feigenblatt. Er entschied per Dekret, dass diese letzten Kraftwerke erst drei Monate später, also im April 2023, vom Netz genommen werden würden. Er rechtfertigte die Verzögerung mit einem möglichen kalten Winter – der jedoch recht warm ausfiel. Die Reaktoren gingen wie abgemacht im April 2023 vom Netz. Das war das Ende des Atomstroms in Deutschland. Er wird nicht wieder zurückkehren.

Die Pandemie lag 2023 so gut wie hinter uns, und der Ukrainekrieg beherrschte nicht mehr die Titelseiten der Zeitungen. Habeck stieß im Sommer 2023 das größte Grünen-Projekt dieser Legislaturperiode an: Das Heizungsgesetz sollte Haushalte dazu bringen, ihr Heizungssystem von Öl und Gas auf teure elektrische Wärmepumpen umzustellen. Der ursprüngliche Entwurf sah den 31. Dezember 2024 als Stichtag für alle neuen Installationen vor. Für viele Hauseigentümer, vor allem jene in ärmeren Vierteln, wären diese Kosten eines Heizungssystemaustauschs jenseits aller Verhältnismäßigkeit, vor allem in Relation zum Immobilienwert. Der erste Entwurf des Gebäudeenergiegesetzes war ein Desaster für die Regierung und vor allem für die Grünen. Die Immobilienpreise fielen. Das Heizungsgesetz wurde später aufgeweicht, aber der politische Schaden war irreversibel. Die Regierungsparteien hatten sich zwar auch vorher schon mal gezankt, aber erst die Kontroverse über diesen Gesetzesentwurf zeigte die große Kluft innerhalb der Koalition auf. Das war der Anfang des Gegenschlags gegen die Grünen.

Kurz darauf folgte der finale Schlag: Das Verfassungsgericht entschied, dass die Regierung keine Gelder, die für die Pandemie zur Seite gelegt worden waren, für einen Klimafonds verwenden dürfe. Damit fehlten plötzlich 50 bis 60 Milliarden Euro für Staatsausgaben vor allem in den Haushalten 2024 und 2025. Keine Regierung erholt sich von einem solchen Finanzschock, erst recht nicht, wenn sich eine zänkische Koalition nicht auf eine Wirtschaftspolitik einigen kann. Ich habe noch keine westeuropäische Regierung erlebt, die ein Sparprogramm dieser Größenordnung in so kurzer Zeit verhängt – und die nächste Wahl überlebt.

Ich persönlich habe da kein Mitleid. Die SPD hat die Schuldenbremse mit erfunden. Als sie wieder an die Macht kam, bereute sie das. Kein Ereignis hat mehr zum politischen Unglück dieser Koalition beigetragen als das Verfassungsgerichtsurteil gegen die Haushaltspolitik der Koalition. Dafür gebe ich nicht dem Gericht die Schuld, denn dessen Entscheidung fußt auf juristischer Logik, der man sich schwer entziehen kann. Es ist nicht die Aufgabe eines Gerichts, einer Regierung eine solide Wirtschaftspolitik vorzuschreiben. Die Regierung wusste, dass sie mit der Umverteilung des Coronafonds auf den Klimaschutzfonds ein Risiko einging. Das passiert, wenn schlechte politische Regelungen verabschiedet werden: Sie führen zu noch mehr schlechter Politik, um die ursprüngliche zu umgehen. Wenn sich aufeinanderfolgende Regierungen in diesen Spielen verfangen und sich auf alberne technische Ziele konzentrieren, dann verlieren sie das große Ganze aus den Augen. Und genau das ist hier auch passiert. Alle hatten ihr Gefühl für das Strategische verloren.

Die Koalitionspartner schafften es nach der Wahl, ihre Differenzen mithilfe von Geld zu überwinden. Alle bekamen, was sie wollten: die SPD ihren Mindestlohn, ein universelles Bürgergeld und eine Rentenreform; die Grünen ihre Klimaschutzwende, und die FDP konnte die Autoindustrie vor einem Tempolimit auf der Autobahn beschützen. Lindner selbst gewann den großen Preis: das Wirtschaftsministerium. Sobald jedoch das Gericht das Geld wieder wegnahm, kamen die politischen Differenzen der Parteien klar zum Vorschein.

Die Spannungen zwischen den Koalitionspartnern erreichten Anfang 2024 ihren Siedepunkt, mit den Grünen und der FDP als größten Kontrahenten. Jedoch schwollen nun auch persönliche Spannungen zwischen Lindner und Scholz an. Bis zum Frühsommer 2024 hatte das Modernisierungsprojekt der Grünen viel von der politischen Unterstützung verloren. Das Ergebnis der Europawahl war ein herber Rückschlag für die Grünen. Der Green Deal, den Ursula von der Leyen mit Europas Mann-auf-dem-Mond-Moment von 2019 verglich, sah nun einer ungewissen Zukunft entgegen. Deutschland erlebte jetzt einen Konflikt zwischen der konservativen Landbevölkerung und der eher linken städtischen Bevölkerung. Das war das erste Mal, dass ich Deutsche hörte, die sich über die „Großstadteliten" beschwerten – so etwas hatte ich bis dato nur in Großbritannien und den Vereinigten Staaten zu hören bekommen. Der Backlash gegen die Grünen war in Deutschland und in Europa nun voll im Gange.

Das war im Sommer 2024. Der narrative Teil der englischen Ausgabe des Buches endete hier, aber seitdem haben sich in der deutschen Politik die Ereignisse überschlagen. Nach den katastrophalen Ergebnissen für die drei Koalitionsparteien bei den Landtagswahlen in Thüringen, Sachsen und Brandenburg wurde die Stimmung in der Koalition unerträglich. Es mehrten sich Gerüchte über einen Koalitionsbruch vonseiten der FDP, der Anfang November auf abstruse Weise dann auch stattfand. Es war der 7. November, der Tag von Donald Trumps Wahlsieg in den USA. Olaf Scholz hatte zuvor von Christian Lindner mehr finanziellen Spielraum für die Ukraine und für Rüstungsausgaben verlangt, den ihm Lindner nicht gewähren wollte. Es ist müßig, sich darüber den Kopf zu zerbrechen, wer hier mit wem gebrochen hat. Es war auf jeden Fall eine folgenschwere politische Fehlkalkulation des damaligen Finanzministers. Er hoffte auf einen Befreiungsschlag. Die Aktion ging aus einer Reihe von Gründen daneben: Für mich war es gar nicht mal die überschlaue Taktik hinter Lindners Kalkül, über die später auch in den Medien berichtet wurde. Für mich war es die falsche Priorisierung von Themen. Viele FDP-Wähler von 2021 sahen in Lindner einen Politiker der Modernisierung, einen Advokat der digitalen Wirtschaft und der kleinen Unternehmen, vor allem der Neugründer. Während der drei Jahre der Ampelkoalition brachte sich die FDP hauptsächlich in zwei Bereichen ein: dem Festhalten an der Schuldenbremse sowie dem ständigen Lobbying für die deutsche Automobilindustrie in Brüssel. In der Bundestagswahl 2021 wählten die jungen Menschen Grüne und FDP. Vier Jahre später wählten sie AfD und die Linken.

Nach dem Zusammenbruch der Koalition und einem kurzen Disput über den Termin zu Neuwahlen begann ein kurzer Wahlkampf, der am Ende von einem Attentat in Aschaffenburg überschattet wurde. Dieses Attentat nahm Friedrich Merz zum Anlass, schon im Wahlkampf ein wichtiges Versprechen zu brechen: nicht mit der AfD im Bundestag zusammenzuarbeiten und keine Gesetze zu unterstützen, die nur mithilfe der AfD eine Mehrheit finden würden. Leider wurde der Wahlkampf von diesem Thema überschattet. Kaum einer sprach noch von Wirtschaftspolitik.

In einem kurzen Moment während dieses Wahlkampfs wurden die Themen, über die ich in diesem Buch geschrieben habe, zu meiner Überraschung sogar erwähnt, und zwar von Merz selbst. Für mich war seine Rede beim Neujahrsempfang der CDU in Baden-Württemberg einer der wichtigsten Momente. Merz kam bei zwei Themen zu ähnlichen Schlüssen wie ich in diesem Buch. Über diese Rede wurde in den Medien jedoch leider nicht berichtet. Das deutsche Geschäftsmodell charakterisierte er so: „Wir beziehen billige Vorprodukte aus Asien, wir veredeln in Deutschland auf das höchste Niveau mit billigem Gas aus Russland, wir verkaufen unsere Produkte in die ganze Welt, und die Amerikaner sorgen dafür, dass die Sicherheit gewährleistet bleibt. Dieses Geschäftsmodell ist spätestens mit dem Beginn des Kriegs in der Ukraine beendet, und es kommt auch nicht wieder."

Man könnte auch sagen: Das deutsche Modell ist kaputt. Ebenso interessant war sein Kommentar zur künstlichen Intelligenz. Auch das hört man im deutschen politischen Diskurs fast nie. Er sprach von einer Begegnung mit dem Microsoft-Chef Satya Nadella, der bei einer Rede auf dem Wirtschaftsforum in Davos den deutschen Mittelstand als eine ungenutzte Perle bezeichnete, weil dieser über Daten verfügte, bei Produktionsverfahren zum Beispiel, die er überhaupt nicht nutze. Über sein Gespräch mit Nadella sagte Merz: „Er hat mir einen Rat gegeben: Hört in Deutschland auf, ständig über Datenschutz zu reden, und fangt mal an, in Deutschland über Datennutzung und Datensicherheit miteinander zu sprechen." Ich kann dem nur zustimmen.

Merz ist bislang der einzige bekannte deutsche Politiker, der sich für die Themen, die ich in diesem Buch beschrieben habe, überhaupt interessiert und darüber spricht. Es ändert nur nichts. Absolut gar nichts wird umgesetzt, denn in Deutschland regiert nur, wer Kompromisse eingeht und wer Probleme zwar erkennt und darüber doziert, sie aber nicht löst. Auch vom CDU-Wirtschaftsprogramm, das auf Steuersenkungen ohne Gegenfinanzierung setzte, ist in den Koalitionsverhandlungen nicht viel übrig geblieben. Merz hatte andere Prioritäten, vor allem den Anstieg der Verteidigungsausgaben.

Die Wahl am 23. Februar endete mit dem erwarteten Sieg der CDU/CSU, allerdings mit einem schwachen Ergebnis, sodass Merz keine Wahl blieb, als erneut mit der SPD eine Koalition einzugehen. Gleich nach der Wahl brach Merz das erste seiner Wahlversprechen und verhandelte eine Reform der Schuldenbremse. Der Grund für die Eile war der Umstand, dass die bürgerlichen Parteien im neuen Bundestag über keine Zweidrittelmehrheit mehr verfügen. Der alte Bundestag war für ungefähr einen Monat nach der Wahl noch voll beschlussfähig. Die Parteien der Mitte nutzten diese vermutlich letzte Gelegenheit für eine mit heißer Nadel gestrickte Reform der Schuldenbremse. CDU/CDU und SPD einigten sich darauf, ein neues 500 Milliarden schweres Sondervermögen für Investitionen in das Grundgesetz zu schreiben und den Mechanismus der Schuldenbremse in einem Punkt zu reformieren: Verteidigungsausgaben von über einem Prozent des BIP werden von den Schuldenregeln ausgenommen. Das ist im Grunde eine schlechte Regel, denn Verteidigungsausgaben sind größtenteils konsumptiv. Sinnvoll ist es nur, für Investitionen Ausnahmen zu erlauben, also nur für Ausgaben, von denen man sich eine positive Rendite verspricht. Aber für diese Feinheiten war keine Zeit. Nach Jahren der Realitätsverweigerung hatte man es plötzlich ganz eilig. Wenn Deutschlands Verteidigungsausgaben auf drei Prozent der Wirtschaftsleistung wachsen sollten, wären das ungefähr 120 Milliarden Euro, von denen 80 Milliarden auf Pump finanziert würden. Wenn man dann noch das vom Bundestag beschlossene Sondervermögen für Investitionen mit einbezieht, dann steht man bei 130 Milliarden Euro an jährlichen Schulden. Das sind ungefähr 3,25 Prozent des Bruttoinlandsprodukts. Die alte Schuldenbremse begünstigte eine fiskalische Fehlallokation, weg von Investitionen, hin zur Verteilungspolitik. Die neue Regel ist unverhältnismäßig locker. Eine intelligente Reform der Schuldenbremse mit dem Ziel langfristiger Nachhaltigkeit der Schulden ist immer noch nicht erreicht.

Die Grünen stimmten der Reform zu, nachdem sie ein paar Zugeständnisse zur genaueren Verwendung der Investitionen erhalten hatten. Die FDP stimmte dagegen, aber auf ihre Stimmen kam es nicht mehr an. Es ist schon irgendwie tragisch, dass Lindner seine eigene Zukunft und die seiner Partei mit diesem Thema so eng verknüpft hat. Am Ende scheiterte er nicht an Scholz, sondern an Merz, seinem bevorzugten Koalitionspartner.

Aber die eigentliche Tragik besteht nicht im Schicksal von Lindner und seiner Partie, sondern in der versäumten Chance auf eine längst überfällige Neuausrichtung des deutschen Wirtschaftsmodells. Die Schuldenbremse ist eher Symptom des Niedergangs des Modells als eine tiefe Ursache. Es ist gut, dass der Staat wieder in die Sicherheit und die Infrastruktur investieren wird. Deutschlands größeres Problem aber ist ein immer noch nicht reformierter Neomerkantilismus, der sich in zu vielen Abhängigkeiten verheddert.

Die Konsequenzen dieser Abhängigkeiten fühlte man schon wenige Wochen nach Trumps Amtsübernahme. Mit seiner Weigerung, zukünftig bilaterale Handelsüberschüsse zu akzeptieren, griff Trump das deutsche Wirtschaftsmodell auf brutalste Weise an. Ich hatte nicht das Gefühl, dass man in Deutschland zu dem Zeitpunkt verstanden hatte, welche tiefgehenden Konsequenzen die Neuausrichtung der amerikanischen Wirtschaftspolitik zur Folge haben würde. Die USA absorbierte die Überschüsse von Deutschland und China zusammen mithilfe einiger weniger anderer Überschussländer, wie etwa Australien und Großbritannien. Nach dem Brexit verringerte sich auch die Kapazität der Briten, Überschüsse anderer Länder durch hohe Handelsdefizite zu absorbieren. Australien ist ein großes Land, aber eine relativ kleine Volkswirtschaft. Ohne die Amerikaner funktioniert das Spiel mit den Überschüssen nicht mehr. Es gibt niemanden auf der Welt, der die Rolle der USA ausfüllen könnte oder selbst wollte.

Die meisten von uns, die über die Jahre die globalen Ungleichgewichte angeprangert haben, sind nun wirklich keine Anhänger von Trump und seiner Zollpolitik. Mir selbst ging es nie um Handelspolitik, ein Thema, das mich immer gelangweilt hat. Trumps Zölle sind eine brutale Art, das Problem der Ungleichgewichte anzugehen, und werden am Ende wahrscheinlich auch nicht das erreichen, was er versprochen hat, nämlich eine Rückkehr der amerikanischen Industrie. Aber einen Erfolg, wenn man das so nennen darf, wird diese Politik haben: Sie wird die neomerkantilistisch geprägten Wirtschaftssysteme Deutschlands und Chinas kräftig zurückstutzen. Wenn keiner mehr ein Netto-importeur sein will, dann kann auch keiner mehr ein Netto-exporteur sein. Das internationale Wirtschaftsmodell hielt sich nur so lange, wie es die Amerikaner politisch unterstützten.

Das Ende der Ära der Hyperglobalisierung war schon mit Trumps Wahl im Jahr 2017 eingeläutet. In Deutschland wollte man das nicht wahrhaben. Mit seiner zweiten Wahl acht Jahre später endete sie nun endgültig. Mit dem Fall des Kommunismus in Osteuropa nahm sie ihren Anfang.

Ich hatte zu Anfang des Buches versprochen, über die Geschichte des Aufstiegs und des Niedergangs des deutschen Wirtschaftsmodells zu schreiben, anstatt Reformrezepte aufzutischen. Ich wage hier zwei Ausnahmen. Zum einen hätte ich die Zweidrittelmehrheit im Bundestag für eine ganz andere Verfassungsreform genutzt: zu einer Wiederherstellung des Prinzips staatlichen Handels durch eine Wahlrechtsreform mit dem Ziel, dass Sieger regieren und Verlierer die parlamentarische Opposition bilden.

Zum Zweiten wäre mein Vorschlag eine europäische Kapitalmarktunion – und zwar richtig konsequent, mit nur einem einzigen souveränen Vermögenswert. Das Ziel hier wäre, die toxische Verbindung zwischen den Banken und ihren jeweiligen Landesregierungen zu brechen – sowie auch zwischen den Banken und der alten Industrie. Staatliche Investitionen sind wichtig. Die wirtschaftliche Entwicklung Europas wird vom Mangel an Kapitalflüssen zu den profitabelsten Unternehmen behindert.

Eine solche Reform ist nur schwer vorstellbar, vor allem jetzt, wo die extreme Rechte in vielen europäischen Ländern auf dem Vormarsch ist. Das wirklich Tragische ist die Tatsache, dass Deutschland die politischen Mehrheiten während der Großen Koalition unter Merkel gehabt hätte, um das System zu reformieren. Das wird jetzt immer schwieriger werden. Der Aufstieg der extremen Parteien ist die ultimative Rückkehr zu den schlechten alten Tagen des industriellen Korporatismus, als deutsche Kanzler und russische Präsidenten noch Deals miteinander aushandelten und als deutsche Unternehmenschefs noch nach Sankt Petersburg zum Weltwirtschaftsforum reisten.

Das moderne Deutschland kennt nichts anderes als die korporatistische Industriegesellschaft. Es gibt ein gewisses Maß an kontrollierten, freundschaftlichen Konflikten zwischen Gewerkschaften und Arbeitgebern, aber beide agieren letztlich innerhalb desselben Systems. Sie sind sich bei den großen Fragen einig. Mehrere Regierungen verstanden es als oberste Priorität der deutschen Außenpolitik, deutschen Unternehmen bei der Auftragslage zu helfen sowie die Interessen der heimischen Industrie im Inland, in Brüssel und im Ausland zu unterstützen.

Scholz und seine Regierung hatten diese Krise nicht kommen sehen. Selbst die Grünen hatten sich dem korporatistischen Industriemodell verschrieben. Trotz ihrer politischen Differenzen waren sie sich hier doch alle einig. Die Industrie ist eine gute Sache. Die Rechte wollte Profite daraus schlagen, die Linke wollte Jobs, die Grünen träumten von einer grünen Industrie. Niemand aber stellte die übermäßige Fokussierung auf die „alte" Industrie infrage. Statt sich von der traditionellen Industrie ab- und anderen Sektoren zuzuwenden, hat Deutschland alles auf eine Karte gesetzt.

Es kannte kein anderes System.

Quellen

Vorwort

„Göttinger Nobelpreisträger: Das Göttinger Nobelpreiswunder". Georg-August-Universität Göttingen (Pressemitteilung). 2014. https://www.uni-goettingen.de/de/4281.html.

Hans-Olaf Henkel. *Die Macht der Freiheit, Erinnerungen*. Berlin: Econ, 2000.

Mathias Müller von Blumencron. „Ein Besuch beim Aldi-Gründer: Karl Albrecht: ‚Ich habe Glück gehabt'". *Frankfurter Allgemeine Zeitung*. 21. Juli 2014. https://www.faz.net/aktuell/wirtschaft/menschenwirtschaft/ein-besuch-bei-aldi-gruender-karl-albrecht-13057122.html?printPagedArticle=true#pageIndex_2.

Nicholas Negroponte. *Total Digital*. Übers. v. Franca Fritz und Heinrich Koop. München: Bertelsmann, 1995.

Hermann Simon. „Lessons from Germany's Midsize Giants". *Harvard Business Review*. March–April 1992. https://hbr.org/1992/03/lessonsfrom-germanys-midsize-giants.

„Neues Börsensegment: Nie wieder Neuer Markt". *Tagesspiegel*. 21. November 2016. https://www.tagesspiegel.de/wirtschaft/nie-wiederneuer-markt-3775462.html.

„High-Definition Television". *Wikipedia*, zugegriffen: 1. April 2024. https://en.wikipedia.org/wiki/High-definition_television

Po Yin Wong und Mohammad Amin. „Should we be thinking more about imports?“ *Worldbank.org*. 12. Juni 2014. https://blogs.worldbank.org/en/developmenttalk/should-we-be-thinking-more-about-imports.

1. Kapitel: Der Kanarienvogel

Tino Andresen. „Drei-Säulen-Struktur. Umbruch: Vom Verschwinden der Banken“. *Handelsblatt*. 2009. http://www.handelsblatt.com/archiv/drei-saeulen-struktur-umbruch-vom-verschwinden-der-banken/3182132.html (nicht mehr verfügbar).

Beat Balzli, Christoph Pauly und Wolfgang Reuter. „Banken: ‚Wir zahlen nicht‘“. *Der Spiegel*. 25. Mai 2009. https://www.spiegel.de/spiegel/a-626726.html.

Stefan Berg, Georg Bönisch, Thomas Darnstädt und Barbara Schmid. „Die rote Kasse der Genossen“. *Der Spiegel*. 13. Februar 2000. https://web.archive.org/web/20240816053100/https://www.spiegel.de/politik/die-rote-kasse-der-genossen-a-6a6c52d9-0002-0001-0000-000015680633.

Michael Berlemann und Vera Jahn. „Ist der deutsche Mittelstand tatsächlich ein Innovationsmotor?“ *ifo Schnelldienst, 67*(17), S. 22–28. 2014. https://www.ifo.de/publikationen/2014/aufsatz-zeitschrift/ist-der-deutsche-mittelstand-tatsaechlich-ein.

Georg Bönisch, Barbara Schmid und Andrea Stuppe. „Stumpfe Sichel“. *Der Spiegel*. 2. April 2000. https://www.spiegel.de/politik/stumpfesichel-a-a121e371-0002-0001-0000-000016098319.

Thilo Boss. „Zerstört die EU Ihr Lebenswerk, Herr Neuber?“ *Die Welt*. 19. November 2000. https://www.welt.de/printwelt/article548083/.Zerstoert-die-EU-Ihr-Lebenswerk-Herr-Neuber.html.

„Eine feindliche Übernahme". *Der Spiegel*. 13. Oktober 1991. https://www.spiegel.de/wirtschaft/eine-feindliche-uebernahme-adaf50725-0002-0001-0000-000013491523.

Deutsche Presse-Agentur. „Deutscher Bankentag: Privatbanken fordern Aufbrechen des Kreditmarktes". *Handelsblatt*. 25. April 2006. https://www.handelsblatt.com/finanzen/banken-versicherungen/banken/deutscher-bankentag-privatbanken-fordern-aufbrechen-deskreditmarktes/2645450.html.

„Landesbanken: Das Drama der Landesbanken". *FinanzWende.de*. 6. Dezember 2019. https://www.finanzwende.de/themen/banken-undschattenbanken/landesbanken/.

Max Flötotto, Philipp Koch, Reinhard Höll, Peter Laaber, Elena Moschner, Carolin Brückmann und Brigit Teschke. „Deutschlands Banken zurück im Spiel". *McKinsey & Co.* 19. Juli 2021. https://www.mckinsey.de/publikationen/german-banking-report.

Hans-Hermann Francke und Michael Hudson. *Banking and Finance in West Germany (RLE Banking and Finance)*. Abingdon, New York: Routledge, 1984.

„Insolvenz: Rettungsversuch für Babcock-Borsig gescheitert". *Frankfurter Allgemeine Zeitung*. 8. Juli 2002. https://www.faz.net/aktuell/politik/insolvenz-rettungsversuch-fuer-babcock-borsig-gescheitert-171070.html.

Guillaume Gilquin. „Der deutsche Bankensektor". *Wirtschaftsdienst, 94*(6), S. 420–7. 2014. https://www.wirtschaftsdienst.eu/inhalt/jahr/2014/heft/6/beitrag/der-deutsche-bankensektor.html.

„Porträt: Friedel Neuber war der mächtigste Staatsbanker Deutschlands". *Handelsblatt*. 2004. handelsblatt.de (nicht mehr verfügbar).)

„Christian Sewing: Deutsche-Bank-Chef entschuldigt sich offenbar bei Finanzministerium und Bafin für Analysten-Kritik". *Handelsblatt.* 17. September 2021. https://www.handelsblatt.com/finanzen/bankenversicherungen/banken/christian-sewing-deutsche-bank-chefentschuldigt-sich-offenbar-bei-finanzministerium-und-bafin-fueranalysten-kritik/27623022.html.

Harald Hau und Marcel Thum. „Subprime crisis and board (in-)competence: private versus public banks in Germany". *Economic Policy, 24*(60), S. 701–52. 1. Oktober 2009. https://doi.org/10.1111/j.1468.0327.2009.00232.x.

Christine Heuer, Uschi Götz und Michael Braun. „Geldgeschäfte in Politikerhand". *Deutschlandfunk.* 23. Oktober 2008. https://www.deutschlandfunk.de/geldgeschaefte-in-politikerhand-100.html.

IMF. *Germany's Three-Pillar Banking System: Cross-Country Perspectives in Europe.* Washington, DC: International Monetary Fund. 21. Juni 2004. https://www.elibrary.imf.org/display/book/9781589063488/978158906348 8.xml.

IMF. „Germany: Technical Note on Banking Sector Structure". *IMF Staff Country Reports, 2011*(370). 23. Dezember 2011. https://www.elibrary.imf.org/view/journals/002/2011/370/002.2011.issue-370-en.xml.

Sönke Iwersen und Volker Votsmeier. „Cum-Ex-Skandal: Hamburg als Paradies für Steuersünder". *Handelsblatt.* 26. August 2023. https://www.handelsblatt.com/finanzen/banken-versicherungen/cum-ex/cum-exskandal-hamburg-als-paradies-fuer-steuersuender/29343810.html.

Thomas Jesch. *Die Fördergeld-Strategie 2021. Fördergelder akquirieren für Existenzgründer sowie kleine und mittlere Unternehmen.* München: FinanzBuch, 2021.

Rainer Kambeck. „Interview“. *Deutschlandfunk.* https://www.deutschlandfunk.de/geldgeschaefte-in-politikerhand-100.html.

Gunter Kayser. „Mittelstandsfinanzierung in der Bundesrepublik Deutschland […]“. *Yumpu*, o. D., zugegriffen: 3. Juli 2023. https://www.yumpu.com/de/document/read/6171489/mittelstandsfinanzierung-in-der-bundesrepublik-deutschland.

Andreas Kröner. „Finanzsektor: Commerzbank-Chef attackiert Sparkassen und Volksbanken“. *Handelsblatt.* 21. September 2021. https://www.handelsblatt.com/finanzen/banken-versicherungen/banken/finanzsektor-commerzbank-chef-attackiert-sparkassen-und-volksbanken/27632294.html.

Anne Kunz. „CDU und CSU haben großen Einfluss auf die Sparkassen“. *Die Welt.* 17. Juni 2018. https://www.welt.de/wirtschaft/article177676252/Parteien-haben-grossen-Einfluss-auf-die-Sparkassen.html.

Rafael La Porta, Florencio Lopez-De-Silanes und Andrei Shleifer. „Government Ownership of Banks“. *The Journal of Finance, 57*(1), S. 265–301. Februar 2002. https://doi.org/10.1111/1540-6261.00422.

„Holzmann: Sanierungs-Tarifvertrag gescheitert“. *Manager Magazin.* 29. Februar 2000. https://www.manager-magazin.de/finanzen/artikel/a-67175.html.

Yasmin Osman. „Deutsche Bank: Ex-Chef Josef Ackermann teilt aus“. *Handelsblatt.* 5. Juli 2023. https://www.handelsblatt.com/finanzen/banken-versicherungen/banken/deutsche-bank-ex-chef-josefackermann-teilt-aus/29236746.html.

Christoph Rottwilm. „Sechs Monate nach der Scheidung: So lebt der Dax ohne Linde – und so Linde ohne den Dax“. *Manager Magazin.* 28. August 2023. https://www.manager-magazin.de/finanzen/geldanlage/linde-und-dax-solebt-der-dax-ohne-linde-und-so-linde-ohne-dendax-a-b1cd9362-b3ec-4a43-acec-233d83ee2d06.

Christian Rusche. „Deindustrialisierung: Eine Analyse auf Basis von Direktinvestitionen". *IW-Kurzbericht, 43.* 28. Juni 2023. https://www.iwkoeln.de/studien/christian-rusche-eine-analyse-auf-basis-von-direktinvestitionen.html.

Christoph Scherrer. „Öffentliche Banken bedürfen gesellschaftlicher Aufsicht". *Kurswechsel, 4*, S. 16–24. 2014.

Jan Schildbach. „Reformagenda für den Finanzplatz Deutschland". *Deutsche Bank Research.* 14. September 2021. https://sven-giegold.de/wp-content/uploads/2021/09/Reformagenda_fu%CC%88r_den_Finanzplatz_Deutschland_DB.pdf.

Daniel Seikel. *Der Kampf um öffentlich-rechtliche Banken: Wie die Europäische Kommission Liberalisierung durchsetzt.* Frankfurt am Main: Campus, 2013.

Daniel Seikel. „Savings banks and Landesbanken in the German political economy: The long struggle between private and public banks". In: Christoph Scherrer (Hrsg.). *Public Banks in the Age of Financialization* (S. 155–75). Cheltenham: Edward Elgar, 2017. https://doi.org/10.4337/9781786430663.00020.

„Bankengruppen – Marktanteile an Bilanzsumme der deutschen Bankenbranche 2022". *Statista.* September 2022. https://de.statista.com/statistik/daten/studie/166006/umfrage/marktanteileder-bankengruppen-in-deutschland/.

Christine Trampusch, Benedikt Linden und Michael Schwan. „Staatskapitalismus in NRW und Bayern: Der Aufstieg und Fall von WestLB und BayernLB". *Zeitschrift Für Vergleichende Politikwissenschaft, 8*, S. 129–54. 2014. doi.org/10.1007/s12286-014-0201-1.

Klaus P. Weinert. „Tradition versus Moderne?“ *Deutschlandfunk*. 14. Januar 2001. https://www.deutschlandfunk.de/tradition-versusmoderne-102.html.

2. Kapitel: Neuland

Philipp Alvares de Souza Soares. „Kommentar: Faesers Kritik an der Telekom im Streit um Huawei-Technik ist bigott“. *Handelsblatt.* 18. August 2023. https://www.handelsblatt.com/meinung/kommentare/kommentar-faesers-kritik-an-der-telekom-im-streit-um-huaweitechnik-ist-bigott/29339890.html.

Sven Astheimer und Stephan Finsterbusch. „Kernfusion-Pionier Marvel: ‚Kein einziges Angebot in Europa‘“. *Frankfurter Allgemeine Zeitung.* 7. August 2023. https://www.faz.net/aktuell/wirtschaft/unternehmen/marvel-fusion-warum-das-start-up-aus-muenchen-in-die-usa-zieht-19084658.html.

„Where Ford will slash jobs in Europe“. *Automotive News Europe.* 23. Januar 2023. https://europe.autonews.com/automakers/where-fordwill-slash-jobs-europe.

Jürgen Berke. „Langsames Internet: Ist dieser Mann an allem schuld?“ *WirtschaftsWoche.* 24. Januar 2018. https://www.wiwo.de/politik/deutschland/langsames-internet-ist-dieser-mann-an-allemschuld/20859440.html.

Notker Blechner. „Hintergrund: Absatzmarkt Asien. Schicksal der Autobauer hängt an China“. *Tagesschau.* 28. Juli 2022. https://www.tagesschau.de/wirtschaft/unternehmen/china-autobauer-vw-mercedes-bmw-byd-eletroautos-uiguren-101.html.

Bundesministerium für Wirtschaft und Klimaschutz. „Automobilindustrie“. *BMWK.* 29. Februar 2020. https://www.

bmwk.de/ Redaktion/DE/Textsammlungen/Branchenfokus/Industrie/branchenfokus-automobilindustrie.html.

Ruth Ciesinger. „Schule und Digitalisierung. Wie Schulen sich für die digitale Zukunft ändern müssen". *Tagesspiegel.* 12. April 2018. https://www.tagesspiegel.de/politik/wie-schulen-sich-fur-die-digitale-zukunft-andern-mussen-8422819.html.

Deutsche Presse-Agentur. „Lobbyismus: FDP weist Porschegate-Vorwürfe zurück". *Die Zeit.* 23. Juli 2022. https://www.zeit.de/news/2022-07/23/fdp-weist-porschegate-vorwuerfe-zurueck.

„Intel-Chipfabrik in Magdeburg: Zukunftsinvestitionen gegen Staatsknete". *Deutschlandfunk.* 27. Juni 2023. https://www.deutschlandfunk.de/intel-fabrik-chips-subventionen-magdeburg-100.html.

„Schule: Lehrerverband warnt vor ‚totaler Zwangsdigitalisierung'". *Deutschlandfunk Kultur.* https://www.deutschlandfunkkultur.de/schule-lehrerverband-warnt-vor-totaler-zwangsdigitalisierung-100.html.

Alexander Eydlin, Deutsche Presse-Agentur und Agence France Presse. „Digitalisierung an Schulen: Deutschland liegt bei digitaler Schulausstattung international zurück". 29. September 2020. *Die Zeit.* https://www.zeit.de/gesellschaft/schule/2020-09/digitalisierung-schulen-schlechte-ausstattung-deutschland-osze-internationaler-vergleich.

Markus Fasse und Martin Murphy. „Warum Mercedes- und BMW-Manager bei VW so oft scheitern". *Handelsblatt.* 19. Juli 2023. https://www.handelsblatt.com/karriere/diess-duesmann-warum-mercedes-und-bmw-manager-bei-vw-so-oft-scheitern/29245550.html.

Stephan Finsterbusch und Uwe Marx. „Hannover Messe: ‚Ich mache mir Sorgen um den Standort Deutschland'". *Frank-*

furter Allgemeine Zeitung. 20. April 2024, https://www.faz.net/aktuell/wirtschaft/unternehmen/vdma-praesident-haeusgen-und-zvei-chef-kegel-ueber-die-hannovermesse-2024-19663704.html.

Michael Freitag und Claas Tatje. „Der Masterplan des Aufsichtsratschefs: New Conti – Wie der Autozulieferer neu aufgestellt werden soll". *Manager Magazin.* 22. August 2023. https://www.manager-magazin.de/unternehmen/autoindustrie/continental-aufsichtsrat-bereitet-aufspaltung-vor-autosparte-koennte-verkauft-werden-a-2ed038b6-97c4.428d-a6f9-0f426ce65b3d.

Ulf Sommer und Christoph Herwartz. „Forschung und Entwicklung: US-Konzerne bauen ihren Vorsprung aus". *Handelsblatt.* 4. Mai 2023. https://www.handelsblatt.com/unternehmen/management/die-forschungsintensivsten-unternehmen-der-welt-forschung-und-entwicklung-us-konzerne-bauen-ihren-vorsprung-aus/29125786.html.

G. Hamann und D. H. Lamparter. „Martin Winterkorn: ‚Mir geht's gut'". *Die Zeit.* 28. Februar 2013. https://www.zeit.de/2013/10/VolkswagenChef-Martin-Winterkorn/seite-3.

„Autoindustrie: Mercedes sieht ‚dramatischen Preiskampf' bei E-Autos in China". *Handelsblatt.* 13. Juli 2023. https://www.handelsblatt.com/unternehmen/industrie/autoindustrie-mercedes-sieht-dramatischen-preiskampf-bei-e-autos-in-china/29258304.html.

„Aufbruch in eine neue Zeit – das große *Handelsblatt*-KI-Special". *Handelsblatt.* 30. Juni 2023. https://www.handelsblatt.com/downloads/29231622/16/ki-sonderausgabe.pdf.

Lisa Hegemann. „Digitalisierung: Wenn Politik auf künstliche Intelligenz trifft". *Die Zeit.* 15. November 2018. https://www.zeit.de/digital/internet/2018-11/digitalisierung-ki-strategie-investitionen-bundesregierung.

Sepp Hochreiter. „The Vanishing Gradient Problem During Learning Recurrent Neural Nets and Problem Solutions“. *International Journal of Uncertainty Fuzziness and Knowledge-Based Systems*, 6(2), S. 107–16. April 1998. https://www.researchgate.net/publication/220355039_The_Vanishing_Gradient_Problem_During_Learning_Recurrent_Neural_Nets_and_Problem_Solutions.

Felix Holtermann. „Künstliche Intelligenz: Warum die USA den Europäern bei KI-Investments den Rang ablaufen“. *Handelsblatt.* 12. Juli 2023. https://www.handelsblatt.com/technik/ki/kuenstliche-intelligenz-warum-die-usaden-europaeern-bei-ki-investments-den-rang-ablaufen/29247542.html.

Axel Höpner und Sebastian Matthes. „Roland Busch im Interview: ‚Europa ist groß genug für eine eigene Chipindustrie‘“. *Handelsblatt.* 14. Juli 2023. https://www.handelsblatt.com/unternehmen/industrie/roland-busch-im-interview-europa-ist-gross-genug-fuer-eine-eigene-chipindustrie/29256110.html.

Michael Kerler. „Interview: ‚Deutsche Hersteller haben das Elektroauto verschlafen‘“. *Augsburger Allgemeine.* 26. Januar 2017. https://www.augsburger-allgemeine.de/wirtschaft/Interview-Deutsche-Hersteller-haben-das-Elektroauto-verschlafen-id40314177.html.

Pelle Kohrs. „Für Kinder erklärt: Warum das Internet in Deutschland so langsam ist“. *Dein Spiegel.* 7. Mai 2021. https://www.spiegel.de/deinspiegel/breitbandausbau-warum-das-internet-in-deutschland-so-langsam-ist-a-4ae2e73a-0002-0001-0000-000176028069.

Künstliche Intelligenz in Deutschland: »Die deutsche KI-Strategie befindet sich im Blindflug!«, Der Spiegel, 2022. https://www.spiegel.de/wissenschaft/technik/kuenstliche-intelligenz-in-deutschland-die-deutsche-ki-strategie-befindet-sich-im-blindflug-a-d49d0051-4d8a-4b7e-a944-79f584e24760.

Jakob von Lindern. „Digitalisierung an Schulen: Die Milliarden, die nicht ankommen". *Die Zeit*. 26. Januar 2021. https://www.zeit.de/digital/2021-01/digitalpakt-schule-fernunterricht-homeschooling-tablets-foederalismus-digitale-bildung.

„Offener Brief: Mobilitätsgipfel statt Autogipfel". *LobbyControl*. 7. September 2020. https://www.lobbycontrol.de/lobbyismus-und-klima/offener-brief-mobilitaetsgipfel-statt-autogipfel-81603/.

Mariana Mazzucato und Travis Whitfill. „Expanding DARPA's model of innovation for biopharma: A proposed Advanced Research Projects Agency for Health". *UCL Institute for Innovation and Public Purpose, Working Paper Series* (IIPP WP 2022-09). 24. Juni 2022. https://www.ucl.ac.uk/bartlett/public-purpose/publications/2022/jun/expanding-darpas-model-innovation-biopharma.

Eva Müller. „Digitale Infrastruktur: Deutschlands Internet wird zum Standort-Risiko". *Manager Magazin*. 12. Mai 2014. https://www.manager-magazin.de/magazin/artikel/a-963827.html.

„Emden: VW drosselt Produktion von E-Autos und streicht Schicht". *NDR*. 26. Juni 2023. https://www.ndr.de/nachrichten/niedersachsen/oldenburg_ostfriesland/Emden-VW-drosselt-Produktion-von-E-Autos-und-streicht-Schicht,vw5996.html

Martin Noé. „Innovationshindernis Staat: Wie Schlummerland eine Fabrik für Vertical Farming ausbremst". *Manager Magazin*. 1. August 2023. https://www.manager-magazin.de/unternehmen/landwirtschaft-wie-die-buerokratie-vertical-farming-ausbremst-ein-fallbeispiel-ausbrandenburg-a-2226f17c-8e45-4a62-b970-5f3958dda73b.

„Experiment im Sauerland: Wenn ein Pferd schneller als das Internet ist". *Rheinische Post.* 21. Dezember 2020. https://rp-online.de/nrw/panorama/sauerland-pferd-bei-experiment-schneller-als-daten-uebertragung-perinternet_aid-55326413.

Marcel Rosenbach und Hilmar Schmundt. „Deutschlands Schwächen bei künstlicher Intelligenz: ‚Lasst die Leute rein!'" *Der Spiegel.* 20. Dezember 2022. https://www.spiegel.de/wissenschaft/technik/kuenstliche-intelligenz-in-deutschland-die-deutsche-ki-strategiebe-findet-sich-im-blindflug-a-d49d0051-4d8a-4b7e-a944-79f584e24760.

Sebastian Schaal. „Elektroautos Deutscher Hersteller: Eine Geschichte der verpassten Chancen". *WirtschaftsWoche.* 1. Oktober 2017. https://www.wiwo.de/unternehmen/auto/elektroautos-deutscher-hersteller-einegeschichte-der-verpassten-chancen/20391252.html.

Stefan Schaible und David Born. „Deutschland bleibt innovativ, aber es fehlt der Schwung". *Roland Berger.* 3. Mai 2023. https://www.rolandberger.com/de/Insights/Publications/Deutschland-bleibt-innovativ-aber-es-fehlt-der-Schwung.html.

Christian Stöcker. „Webzugänge: Merkel verspricht High-Speed-Internet für Millionen Deutsche". *Der Spiegel.* 28. Februar 2009. https://www.spiegel.de/netzwelt/tech/webzugaenge-merkel-verspricht-high-speed-internet-fuer-millionen-deutsche-a-610503.html.

Laura Stresing. „Die Bundesregierung setzt auf veraltete Konzepte". *t-online.* 7. März 2019. https://www.t-online.de/digital/aktuelles/id_85279884/kuenstliche-intelligenz-die-ki-strategie-der-bundesregierung-setzt-auf-veraltete-konzepte-.html.

„Top-Ökonomen kritisieren Intel-Subvention scharf". *Tagesschau.* 19. Juni 2023. https://www.tagesschau.de/wirtschaft/

unternehmen/intel-foederung-subvention-kritik-oekonomen-100.html.
„Neue PISA-Studie: Deutsche Schüler schneiden so schlecht ab wie nie“. *Tagesschau.* 5. Dezember 2023. https://www.tagesschau.de/inland/gesellschaft/pisa-studie-128.html.
„So verteidigt die Bundesregierung ihre KI-Strategie“. *t-online.* 7. März 2019. https://www.t-online.de/digital/aktuelles/id_85366378/kuenstliche-intelligenz-ohne-deep-learning-bundesregierungverteidigt-ihre-ki-strategie.html.
Victoria Waldersee, Jan Schwartz und Tom Sims. „VW's CEO Diess ousted after tumultuous tenure, Porsche's Blume to succeed“. *Reuters.* 22. Juli 2022. https://www.reuters.com/business/autos-transportation/volkswagens-ceo-diess-leave-company-2022-07-22/.
Kate Whiting. „Germany is the world's most innovative economy“. *World Economic Forum.* 18. Oktober 2018. https://www.weforum.org/agenda/2018/10/germany-is-the-worlds-most-innovative-economy/.
Kathrin Witsch. „Marvel Fusion: Europäische Greentechs gehen verstärkt in die USA“. *Handelsblatt.* 7. August 2023. https://www.handelsblatt.com/unternehmen/energie/marvel-fusion-europaeische-greentechs-gehen-verstaerkt-in-die-usa/29279030.html.
Florian Zandt. „Infografik: Im dritten Gang über die Datenautobahn“. *Statista.* 22. März 2022. https://de.statista.com/infografik/27083/anteil-der-breitbandanschluesse-in-deutschland-die-mindestens-folgende-eebertragungsraten-erreicht-haben/.
ZDFheute Nachrichten. „E-Mobilität: China hängt Deutsche Autobauer ab – was dahintersteckt“. *Auslandsjournal.* 2023. https://www.youtube.com/watch?v=A1genk-grpQ&ab_channel=ZDFheuteNachrichten.

Volker Zimmermann. „Die Finanzierung von Digitalisierung und Investitionen in mittelständischen Unternehmen im Vergleich“. *KfW Research.* 9. März 2020. https://www.kfw.de/PDF/Download-Center/Konzernthemen/Research/PDF-Dokumente-Fokus-Volkswirtschaft/Fokus-2020/Fokus-Nr.-280-Maerz-2020-FinanzierungDigitalisierung.pdf.

3. Kapitel: Energieknappheit

„Gabriel, Steinmeier und die Geheimakte Nord Stream“. *Abgeordnetenwatch.* 5. Februar 2023. https://www.abgeordnetenwatch.de/newsletter/gabriel-steinmeier-und-die-geheimakte-nord-stream.

Oliver Bilger. „Deutschland – Russland: Eine vergiftete Freundschaft“. *Handelsblatt.* 16. November 2012. https://www.handelsblatt.com/politik/international/deutschland-russland-eine-vergiftetefreundschaft/7398250.html.

Reinhard Bingener und Markus Wehner. *Die Moskau Connection. Das Schröder-Netzwerk und Deutschlands Weg in die Abhängigkeit.* München: C.H. Beck, 2023.

Daniel Brössler. „70 Jahre Ost-Ausschuss: Moskaus bester Ex-Partner“. *Süddeutsche Zeitung.* 12. Dezember 2022. https://www.sueddeutsche.de/wirtschaft/ost-ausschuss-moskau-ukraine-70-jahre-1.5714146.

Jan Dams, Carsten Dierig, Martin Greive und Eduard Steiner. „Investitionsboom: So tricksen sich deutsche Konzerne nach Russland“. *Die Welt.* 2. Juli 2016, https://www.welt.de/wirtschaft/article156565666/So-tricksen-sich-deutsche-Konzerne-nach-Russland.html.

Justus von Daniels, Annika Joeres und Frederik Richter. „CORRECTIV verteidigt ‚Gazprom-Lobby' Recherche gegen Sigmar Gabriel vor Gericht". *Correctiv*. 5. Dezember 2022.

„Siemens-Chef verteidigt Geschäfte mit Russland". *Der Spiegel*. 27. März 2014. https://www.spiegel.de/wirtschaft/unternehmen/siemens-joe-kaeser-verteidigt-geschaefte-mit-putin-und-russland-a-961005.html.

Monika Dunkel und Timo Pache. „Interview: ‚Wir müssen Putin zeigen, dass wir den Gasnotstand managen können'". *Capital*. 1. Juli 2022. https://www.capital.de/wirtschaft-politik/igbce-chef-vassiliadis-konzerne-wichtiger-als--24-grad-im-wohnzimmer--32502090.html.

Janell Fetterolf und Shannon Schuhmacher. „Germany and Merkel receive high marks internationally in Chancellor's last year in office". *Pew Research Center's Global Attitudes Project*. 22. September 2021. https://www.pewresearch.org/global/2021/09/22/germany-and-merkel-receive-high-marks-internationally-in-chancellors-last-year-in-office/.

„Rußland: Neuer Schwung". *Frankfurter Allgemeine Zeitung*. 8. April 2005. https://www.faz.net/aktuell/wirtschaft/russland-neuer-schwung-1234411.html.

Jenni Glaser. „Deindustrialisierung stoppen!" *VCI Online*. 28. August 2023. https://www.vci.de/services/politikbrief/deindustrialisierung-stoppen-vci-politikbrief.jsp.

Roland Götz. „Deutschland und Russland – ‚Strategische Partner'?" *Bundeszentrale für politische Bildung*. 10. März 2006. https://www.bpb.de/shop/zeitschriften/apuz/29872/deutschland-undrussland-strategische-partner/.

„Russlands Tor zur Europäischen Union". *HamburgInvest*. 6. August 2012.

„Maschinenbauer: Mit Samthandschuhen nach Russland". *Handelsblatt*. 8. August 2015. https://www.handelsblatt.

com/unternehmen/industrie/maschinenbauer-mit-samt-handschuhen-nach-russland/12147928.html.

Claus Hecking. „Trumps Aussagen im Faktencheck: Ist Deutschland ein ‚Gefangener Russlands'?" *Der Spiegel.* 11. Juli 2018. https://www.spiegel.de/wirtschaft/soziales/deutschland-ein-gefangener-russlands-donaldtrumps-aussagen-im-faktencheck-a-1217900.html.

Seymour Hersch. „How America Took Out the Nord Stream Pipeline". 2023. https://seymourhersh.substack.com/p/how-america-took-out-the-nord-stream.

Dirk Holtbrügge. „Erfahrungen und Perspektiven deutsch-russischer Unternehmenskooperationen". *Bayerisch-Russische Fachkonferenz Wirtschaftswissenschaften*, Nürnberg. 9. November 2017. https://www.uni-regensburg.de/assets/bayhost/en/laenderinfos/russland-brfk/holtbruegge_key_note_brfk.pdf.

Michael Inacker. „Staatsbesuch in Russland: Unternehmer erleichtern Merkel die Gespräche". *Handelsblatt.* 16. November 2012. https://www.handelsblatt.com/meinung/kommentare/staatsbesuch-in-russland-unternehmer-erleichtern-merkel-die-gespraeche-/7399508.html.

Investitionen: Deutsche Firmen tricksen sich nach Russland, Die Welt, 2016. https://www.welt.de/wirtschaft/article156565666/So-tricksen-sich-deutsche-Konzerne-nach-Russland.html.

Matthias Janson. „Infografik: Deutschlands Handel mit Russland". *Statista.* 25. Februar 2022. https://de.statista.com/infografik/26923/volumen-des-aussenhandels-zwischen-deutschland-und-russland.

Matthew Karnitschn und Nette Nöstlinger. „How Germany Inc. played Russian roulette – and lost". *Politico.* 13. April

2022. https://www.politico.eu/article/germany-inc-played-russian-roulette-and-lost-ukraine-warenergy-gas-trade/.

Galina Kolev-Schaefer. „Deutsch-russische Beziehungen“. *Institut der deutschen Wirtschaft (IW).* 5. Februar 2015. https://www.iwkoeln.de/presse/iwd/galina-kolev-deutsch-russische-beziehungen.html.

O. König und R. Detje. „Machtkampf um Gas und Profit“. *Sozializmus.* 28. Januar 2019. https://www.sozialismus.de/kommentare_analysen/detail/artikel/machtkampf-um-gas-und-profit/.

Claus-Friedrich Laaser und Klaus Schrader. „Das deutsche Russlandgeschäft im Schatten der Krise: Gefährliche Abhängigkeiten?“ *Wirtschaftsdienst, 94*(5), 2014, S. 335–343, https://www.wirtschaftsdienst.eu/inhalt/jahr/2014/heft/5/beitrag/abhaengigkeit-im-deutschen-russlandgeschaeft.html.

Robert Lorenz. *Gewerkschaftsdämmerung. Geschichte und Perspektiven deutscher Gewerkschaften.* Bielefeld: transcript, 2013 (*Studien des Göttinger Instituts für Demokratieforschung zur Geschichte politischer und gesellschaftlicher Kontroversen,* 6).

Stefan Meister und Joachim Staron. „Entfremdete Partner: Deutschland und Russland“. *Osteuropa, 62*(6/8), Juni/August 2012, 475–484. https://www.jstor.org/stable/44935745.

Bettina Menzel. „Diese deutschen Unternehmen machen noch immer dicke Gewinne in Russland“. *Frankfurter Rundschau.* 4. Juli 2023. https://www.fr.de/wirtschaft/ukraine-krieg-deutschland-unternehmen-gewinne-russland-92381035.html.

Andreas Metz. „Wirtschaft fordert neue Russland-Strategie“. *Ost-Ausschuss der Deutschen Wirtschaft.* 11. Juli 2013.

https://www.ost-ausschuss.de/wirtschaft-fordert-neue-russland-strategie.

Benjamin Moll, Moritz Schularik und Georg Zachman. „The Power of Substitution: The Great German Gas Debate in Retrospect". https://benjaminmoll.com/wp-content/uploads/2023/09/GGGD.pdf.

Stefan Reinecke. „DGB kritisiert Boni-Verbot: Kotau vor den Konzernen". *Tageszeitung*. 29. Dezember 2022. https://taz.de/!5897289/Reuters.

„China und Rußland beflügeln deutschen Außenhandel". *Frankfurter Allgemeine Zeitung*. 7. März 2005. https://www.faz.net/aktuell/wirtschaft/konjunktur/china-und-russland-befluegeln-deutschen-aussenhandel-1208331.html.

„‚Wir haben ein Problem': Gewerkschaft warnt vor Folgen bei Verzicht auf russisches Gas". *RND*. 25. Januar 2022. https://www.rnd.de/politik/nord-stream-2-gewerkschaft-warnt-vor-verzicht-auf-russisches-gasNXPXEA6OPA3D2MT7F-XNHJMJGDE.html.

Lukas Paul Schmelter. „How Germany lost the trust of Eastern Europe". *Internationale Politik Quarterly*. 4. Januar 2023. https://ip-quarterly.com/en/how-germany-lost-trust-eastern-europe.

Sven C. Singhofen. „Deutschland und Russland zwischen strategischer Partnerschaft und neuer Konkurrenz". *Konrad-Adenauer-Stiftung*. 22. Februar 2007. https://www.kas.de/de/arbeitspapiere/detail/-/content/deutschland-und-russland-zwischen-strategischer-partnerschaft-und-neuer-konkurrenz1.

Klaus Stratmann. „Industriestrompreis: 400 Mittelständler pochen ebenfalls auf niedrigeren Strompreis". *Handelsblatt*. 30. August 2023. https://www.handelsblatt.com/politik/

deutschland/industriestrompreis-400-mittelstaendler-pochen-ebenfalls-auf-niedrigeren-strompreis/29358980.html.

Dietmar Student und Thomas Werres. „Zweite Karriere: Die Gerhard-Schröder-AG". *Manager Magazin.* 9. April 2010. https://www.manager-magazin.de/magazin/artikel/a-680306.html.

„Jörg Schönenborn (WDR) im Gespräch mit Wladimir Putin". *Tagesschau.* 5. April 2013. https://www.tagesschau.de/multimedia/video/video-ts-61286.html.

Claas Tatje. „Westenergie-Chefin Reiche: ‚Ob die Anlagen wieder hochgefahren werden, weiß kein Mensch'". *Manager Magazin.* 17. August 2023. https://www.manager-magazin.de/unternehmen/energie/energiewende-wird-die-debatte-ueber-die-energiewende-ehrlich-gefuehrt-frau-reiche-a-b07bf3d8-eb32-4644-9000-02a7de512889?%3Fsara_ecid=nl_upd_v1RmNA6KefdrNuSn5Q7RQq7VZvodaS&nlid=der-tagmanager-magazin-17-30.

Guido Westerwelle und Sergej Lawrow. „Die deutsch-russische Modernisierungspartnerschaft". *Frankfurter Allgemeine Zeitung.* 30. Mai 2010. https://www.faz.net/aktuell/politik/guido-westerwelle-und-sergej-lawrow-die-deutsch-russische-modernisierungspartnerschaft-1984205.html.

4. Kapitel: Das Chinasyndrom

Hendrik Ankenbrand, Henning Peitsmeier, Johannes Pennekamp und Julia Löhr. „Allianz hinterfragt Olympia-Sponsoring in China". *Frankfurter Allgemeine Zeitung.* 9. Dezember 2021. https://www.faz. net/aktuell/wirtschaft/mehr-wirtschaft/allianz-hinterfragt-olympia-sponsoring-in-china-17675921.html.

Lucio Baccaro und Erik Neimanns. „Who wants wage moderation? Trade exposure, export-led growth, and the irrelevance of bargaining structure". *West European Politics, 45*(6), S. 1257–82. 2022. https://doi.org/10.1080/01402382.2021.2024010.

Richard Baldwin. „China is the world's sole manufacturing superpower: A line sketch of the rise". *VoxEU CEPR.* 17. Januar 2024. https://cepr.org/voxeu/columns/china-worlds-sole-manufacturing-superpower-line-sketch-rise.

„Delegationsreisen". *Bayerisches Staatsministerium für Wirtschaft, Landesentwicklung und Energie.* 2. August 2023. https://www.stmwi.bayern.de/wirtschaft/internationalisierung/delegationsreisen/.

Maximilian Beer. „Baerbock verärgert SPD mit China-Politik: ‚Sollten Partner nicht öffentlich brüskieren'". *Berliner Zeitung.* 18. April 2023. https://www.berliner-zeitung.de/politik-gesellschaft/annalena-baerbock-veraergert-spd-mit-china-politik-sollten-partner-nicht-oeffentlich-brueskieren-li.338904.

Thorsten Benner. „Cosco will Teil des Hamburger Hafens kaufen: Olaf Scholz darf Chinas Erpressung nicht nachgeben". *Tagesspiegel.* 20. Oktober 2022. https://www.tagesspiegel.de/meinung/soll-cosco-hamburgs-hafen-kaufen-durfen-warum-olaf-scholz-das-auf-keinenfall-erlauben-sollte-8769544.html.

Thorsten Benner. „China-Reise: Der enthusiastische Handelsreisende Olaf Scholz". *Die Zeit.* 3. November 2022. https://www.zeit.de/politik/deutschland/2022-11/china-reise-olaf-scholz-deutsche-chinapolitik.

Martin Bork und Jan Pasemann. „Kosten sparen in der Krise: Der Gang ins Ausland sichert auch den heimischen Standort". *PwC.* 7. Dezember 2011. https://www.pwc.de/de/internationale-maerkte/kosten-sparen-in-der-krise.html.

Frank Bösch. „50 Jahre deutsch-chinesische Beziehungen: Handel durch Wandel". *Frankfurter Allgemeine Zeitung.* 17. Oktober 2022. https://www.faz.net/aktuell/politik/die-gegenwart/50-jahre-deutsch-chinesische-beziehungen-handel-durch-wandel-18391577.html.

Lisa Breuer. „Xinjiang Police Files: Diese deutschen Firmen sind in dem Uiguren-Gebiet Xinjiang aktiv". *Handelsblatt.* 27. Mai 2022. https://www.handelsblatt.com/politik/xinjiang-police-files-diese-deutschen-firmen-sind-in-dem-uiguren-gebiet-xinjiang-aktiv/28376146.html.

M. Brudermüller, R. Busch, B. Garijo, S. Hartung, N. Leibinger-Kammüller, J. Rinnert, K. Rosenfeld und A. Titzrath. „Top-Manager zu Globalisierung: ‚Ein Rückzug aus China schneidet uns ab'". *Frankfurter Allgemeine Zeitung.* 10. November 2022. https://www.faz.net/aktuell/wirtschaft/unternehmen/dax-manager-zu-globalisierung-rueckzug-aus-china-schneidet-uns-ab-18448754.html.

„Verfassungsschutzbericht 2022". *Bundesamt für Verfassungsschutz.* August 2023. http://www.verfassungsschutz.de/SharedDocs/publikationen/DE/verfassungsschutzberichte/2023-06-20verfassungsschutzbericht-2022.html.

„Deutschland: Entwicklung des Außenhandels". *Bundeszentrale für politische Bildung.* 13. April 2023. https://www.bpb.de/kurz-knapp/zahlen-und-fakten/globalisierung/52842/deutschland-entwicklung-des-aussenhandels/.

Chinas Anteil am Außenhandel von Deutschland bis 2022, Statista, 2023. https://de.statista.com/statistik/daten/studie/1287627/umfrage/chinas-anteil-am-aussenhandel-von-deutschland/.

Susan Christopherson, Jonathan Michie und Peter Tyler. „Regional resilience: theoretical and empirical perspectives".

Cambridge Journal of Regions, Economy and Society, 3(1), S. 3–10. März 2010. https://doi.org/10.1093/cjres/rsq004.

„BWA: ‚China-Strategie' der Bundesregierung nicht im Interesse des deutschen Mittelstands". *CRI Online.* 15. Juli 2023. https://german.cri.cn/2023/07/15/ARTIAOkxrr79Lo-Ch15uswy4r230715.shtml.

Jan Dams und Anja Ettel. „Merck-Chefin besorgt über die Langzeitfolgen des Kriegs". *Die Welt.* 2. April 2022. https://www.welt.de/wirtschaft/article237932965/Merck-Chefin-Garijo-Mich-beschaeftigen-die-Langzeitfolgen-dieses-Kriegs-sehr.html.

Wolfgang Dauth, Sebastian Findeisen und Jens Südekum. „The rise of the East and the Far East: German labor markets and trade integration". *Journal of the European Economic Association, 12*(6), S. 1643–75. 1. Dezember 2014. https://academic.oup.com/jeea/articleabstract/12/6/1643/2319741.

Markus Demary und Michael Grömling. „Aussagekraft der Auftragseingänge der deutschen Industrie". *IW-Trends, 3.* 31. Juli 2011. https://www.iwkoeln.de/studien/markus-demary-michael-groemling-aussagekraft-der-auftragseingaenge-der-deutschen-industrie-53439.html.

Deutsche Presse-Agentur. „Kretschmann zieht positive Bilanz seiner China-Reise". *Die Welt.* 24. Oktober 2015. https://www.welt.de/regionales/baden-wuerttemberg/article147991223/Kretschmann-zieht-positive-Bilanz-seiner-China-Reise.html.

Deutsche Presse-Agentur. „Deutsche Industrie hält an ‚Just in Time'-Prinzip fest". *Der Spiegel.* 9. Dezember 2021. https://www.spiegel.de/wirtschaft/deutsche-industrie-haelt-an-just-in-time-fertigung-fest-a0da16a0c-9313-4e38-9ec3-ec40d14019c3.

Deutsche Presse-Agentur. „Mercedes-Chef hält Entflechtung von China für ‚Illusion'". *Automobilwoche.* 2. Mai 2023. https://www.automobilwoche.de/agenturmeldungen/mercedes-chef-ola-kalleniushalt-entflechtung-von-china-fur-illusion.

Deutsche Presse-Agentur. „NRW.Global Business trennt sich von Schröder-Kim". *Merkur.* 16. Mai 2023. https://www.merkur.de/politik/nrw-global-business-trennt-sich-von-schroeder-kimzr-92281801.html.

Deutsche Presse-Agentur. „VW verkauft mehr E-Autos als Tesla". *Manager Magazin.* 8. August 2023. https://www.manager-magazin.de/unternehmen/id-modelle-volkswagen-vw-verkauft-mehr-e-autos-als-tesla-a-20bb9dc7-82ad-4bc8-aa54-f03c08c26629.

Frank Dikötter. *China nach Mao. Der Aufstieg zur Supermacht.* Übers. v. Helmut Dierlamm und Norbert Juraschitz. Stuttgart: Klett-Cotta, 2023.

„Abhängigkeit von China doch nicht so groß?" *Deutsche Welle.* 15. Februar 2023. https://www.dw.com/de/abh%C3%A4ngigkeit-von-china-doch-nicht-so-gro%C3%9F/a-64708594.

DW Deutsch. „Journal Interview: Jürgen Hambrecht". 14. September 2007. *YouTube.* https://www.youtube.com/watch?v=sLteGHOPVjY.

„Commission launches investigation on subsidised electric cars from China". *Europäische Kommission*, Pressemitteilung. 4. Oktober 2023. https://ec.europa.eu/commission/presscorner/detail/en/ip_23_4752.

Thomas Fischer. „Die Außenbeziehungen der deutschen Länder als Ausdruck ‚perforierter' nationalstaatlicher Souveränität?" In: Hans-Georg Wehling (Hrsg.). *Die Deutschen Länder. Geschichte, Politik, Wirtschaft* (S. 369–390). Wiesbaden: VS Verlag für Sozialwissenschaften, 2004.

„Bei 5G-Ausschluss von Huawei: China droht Deutschland mit Vergeltung". *Focus Online.* 18. Dezember 2019. https://www.focus.de/finanzen/boerse/aktien/bei-5g-ausschluss-von-huawei-jetzt-droht-china-deutschland-mit-vergeltung_id_11461519.html.

„China-Reise von Bundeskanzlerin Merkel vom 28.–30.10.2015 – Teilnehmer der Wirtschaftsdelegation und Bergedorfer Gesprächskreis". *FragDenStaat.* 8. Januar 2016. https://fragdenstaat.de/anfrage/china-reise-von-bundeskanzlerin-merkel-vom-28-30102015-teilnehmer-der-wirtschaftsdelegation-und-bergedorfer-gesprachskreis/.

„Unterlagen zu Lobbykontakten". *FragDenStaat.* 4. Januar 2023. https://fragdenstaat.de/anfrage/unterlagen-zu-lobbykontakten-7/.

T. Fromm und M. Schreiber. „„Deutschland macht Industriepolitik aus der Mitte des 20. Jahrhunderts". Interview mit Adam Tooze". *Süddeutsche Zeitung.* 1. November 2023. https://www.sueddeutsche.de/wirtschaft/wirtschaftspolitik-deutschland-adam-tooze-1.6295825?reduced=true.

Martina Fuchs. „Risiken weltweiter Wertschöpfungsketten: Maßnahmen und Lernprozesse in deutschen Metallunternehmen nach der Katastrophe in Japan im März 2011". Working Paper, Universität zu Köln. Oktober 2011. https://wigeo.uni-koeln.de/sites/wigeo/Veroeffentlichungen/Working_Paper/WP_2011-01.pdf.

Angela Göpfert. „Was der Teilrückzug Kuwaits für Mercedes-Benz bedeutet: Mercedes und seine ausländischen Aktionäre". *Tagesschau.* 29. März 2023. https://www.tagesschau.de/wirtschaft/finanzen/mercedes-benz-kuwait-china-aktionaere-dividende-101. html.

Christian Haegele und Sabine Schlemmer-Kaune. „Minister Lies reist mit Wirtschaftsdelegation nach China". *Ministe-*

rium für Wirtschaft, Verkehr, Bauen und Digitalisierung. 24. Mai 2017. https://www.mw.niedersachsen.de/startseite/aktuelles/presseinformationen/minister-lies-reist-mit-wirtschaftsdelegation-nach-china-154270.html.

Simon Hage, Martin Hesse, Alexander Jung, Peter Müller, Gerald Traufetter und Bernhard Zand. „Wie abhängig Deutschlands Wirtschaft von China ist". *Der Spiegel.* 24. Mai 2018. https://www.spiegel.de/spiegel/deutschlands-wirtschaft-ist-von-china-abhaengig-a-1208784.html.

„Studie: Deutsche Firmen investieren mehr als je zuvor in China". *Handelsblatt.* 29. März 2023. https://www.handelsblatt.com/politik/international/studie-deutsche-firmen-investieren-mehr-als-je-zuvor-in-china/29067056.html.

Jakob Hanke Vela, Giorgio Leali und Barbara Moens. „Germany's drive for EU – China deal draws criticism from other EU countries". *Politico.* 1. Januar 2021. https://www.politico.eu/article/germanys-drive-for-eu-china-deal-draws-criticism-from-other-eu-countries/.

Dana Heide. „Interview mit Mikko Huotari: Merics-Chef: ‚China steht am Wendepunkt'". *Handelsblatt.* 21. Juli 2023. https://www.handelsblatt.com/politik/international/interview-mit-mikko-huotari-merics-chef-china-steht-am-wendepunkt/29267720.html.

Dana Heide. „Außenhandel: China setzt deutsche Wirtschaft in Europa unter Druck". *Handelsblatt.* 17. August 2023. https://www.handelsblatt.com/politik/international/aussenhandel-china-setzt-deutsche-wirtschaft-in-europa-unter-druck/29330480.html.

Christoph Hein. „Deutsche Konzerne: Machtkampf um die China Interessen". *Frankfurter Allgemeine Zeitung.* 12. November 2022. https://www.faz.net/aktuell/wirtschaft/

china-engagement-deutscher-konzerne-spaltet-die-wirtschaft-18455016.html.

Wolfgang Hirn. „China dreht auf". *Manager Magazin.* 5. November 2004. https://www.manager-magazin.de/magazin/artikel/a-313800.html.

Wolfgang Hirn. „Herausforderung China: Aufbau Ost, Abbau West". *Manager Magazin.* 9. März 2005. https://www.manager-magazin.de/unternehmen/mittelstand/a-344727.html.

Wolfgang Hirn. „Asien-Pazifik-Konferenz der deutschen Wirtschaft: Alternativen zu China – deutsche Unternehmen tun sich schwer". *Manager Magazin.* 5. November 2018. https://www.manager-magazin.de/politik/weltwirtschaft/asien-pazifik-konferenz-der-deutschen-wirtschaft-umgang-mit-china-a-1236730.html.

J. Hofer. „Subventionen für Chiphersteller: ‚Die 43 Milliarden können nur der Anfang sein'". *Handelsblatt.* 7. August 2023. https://www.handelsblatt.com/technik/it-internet/subventionen-fuer-chiphersteller-die-43-milliarden-koennen-nur-der-anfang-sein/29307324.html.

J. Hofer. „Chiphersteller: TSMC investiert Milliarden in Werk in Dresden". *Handelsblatt.* 8. August 2023. https://www.handelsblatt.com/technik/itinternet/entscheidung-gefallen-tsmc-investiert-zehn-milliarden-euroin-dresden/29313286.html.

J. Hofer und J. Olk. „Halbleiter: Taiwanesischer Chipkonzern TSMC kommt nach Deutschland". *Handelsblatt.* 8. August 2023. https://www.handelsblatt.com/politik/deutschland/halbleiter-taiwanesischer-chipkonzern-tsmc-kommt-nach-deutschland/29306926.html.

René Höltschi und Michael Rasch. „Allianz-Chef Oliver Bäte befürchtet: ‚Das Schuldenproblem verschiebt sich nach Kerneuropa'". *Neue Zürcher Zeitung.* 25. Mai 2023. https://

www.nzz.ch/wirtschaft/allianz-chef-baete-im-interview-zu-zinswende-und-china-risiken-ld.1737980.

Andy Home. „Europe races to fix its rare earths import dependency". *Reuters.* 11. Oktober 2021. https://www.reuters.com/business/energy/europe-racesfix-its-rare-earths-import-dependency-andy-home-2021-10-08/.

Maren Jensen und Sina Osterholt. „Wer Olaf Scholz begleitet: Fliegen ein Kanzler und zwölf Manager nach China". *Manager Magazin.* 3. November 2022. https://www.manager-magazin.de/politik/deutschland/olaf-scholz-reise-nach-peking-diese-12-manager-fliegen-mit-nach-china-a-880f0f38-2d15-4443-8701-df949934beea.

Katrin Kamin und Rolf Langhammer. „Gastkommentar: Die deutsche China-Strategie zeigt richtige Ansätze, bleibt aber unkonkret in ihren Instrumenten". *Handelsblatt.* 27. Juli 2023. https://www.handelsblatt.com/meinung/gastbeitraege/gastkommentar-die-deutsche-chinastrategie-zeigt-richtige-ansaetze-bleibt-aber-unkonkret-in-ihren-instrumenten/29272202.html.

Heiner Kiesel. „Das ‚Just-in-Time'-Prinzip: Alles muss fließen". *Deutschlandfunk Kultur.* 13. Oktober 2020. https://www.deutschlandfunkkultur.de/das-just-in-time-prinzip-alles-muss-fliessen-100.html.

Ruth Kirchner. „IW-Studie: Abhängigkeit von China so groß wie nie". *Tagesschau.* 10. Februar 2023. https://www.tagesschau.de/wirtschaft/weltwirtschaft/china-handel-abhaengigkeit-101.html.

Claus-Peter Köth. „Automobilindustrie begrüßt den Deal". *Automobil Industrie.* 31. Dezember 2020. https://www.automobil-industrie.vogel.de/automobilindustrie-begruesst-den-deal-a-989268/.

Riccardo Kurto. „Rückzug aus China für viele Unternehmen ‚kein Thema'". *BME.* 14. März 2023. https://www.bme.de/news/rueckzug-aus-china-fuer-viele-unternehmen-kein-thema.

Kai Küstner. „China-Strategie der Regierung: Klartext, Bekenntnisse und eine Zauberformel". *Tagesschau.* 13. Juli 2023. https://www.tagesschau.de/inland/innenpolitik/china-strategiebundesregierung-100.html.

„PV-Anlagen: Fast 90 Prozent kommen aus China". *LeadersNet Deutschland.* 1. März 2023. https://www.leadersnet.de/news/67195,pv-anlagen-fast-90-prozent-kommen-aus-china.html.

Andreas Macho. „‚Totalverlust'? Die China-Wette von BASF wird immer riskanter". *Die Welt.* 28. April 2023. https://www.welt.de/wirtschaft/article245016430/BASF-Totalverlust-Die-China-Wette-wird-immer-riskanter.html.

Jürgen Matthes. „Vorsicht beim Abkommen mit China". *Institut der deutschen Wirtschaft (IW).* 16. Juni 2023. https://www.iwkoeln.de/presse/in-den-medien/juergen-matthes-vorsicht-beim-abkommen-mit-china.html.

Jürgen Matthes. „Wie ist der starke Importanstieg aus China im Jahr 2022 zu erklären und wie haben sich die Import-Abhängigkeiten entwickelt?" *IW-Report, 34*, 20. Juni 2023. https://www.iwkoeln.de/studien/juergen-matthes-wie-ist-der-starke-importanstieg-aus-china-im-jahr-2022-zu-erklaeren-und-wie-haben-sich-die-import-abhaengigkeiten-entwickelt.html.

Sebastian Matthes. „Interview: Siemens-Chef Busch warnt: ‚Nicht zum Spielball zwischen USA und China werden'". *Handelblatt.* 9. November 2021. https://www.handelsblatt.com/unternehmen/management/interview-siemens-chefbusch-warnt-nicht-zum-spielball-zwischen-usa-und-china-werden/27771254.html.

Sebastian Matthes und Theresa Rauffmann. „Interview: Merck-Chefin hält Abkoppelung von China ‚in den nächsten zwei Jahrzehnten für nicht machbar". *Handelsblatt.* 4. Juli 2023. https://www.handelsblatt.com/unternehmen/industrie/interview-merck-chefin-haelt-abkoppelung-von-china-in-den-naechsten-zwei-jahrzehnten-fuer-nicht-machbar/29231640.html.

Anja Müller. „Chinageschäft: Mittelstand steuert bei Lieferketten um – Abhängigkeit von China bleibt aber hoch". *Handelsblatt.* 5. Dezember 2022. https://www.handelsblatt.com/unternehmen/mittelstand/chinageschaeft-mittelstand-steuert-bei-lieferketten-um-abhaengigkeit-von-china-bleibt-aber-hoch/28845598.html.

Jens Münchrath. „Clemens Fuest im Interview: ‚Es kann sinnvoll sein, deutsche Großunternehmen zu zerschlagen'". *Handelsblatt.* 11. Februar 2019. https://www.handelsblatt.com/politik/deutschland/clemens-fuest-im-interview-es-kann-sinnvoll-sein-deutsche-grossunternehmen-zu-zerschlagen/23972870.html.

Vincent Ni. „EU parliament ‚freezes' China trade deal over sanctions". *The Guardian.* 20. Mai 2021. https://www.theguardian.com/world/2021/may/20/eu-parliament-freezes-china-trade-deal-over-sanctions.

NRW International. „NRW goes to China – Unternehmerreise ins Reich der Mitte". *Kooperation International.* 31. März 2010. https://www.kooperation-international.de/aktuelles/nachrichten/detail/info/nrw-goes-to-china-unternehmerreise-ins-reich-der-mitte/.

„Nokia macht in Rumänien dicht". *NTV.* 29. September 2011. https://www.n-tv.de/wirtschaft/Nokia-macht-in-Rumaenien-dicht-article4416656.html.

Niklas Ottersbach. „Zukunftsinvestitionen gegen Staatsknete". 27. Juni 2023. *Deutschlandfunk.* https://www.deutschlandfunk.de/intel-fabrik-chips-subventionen-magdeburg-100.html.

„Experte sieht Chancen für Wirtschaftsraum mit Russland". *Produktion.* 6. April 2021. https://www.produktion.de/wirtschaft/experte-sieht-chancen-fuer-wirtschaftsraum-mit-russland-374.html.

Theresa Rauffmann. „Chemiekonzern: BASF will nach Gewinneinbruch Milliarden sparen". *Handelsblatt.* 29. Juli 2023. https://www.handelsblatt.com/unternehmen/industrie/chemiekonzern-basf-will-nach-gewinneinbruch-milliarden-sparen/29284178.html.

J. Rudnicka. „Chinas Anteil am Außenhandel von Deutschland bis 2022". *Statista.* 19. April 2023. https://de.statista.com/statistik/daten/studie/1287627/umfrage/chinas-anteil-am-aussenhandel-von-deutschland/.

J. Rudnicka. „Deutsche Exporte nach China bis 2022". *Statista.* 24. Juni 2024. https://de.statista.com/statistik/daten/studie/152360/umfrage/deutsche-exporte-nach-china/.

Claudia von Salzen und Cornelius Dieckmann. „Reisen nach Peking und ein geheimer Verein: Wie deutsche Politiker sich für Chinas Regime starkmachen". *Tagesspiegel.* 16. Juni 2023. https://www.tagesspiegel.de/politik/reisen-nach-peking-und-ein-geheimer-verein-wie-deutsche-politiker-sich-fur-chinas-regime-starkmachen-9989776.html.

A. Sandkamp, V. Stamer, F. Wendorff und S. Gans. „Leere Regale made in China: Wenn China beim Handel mauert". *Kiel Policy Brief, 164.* Februar 2023. https://www.ifw-kiel.de/de/

publikationen/kiel-policybriefs/2023/leere-regale-made-in-china-wenn-china-beim-handel-mauert-0/.

Arne Semsrott. „Guttenbergs kurzer Draht zu Merkel: So hofierte das Kanzleramt Wirecard". *FragDenStaat.* 9. Oktober 2020. https://fragdenstaat.de/blog/2020/10/09/wirecard-merkel-guttenberg-china-lobbyismus/.

„Germany's China City no more: how failed plans for Duisburg reflect Europe's changing view of Beijing". *South China Morning Post.* 1. Juli 2023. https://www.scmp.com/magazines/post-magazine/long-reads/article/3225919/germanys-china-city-no-more-how-failed-plans-duisburg-reflect-europes-changing-view-beijing.

Stefan Stahl. „Interview: Früherer SPD-Chef Scharping: Man darf China nicht an die Wand nageln". *Augsburger Allgemeine.* 20. Januar 2022. https://www.augsburger-allgemeine.de/politik/exklusiv-frueherer-spd-chef-scharping-man-darf-china-nicht-an-die-wand-nageln-id61545316.html.

A. Stolte. „Beschaffungslogistik im China-Geschäft: Kosten – Prozesse – Strategien: Eine Studie von PricewaterhouseCoopers in Zusammenarbeit mit dem Bundesverband Materialwirtschaft, Einkauf und Logistik e. V.". *PwC.* März 2008. https://docplayer.org/70272923Beschaffungslogistik-im-china-geschaeft-kosten-prozesse-strategien-herausgegeben-von-pricewaterhousecoopers.html.

„Bayern ist Importland". *Süddeutsche Zeitung.* 19. Juni 2022. https://www.sueddeutsche.de/bayern/import-export-aussenhandelsdefizit-bayernwirtschaft-1.5605087.

„BASF-Chef beklagt ‚China-Bashing'". *Tagesschau.* 26. Oktober 2022. https://www.tagesschau.de/wirtschaft/basf-chef-brudermueller-china-bashing-wegkommen-101.html.

„Top-Ökonomen kritisieren Intel-Subvention scharf". *Tagesschau.* 19. Juni 2023. https://www.tagesschau.de/wirtschaft/

unternehmen/intel-foederung-subvention-kritik-oekonomen-100.html.

„China – Delegationsreise der Bundesregierung mit guten Ergebnissen“. *Verband der Fleischwirtschaft.* 4. September 2012. https://www.v-d-f. de/news/pm-20120904-0209.

Martin Wambach. *Unternehmerische Erwartung trifft ausländische Realität. Bestandsaufnahme, Erfahrungen und Empfehlungen zur Steuerung von Auslandsgesellschaften.* Köln: Rödl & Partner, 2018. https://www.roedl.de/de-de/de/medien/publikationen/buecher/international/documents/unternehmerische-erwartung-roedl-partner.pdf.

Stefan Weinzierl. „Entkopplung? China bremst Shoppingtour in Europa“. 21. Februar 2023. *Produktion.* https://www.produktion.de/wirtschaft/entkopplung-china-bremst-shoppingtour-in-europa-662.html.

Horst Wildemann. „Just-in-Time-Lösungskonzepte in Deutschland“. *Manager Magazin.* 7. Januar 1986. https://www.manager-magazin.de/harvard/just-in-time-loesungskonzepte-in-deutschland-a-ecb9f181-0002-0001-0000-000029861778.

„Trade (% of GDP). [Data for Germany, China, United Kingdom, United States]“. *World Bank Open Data.* 2023. https://prosperitydata360.worldbank.org/en/indicator/WB+WDI+NE+TRD+GNFS+ZS.

Y. Yang und P. Nilsson. „Volkswagen, BMW and Mercedes hit by Xinjiang forced labour complaint“. *Financial Times.* 20. Juni 2023. https://www.ft.com/content/688470e9-d335-4c85-83d3-67ea64891035.

„Johnson: Ampel wollte vor Kriegsbeginn ukrainische Aufgabe“. *ZDF.* 23. November 2022. https://www.zdf.de/uri/0d3d56f1-3c55-493d-8c67-c28bf603d501.

5. Kapitel: Breaking the Brake

Peter Bofinger und Gustav Horn. „Die Schuldenbremse gefährdet die gesamtwirtschaftliche Stabilität und die Zukunft unserer Kinder". O. D., zugegriffen: 18. April 2024. https://www.boeckler.de/pdf/imk_appell_ schuldenbremse.pdf.

Gordon Brown. *Budget Statement, HC Deb.* 2. Juli 1997. London: Hansard, vol. 297, cc. 303–16, https://api.parliament.uk/historichansard/commons/1997/jul/02/budget-statement.

„Zweites Nachtragshaushaltsgesetz 2021 ist nichtig". *Bundesverfassungsgericht, Presseerklärung.* 15. November 2023. https://www.bundesverfassungsgericht.de/SharedDocs/Pressemitteilungen/DE/2023/bvg23-101.html.

„Haushaltsdefizit: Blauer Brief für Hans Eichel". *Der Spiegel.* 29. Januar 2002. https://www.spiegel.de/wirtschaft/haushaltsdefizit-blauer-brief-fuer-hans-eichel-a-179631.html.

„Daily Newsbriefing". *Eurointelligence.* 5. November 2008. https://www.eurointelligence.com.

„Daily Newsbriefing". *Eurointelligence.* 22. April 2009. https://www.eurointelligence.com.

Michael Hüther und Jens Südekum. „How to re-design German fiscal policy rules after the COVID19 pandemic: study commissioned by Forum New Economy". *Forum New Economy Working Papers, 2.* Berlin. 17. November 2020. https://www.iwkoeln.de/studien/michaelhuether-jens-suedekum-how-to-re-design-german-fiscal-policy-rules-after-the-covid19-pandemic.html.

Wolfgang Münchau. „Berlin weaves a deficit hair-shirt for us all". *Financial Times.* 21. Juni 2009. https://www.ft.com/content/4e63cb22-5e8b-11de91ad-00144feabdc0.

S. Schmid. „Bundestag stimmt für Schuldenbremse im Grundgesetz". *Deutscher Bundestag.* 2020. https://webarchiv.bundestag.de/archive/2010/0427/dokumente/textarchiv/2009/24572764_kw22_foedkom_sp/index.html.

James P. Womack, Daniel T. Jones und Daniel Roos. *Die zweite Revolution in der Autoindustrie. Konsequenzen aus der weltweiten Studie aus dem Massachusetts Institute of Technology.* Übers. v. Wilfried Hof. Frankfurt am Main: Campus, 1991.

6. Kapitel: Wir und die anderen

Agence France-Presse. „Fachkräftemangel: Gewerkschaften warnen vor ‚Personalkollaps' im öffentlichen Dienst". *Der Spiegel.* 8. August 2023. https://www.spiegel.de/wirtschaft/fachkraeftemangel-gewerkschaften-warnen-vor-personalkollaps-im-oeffentlichen-diensta-5e9b4775-5763-4196-86f6-9494fac7e664.

Mohamed Amjahid. „Deutschland für Fachkräfte unattraktiv: ‚Oh, wow'". *Tageszeitung.* 11. März 2023. https://taz.de/!5918453/

Arbeitskräfte: Wie deutsche Bürokratie die Einwanderung von Fachkräften erschwert, Handelsblatt, 2023. https://www.handelsblatt.com/politik/deutschland/arbeitskraefte-wie-deutsche-buerokratie-die-einwanderung-von-fachkraeften-erschwert/29049460.html.

Werner Beutnagel. „Fachkräftemangel erreicht Rekordniveau". *Automobil Produktion.* 2. August 2022. https://www.automobil-produktion.de/management/fachkraeftemangel-erreicht-rekordniveau-111.html.

Benjamin Bidder. „Ostdeutsche Wirtschaft: Wo Rassismus zum Standortrisiko wird". *Der Spiegel.* 3. Juli 2023.

https://www.spiegel.de/wirtschaft/soziales/wirtschaft-und-die-afd-wie-fremdenhass-zum-standortrisiko-wird-a-4e0d58cc-625f-4c88-acd2-7983e2b5b866.

Ulrike Bosse. „Gekommen – und geblieben: Die ‚Gastarbeiter'". *NDR*. 2. März 2022. https://www.ndr.de/geschichte/chronologie/Gastarbeiter-in-Deutschland-Gekommen-und-geblieben,gastarbeiter258.html.

Aimie Bouju. „Die parlamentarische Repräsentation von Menschen mit Migrationsgeschichte im Bundestag". *Bundeszentrale für politische Bildung*. 28. November 2022. https://www.bpb.de/themen/migration-integration/kurzdossiers/514281/die-parlamentarische-repraesentation-von-menschen-mit-migrationsgeschichte-im-bundestag/.

„Fachkräfteeinwanderungsgesetz: Neue Wege zur Fachkräftegewinnung". *Bundesregierung*. 23. Mai 2024. https://www.bundesregierung.de/breg-de/themen/arbeit-und-soziales/fachkraefteeinwanderungsgesetz-2182168.

„Bevölkerung mit Migrationshintergrund". *Bundeszentrale für politische Bildung*. 24. April 2024. https://www.bpb.de/kurz-knapp/zahlen-und-fakten/soziale-situation-in-deutschland/61646/bevoelkerung-mit-migrationshintergrund/.

Elif Can, Clara Milena Konrad, Sidra Khan-Gökkaya, Isabel Molwitz, Jawed Nawabi, Jin Yamamura, Bernd Hamm und Sarah Keller. „Foreign healthcare professionals in Germany: a questionnaire survey evaluating discrimination experiences and equal treatment at two large university hospitals". *Healthcare, 10*(12), S. 2339. 2002. doi.org/10.3390/healthcare10122339.

Sophie Crocoll. „Fachkräftemangel: Warum Hochqualifizierte Deutschland den Rücken kehren". *WirtschaftsWoche*. 24. August 2021. https://www.wiwo.de/politik/deutschland/fachkraeftemangel-warum-hochqualifizierte-deutschland-den-ruecken-kehren/27545944.html.

I. Daniel and Reuters. „DIHK-Umfrage: Jedes zweite Unternehmen kann nicht alle Lehrstellen besetzen". *Die Zeit.* 23. August 2023. https://www.zeit.de/arbeit/2023-08/dihk-umfrage-ausbildungsstellen-unbesetzt-haelfte-betriebe.

„Neues Staatsbürgerschaftsrecht in Kraft getreten". *Deutschlandfunk.* 27. Juni 2024. https://www.deutschlandfunk.de/staatsbuergerschaftsrecht-wie-die-regierung-einbuergerung-erleichtern-will-102.html.

Florian Diekmann. „Fachkräftemangel: Seid umschlungen, Millionen!" *Der Spiegel.* 4. Juli 2023. https://www.spiegel.de/wirtschaft/fachkraeftemangel-und-zuwanderung-seid-umschlungen-millionen-a-212b47b9-7610-4bcd-8675-d54cab9c12cd.

Florian Diekmann. „Mismatch am Jobmarkt: Fachkräfte dringend gesucht, Hilfsarbeiter im Überfluss". *Der Spiegel.* 14. Juli 2023. https://www.spiegel.de/wirtschaft/arbeitsmarkt-fachkraefte-dringend-gesucht-hilfsarbeiter-im-ueberfluss-a-381b139d-cf6c-417e-b2455b61bf9e0639.

Inga Diercks. „Job application in Germany – the photo issue". *Bucerius Law School.* 2. September 2019. https://www.law-school.de/international/article/job-application-in-germany-the-photo-issue.

Deutsche Presse-Agentur. „Die Elite ist weiß und kommt aus dem Westen: Ostdeutsche und Nachfahren von Migranten in Spitzenjobs unterrepräsentiert". *Tagesspiegel.* 26. Oktober 2020. https://www.tagesspiegel.de/politik/ostdeutsche-und-nachfahren-von-migranten-in-spitzenjobs-unterreprasentiert-4157497.html.

Deutsche Presse-Agentur. „Großteil der hochqualifizierten Einwanderer bleibt längerfristig". *Der Spiegel.* 21. Juli 2023. https://www.spiegel.de/wirtschaft/deutschland-grossteilder-hochqualifizierten-einwanderer-bleibt-laengerfristig-a-49b33f75-071d-4939-89e7-6c37e4f0dc3e.

Deutsche Presse-Agentur. „‚Desaströse Familienpolitik': AfD-Chef will dem Fachkräftemangel mit mehr deutschem Nachwuchs begegnen". *Tagesspiegel.* 6. August 2023. https://www.tagesspiegel.de/politik/desastrose-familienpolitik-afd-chef-chrupalla-will-dem-fachkraftemangel-mit-mehr-deutschem-nachwuchs-begegnen-10270558.html.

Deutsche Presse-Agentur. „Streit um Einbürgerungsreform: CDU-Chef Merz warnt vor ‚Einwanderung in Sozialsysteme'". *t-online.* 28. November 2022. https://www.t-online.de/-/100087958.

„Integration: Schlechtere Bewerbungschancen mit ausländischen Namen". *Frankfurter Allgemeine Zeitung.* 26. März 2014. https://www.faz.net/aktuell/politik/inland/integration-auslaendische-vornamen-mindern-bewerbungschancen-12865379.html.

Martin Ganslmeier. „Kommentar: Modernes Staatsbürgerschaftsrecht ist richtig". *Tagesschau.* 29. November 2022. https://www.tagesschau.de/kommentar/staatsbuergerrecht-101.html.

Government of Canada. *2022 Annual Report to Parliament on Immigration.* Government of Canada. 1. November 2022. https://www.canada.ca/en/immigration-refugees-citizenship/corporate/publicationsmanuals/annual-report-parliament-immigration-2022.html.

David Gutensohn. „Fachkräftemangel: ‚Deutschland strahlt vor allem Bürokratie aus'". *Die Zeit.* 14. März 2023.

Rieke Havertz. „Hubertus Heil und Annalena Baerbock: Ein brasilianischer Pflegetraum". *Die Zeit.* 5. Juni 2023. https://www.zeit.de/politik/ausland/2023-06/hubertus-heil-brasilien-fachkraeftemangel/komplettansicht.

K. Heflik und Deutsche Presse-Agentur. „Bundesagentur für Arbeit: Löhne in Berufen mit Fachkräftemangel oft unterdurchschnittlich". *Die Zeit*. 24. Februar 2020. https://www.zeit.de/arbeit/2020-02/fachkraefte-einkommen-bundesagentur-fuer-arbeit.

Paula Hoffmeyer-Zlotnik und Janne Grote. „Anwerbung und Bindung von internationalen Studierenden". *Bundesamt für Migration und Flüchtlinge*. 11. März 2019. https://www.bamf.de/SharedDocs/Anlagen/DE/EMN/Studien/wp85-internationalestudierende.html?nn=282022.

Paula Hoffmeyer-Zlotnik und Janne Grote. *Anwerbung und Bindung von internationalen Studierenden in Deutschland*. Nürnberg: Bundesamt für Migration und Flüchtlinge, 2019.

Kemal Hür. „60 Jahre Gastarbeiter in Deutschland: ‚Ich habe mir immer gewünscht, dass ich nach Deutschland komme'". *Deutschlandfunk*. 7. Dezember 2015. https://www.deutschlandfunk.de/60-jahre-gastarbeiter-in-deutschland-ich-habe-mir-immer-100.html.

B. Hyun. „Geheime Rüstungsgeschäfte mit Russland? Rheinmetall äußert sich zu Vorwürfen". *Merkur*. 2. August 2023. https://www.merkur.de/politik/putin-recherche-ukraine-krieg-rheinmetall-ruestungsgeschaefte-waffen-92433475.html.

Katharina James und Deutsche Presse-Agentur. „Lehrlingsmangel: Fast 40.000 Ausbildungsplätze in Handwerksbetrieben sind unbesetzt". *Die Zeit*. 18. Mai 2023. https://www.zeit.de/wirtschaft/2023-05/ausbildungsplaetze-lehrlingsmangel-handwerksbetriebe.

Katharina James und Agence France-Presse. „Staatsbürgerschaft: Union und FDP kritisieren geplante Änderung des Einbürgerungsrechts". *Die Zeit*. 28. November 2022. https://

www.zeit.de/politik/deutschland/2022-11/staatsbuergerschaft-aenderung-kritik-union-fdp.

Katharina James und Deutsche Presse-Agentur. „Bildung: Lehrerverband fordert Migrationsquoten an Schulen“. *Die Zeit.* 5. Januar 2023. https://www.zeit.de/politik/deutschland/2023-01/lehrerverband-heinz-peter-meidinger-schulen-migrationsquoten.

Claire Jones. „Why German wages need to rise – and fast“. *Financial Times.* 16. November 2016. https://www.ft.com/content/a7758d5e-8566-11e68897-2359a58ac7a5.

Julica Jungehülsing und Agence France-Presse. „AfD: Wirtschaftsweise fürchtet Abschreckung ausländischer Fachkräfte“. *Die Zeit.* 15. Juli 2023. https://www.zeit.de/politik/deutschland/2023-07/wirtschaftsweise-ulrike-malmendier-afd-abschottung-wirtschaftsstandort.

Florian Kistler. „Ausländische Fachkräfte: Ein kleines deutsches Einwanderungswunder“. *WirtschaftsWoche.* 25. August 2023. https://www.wiwo.de/politik/deutschland/auslaendische-fachkraefte-ein-kleines-deutsches-einwanderungswunder/29352616.html.

Ben Knight. „Schreckt der Erfolg der AfD ausländische Fachkräfte ab?“ *DeutscheWelle.* 8. Juli 2023. https://www.dw.com/de/schreckt-dererfolg-der-afd-ausl%C3%A4ndische-fachkr%C3%A4fte-ab/a-66155091.

Orkan Kösemen. „Policy Brief Migration: Willkommenskultur in Deutschland“. *Bertelsmann Stiftung.* 4. Dezember 2017. https://www.bertelsmann-stiftung.de/de/publikationen/publikation/did/policybrief-migration-willkommenskultur-in-deutschland.

Will Kymlicka. „The Hardware and Software of Pluralism“. März 2017. https://www.pluralism.ca/wp-content/uploads/2017/10/WillKymlicka_HardwareandSoftware_EN.pdf.

M. McAuliffe und A. Triandafyllidou (Hrsg.). *World Migration Report 2022.* Genf: International Organization for Migration, 2021. https://publications.iom.int/books/world-migration-report-2022.

Milena Merten. „Arbeitsmarkt: Wie Vorurteile den Fachkräftemangel verstärken". *Handelsblatt.* 22. August 2023. https://www.handelsblatt.com/karriere/arbeitsmarkt-wie-schubladendenken-den-fachkraeftemangel-verstaerkt-/29336740.html.

Steven Micksch. „Frankfurt: ‚Ausländerbehörde ist Ort des Schreckens'". *Frankfurter Rundschau.* 19. Januar 2023. https://www.fr.de/frankfurt/des-schreckens-frankfurt-auslaenderbehoerde-ist-ort-92031501.html.

Nic Mitchell. „Universities compete by teaching in English". *BBC News.* 3. Februar 2016. https://www.bbc.com/news/business-35429233.

Hans Monath. „Kritik am Ampel-Plan: Union stellt sich gegen leichtere Einbürgerung". *Tagesspiegel.* 27. November 2022. https://www.tagesspiegel.de/politik/kritik-am-ampel-plan-union-stellt-sich-gegen-leichtere-einburgerung-8926342.html.

J. Moreno. „Wieso wurdest du als Kind so hart bestraft, Fatih Çevikollu?" *Moreno+1* (Podcast). *Der Spiegel.* 22. August 2023. https://omny.fm/shows/juan-moreno-plus1-interview-podcast/wieso-hat-dein-vaterdich-verpr-gelt-fatih-evikoll.

Dietmar Neuerer und Frank Specht. „Arbeitskräfte: Wie deutsche Bürokratie die Einwanderung von Fachkräften erschwert". *Handelsblatt.* 21. März 2023. https://www.handelsblatt.com/politik/deutschland/arbeitskraefte-wie-deutsche-buerokratie-die-einwanderung-von-fachkraeften-erschwert/29049460.html.

Martin Nóe und Michael Freitag. „‚Siggi' wollte Conti-Fabrik in Russland zum Schnäppchenpreis". *Manager Magazin.* 20. April 2023. https://www.manager-magazin.de/unternehmen/autoindustrie/continentalund-volkswagen-wie-siggi-wolf-in-kaluga-ein-automobilkombinat-aufbauen-wollte-a-c6007db5-630f-4882-8ff2-fbed9f6e89de.

OECD. *Recruiting Immigrant Workers: Germany 2013.* Paris: OECD, 2013. doi.org/10.1787/9789264189034-en.

Jonathan Packroff. „German wage restraint could endanger eurozone stability". *Euractiv.* 3. November 2022. https://www.euractiv.com/section/economy-jobs/news/german-wage-restraint-could-endanger-eurozone-stability/.

R. Pascoe. „English takes over at Dutch universities, just 40% of courses still in Dutch". *DutchNews.* 26. August 2016. https://www.dutchnews.nl/2016/08/english-takes-over-at-dutch-universities-just-40-of-courses-still-in-dutch/.

Mathias Peer und Agence France-Presse. „Fachkräftemangel: Bundesregierung verhandelt mit sechs Staaten über Migrationsabkommen". *Die Zeit.* 9. August 2023. https://www.zeit.de/politik/deutschland/2023-08/fachkraeftemangel-migrationsabkommen-verhandlungen-bundesregierung.

Benedikt Peters. „Studie: Diskriminierung nach Herkunft bei der Bewerbung. Arbeitsmarkt: Passt nicht zu uns". *Süddeutsche Zeitung.* 7. Dezember 2022. https://www.sueddeutsche.de/politik/bewerbung-diskriminierung-auslaender-1.5711270.

Uta Rasche. „Ausländer in Deutschland: Einwanderungsland wider Willen". *Frankfurter Allgemeine Zeitung.* 11. Oktober 2010. https://www.faz.net/aktuell/feuilleton/sarrazin/

analyse-deutschland-ein-einwanderungsland-wider-willen-1580276.html.

Doreen Reinhard. „AfD in Ostdeutschland: ‚Es wäre naiv zu denken, wir hätten keine AfD-Anhänger in der Firma'“. *Die Zeit.* 26. Juli 2023. https://www.zeit.de/wirtschaft/2023-07/afd-wahlerfolge-ostdeutschland-ddr-wiedervereinigung/komplettansicht.

Reuters. „Hohe Hürden: Fachkräfte sehen Willkommenskultur nach Umzug kritischer“. *Tagesspiegel.* 7. Juli 2023. https://www.tagesspiegel.de/wirtschaft/hohe-hurden-fachkrafte-sehen-willkommenskultur-nach-umzug-kritischer-10111792.html.

Annabelle Seubert und Anne Ackermann. „Ausländerbehörde: ‚Der schlimmste Ort aller Zeiten'“. *Die Zeit.* 4. Juni 2023. https://www.zeit.de/gesellschaft/2023-05/darmstadt-auslaenderbehoerde-amtuntaetigkeit/komplettansicht.

Vera Sprothen und Agence France-Presse. „Fachkräftemangel: Handwerk und Bauwirtschaft kritisieren geplantes Einwanderungsgesetz“. *Die Zeit.* 27. April 2023. https://www.zeit.de/wirtschaft/2023-04/fachkraeftemangel-einwanderung-gesetz-verbaende-kritik.

Statista Research Department. „Anzahl der internationalen Studierenden an Hochschulen in Deutschland im Wintersemester 2022/2023 nach Herkunftsländern“. *Statista.* August 2023. https://de.statista.com/statistik/daten/studie/301225/umfrage/auslaendische-studierende-in-deutschland-nach-herkunftslaendern/.

„Ein Drittel der internationalen Studierenden bleibt langfristig in Deutschland“. *Statistisches Bundesamt*, Pressemitteilung. 12. Oktober 2022. https://www.destatis.de/DE/Presse/Pressemitteilungen/2022/10/PD22_435_12.html.

„Studienjahr 2022: 10 % mehr ausländische Studienanfängerinnen und -anfänger“. *Statistisches Bundesamt*, Pressemitteilung. 10. März 2023. https://www.destatis.de/DE/Presse/Pressemitteilungen/2023/03/PD23_097_213.html.

Verena Töpper. „Sie wollten zurück nach Deutschland, nun bleiben sie lieber in Oxford“. *Der Spiegel.* 2023. https://www.spiegel.de/karriere/fachkraeftemangel-in-deutschland-auswanderer-berichten-warum-sie-nicht-heimkehren-a-366e2164-0a41-42b2-96f0-dc22d5ea23b8.

Verena Töpper. „Letzter Platz: Deutschland“. *Manager Magazin.* 21. März 2023. https://www.manager-magazin.de/karriere/internations-umfrage-was-expats-von-deutschland-halten-a-95dd9f23-1c18-4264-876a11a2c70e454d.

Verena Töpper. „‚Die Leute hier sind mir zu unterkühlt, direkt und unfreundlich‘“. *Manager Magazin.* 11. Juli 2023. https://www.manager-magazin.de/unternehmen/expats-warum-deutschland-auslaendische-fachkraefte-ungluecklich-macht-a-bbb1b539-fb84-4538-a615e7af42371e76.

Sarah Vojta und Deutsche Presse-Agentur. „Heinz-Peter Meidinger: Lehrerpräsident gegen Englischunterricht an allen Grundschulen“. *Die Zeit.* 9. Juni 2023. https://www.zeit.de/gesellschaft/schule/2023-06/deutscher-lehrerverband-heinz-peter-meidinger-englischunterricht.

Vanessa Vu und Philip Faigle. „Geflüchtete am Arbeitsmarkt: ‚Jeder, der arbeitet, hilft‘“. *Die Zeit.* 27. Juli 2023. https://www.zeit.de/wirtschaft/2023-07/gefluechtete-arbeitsmarkt-integration-boris-palmer-ruud-koopmans-iab.

Vanessa Vu und Nikita Teryoshin. „Migranten: Sie werden die Mächtigen sein“. *Die Zeit.* 30. Mai 2023. https://www.zeit.de/gesellschaft/2023-05/migration-gesellschaft-einwanderung-deutschland-demografischer-wandel/komplettansicht.

Über den Autor

Wolfgang Münchau ist Mitbegründer und Direktor von "Eurointelligence" und publiziert zu Themen der europäischen Wirtschaftspolitik und -geschichte, aktuell unter anderem bei *UnHerd*. 1999 Mitbegründer und 2001 bis 2003 Chefredakteur der *Financial Times Deutschland*; von 2003 bis 2020 Kolumnist der Financial Times; langjähriger Kolumnist für *Spiegel Online*. 2012 wurde er mit dem SABEW-Preis für den besten internationalen Kolumnisten ausgezeichnet. 2016 erhielt er den Preis für Wirtschaftspublizistik der Keynes-Gesellschaft. Wolfgang Münchau ist der Autor mehrerer preisgekrönter Bücher. Er lebt bei Oxford.